Aktuelles Recht für die Praxis

Verbraucherinsolvenz
und
Restschuldbefreiung

Eine Einführung für Schuldner, Schuldnerberater,
Richter, Rechtspfleger, Gerichtsvollzieher, Anwälte und
Steuerberater mit Antworten auf alle wichtigen Fragen,
mit einem systematischen Überblick über das Verfahren,
mit den amtlichen Antragsformularen und einem
Lexikon der Fachbegriffe

von

Dr. Helmut Hoffmann
Richter am Oberlandesgericht
Stuttgart

Verlag C. H. Beck München 1998

Die Deutsche Bibliothek – CIP-Einheitsaufnahme

Hoffmann, Helmut:
Verbraucherinsolvenz und Restschuldbefreiung / von
Helmut Hoffmann. – München : Beck, 1998
(Aktuelles Recht für die Praxis)
ISBN 3-406-44435-0

ISBN 3 406 44435 0

Satz und Druck: Appl, Wemding
Bindung: C.H.Beck'sche Buchdruckerei Nördlingen
Gedruckt auf säurefreiem Alterungsbeständigem Papier
(hergestellt aus chlorfrei gebleichtem Zellstoff)

Wer nichts hat, der kriegt auch nichts.
Sprichwort

Vorwort

Fachleute schätzen, daß in Deutschland 1,5 bis 2 Mio. Haushalte überschuldet sind. Die Zahl der Familien, die sich in wirtschaftlichen Schwierigkeiten befinden, wird noch viel größer sein. Bei den Gerichtsvollziehern gehen bundesweit jährlich rund 10 Millionen Vollstreckungsaufträge ein, der größte Teil endet ohne Erfolg für den Gläubiger. Die Folgen für die Schuldner sind eidesstattliche Versicherungen und Haftbefehle; 1997 wurden von den Amtsgerichten knapp 600.000 eidesstattliche Versicherungen abgenommen und 605.000 Haftanordnungen erlassen. Oft verschuldet sich nicht nur eine Person, sondern der Ehepartner verbürgt sich zusätzlich oder unterschreibt eine Mitschulderklärung. Treten unvorhergesehene wirtschaftliche Schwierigkeiten ein, werden die finanziellen Probleme nicht mehr bewältigt. Rechnungen und Mahnungen werden nicht mehr beantwortet, selbst Zustellungen von Mahnbescheiden und Vollstreckungsbescheiden unbeachtet gelassen. Energie und Motivation, aus dieser mißlichen Situation mit eigener Kraft wieder herauszukommen, fehlen vor allem in Zeiten einer oft hoffnungslos erscheinenden Arbeitslosigkeitsrate. Hilfe durch fachkundige Personen oder Institutionen wie vor allem die Schuldnerberatungsstellen ist erforderlich.

Das bis 1998 geltende Konkursrecht ermöglicht zwar prinzipiell ein Konkursverfahren über das Vermögen von Verbrauchern. In der gerichtlichen Praxis spielt dies jedoch überhaupt keine Rolle. Denn **Verbraucherkonkurse** sind fast immer **wirtschaftlich sinnlos**, und zwar sowohl für den Schuldner als auch für seine Gläubiger. Der Schuldner kann nach altem Recht keine Restschuldbefreiung erreichen, weil dies in der Konkursordnung nicht vorgesehen ist. Nach Ende des Konkursverfahrens können die Gläubiger 30 Jahre lang in das neu erworbene Vermögen vollstrecken. Für den Gläubiger entstehen Kosten, denen keine entsprechenden Vorteile gegenüberstehen. Hinzu kommt, daß nur das Vermögen des Schuldners zugunsten der Gläubiger verwertet wird, das im Zeitpunkt der Eröffnung des Verfahrens vorhanden ist, während die Einkünfte des Schuldners (also vor allem der Arbeitslohn) noch nicht einmal teilweise auf die Gläubiger verteilt werden.

Am **1.1. 1999** tritt die Insolvenzordnung in Kraft, die erstmals für überschuldete Haushalte gesetzliche Regelungen vorsieht, mit deren

Hilfe der ständig wachsende Schuldenturm abgebaut und nach einigen Jahren erheblicher Anstrengungen des Schuldners eine Freistellung von den restlichen Schulden erreicht werden kann. Das hierfür geschaffene neue **Verbraucherinsolvenzverfahren** mit anschließender **Restschuldbefreiung** macht es aber demjenigen, der hiervon profitieren will, nicht leicht. Er muß ein äußerst kompliziertes außergerichtliches und dann gerichtliches Verfahren durchlaufen, um seine Gläubiger zu überzeugen, mit einer Schuldenregulierung einverstanden zu sein. Ansonsten muß er sich darauf einstellen, daß ein gerichtlich bestellter Treuhänder sein pfändbares Vermögen zugunsten seiner Gläubiger verwertet und er anschließend sieben Jahre lang im wesentlichen mit dem unpfändbaren Existenzminimum auskommen muß.

Das berechtigte sozialpolitische Anliegen des Gesetzgebers, unverschuldet in Not geratenen Verbrauchern einen wirtschaftlichen Neuanfang zu ermöglichen, ist in der Insolvenzordnung nur ansatzweise in die Tat umgesetzt worden. Die InsO zielt nämlich mit ihren zahlreichen Anforderungen, die sie an das **Durchhaltevermögen** und das Engagement **des Schuldners** stellt, nicht darauf ab, die große Zahl völlig mittelloser Schuldner von ihren Verbindlichkeiten zu befreien, sondern nur die vergleichsweise kleinere Anzahl derjenigen, die folgende Kriterien erfüllen:

- Sie verfügen einerseits über ein gewisses Einkommen, das sie den Gläubigern anbieten und von dem sie das Insolvenzverfahren finanzieren können.
- Sie bringen andererseits die Energie auf, etliche Jahre lang praktisch im wesentlichen für die Gläubiger zu arbeiten in der Erwartung, anschließend die Wohltat der Restschuldbefreiung zu erfahren.

Das Verbraucherinsolvenzverfahren mit anschließender Restschuldbefreiung ist im Verlaufe des Gesetzgebungsverfahrens erst sehr spät in die Überlegungen einbezogen worden. Das Ergebnis ist ein Gesetz, das zahlreiche **Unklarheiten** enthält, viele Stolperfallen und große **Hürden** für den Schuldner. Dieser Leitfaden will Hilfestellung leisten, und zwar im ersten Teil vor allem dem Schuldner, der sich über die auf ihn zukommenden Probleme informieren will.

Deshalb enthält das Buch zunächst eine knappe graphisch ausgearbeitete Übersicht über die zahlreichen Verfahrensstadien und im anschließenden zweiten Kapitel eine ganze Anzahl von Fragen und Antworten, die sich insbesondere aus der Sicht des Schuldners stellen. In diesem **„Ratgeber für Schuldner"** werden die Antworten so formuliert, daß sie auch für den Nichtjuristen verständlich sind; trotzdem wird Wert darauf gelegt, daß sie juristisch korrekt bleiben und trotz ihrer Kürze nicht in unzulässiger Weise die Rechtslage verkürzt und damit fehlerhaft darstellen.

Das dritte Kapitel stellt das **Verbraucherinsolvenzverfahren im einzelnen** dar. Die Darstellung orientiert sich am chronologischen Ablauf des Verfahrens. Zugleich erläutert es ausführlich das **amtliche Formular** „Antrag auf Eröffnung des Insolvenzverfahrens“. Das Formular enthält in „deutscher Gründlichkeit“ nicht weniger als 32 Seiten, die jedoch nur ausreichen, wenn der Schuldner lediglich einen einzigen Gläubiger hat. Es wird in Kap. IV abgedruckt. Ergänzt wird dies durch ein **Lexikon** aus dem Insolvenzrecht mit kurzgefaßten Erläuterungen, um die im Text immer wieder notwendigerweise benutzten Fachbegriffe allgemeinverständlich zu erläutern.

Das neue Insolvenzrecht ist vor seinem Inkrafttreten bereits mehrfach geändert worden. Das Gesetz zur Änderung des Umwandlungsgesetzes, des Partnerschaftsgesellschaftsgesetzes und anderer Gesetze vom 22. Juli 1998 (BGBl. I S. 1878) und das Dritte Gesetz zur Änderung des Rechtspflegergesetzes und anderer Gesetze vom 6. August 1998 (BGBl. I Seite 2030) konnten im Manuskript noch behandelt werden, ebenso die bis Mitte September 1998 verkündeten Landesausführungsgesetze zur InsO. Ebenfalls berücksichtigt ist die Insolvenzrechtliche Vergütungsverordnung (InsVV) vom 19. Aug. 1998 (BGBl. I S. 2205) sowie der Gesetzentwurf der Bundesregierung zur Änderung des Einführungsgesetzes zur Insolvenzordnung und anderer Gesetze (EGInsOÄndG) vom 29.5. 1998 (BR-Drucksache 501/98) nebst Stellungnahme des Bundesrates vom 10.7. 1998 (BR-Drucksache 501/98 [Beschluß]).

Ulm, im September 1998 Dr. Helmut Hoffmann

Inhalt

Seite

Abkürzungsverzeichnis

a. a. O. .... am angegebenen Ort
Abs. .... Absatz
a. F. .... alte Fassung
AG .... Aktiengesellschaft
AGInsO .... (Landes-) Ausführungsgesetz zur Insolvenzordnung
Anm. .... Anmerkung
Art. .... Artikel

BB .... Der Betriebs-Berater (Zeitschrift)
BGBl. I .... Bundesgesetzblatt Teil I
BGH .... Bundesgerichtshof
Bindemann ...... Handbuch Verbraucherkonkurs, 1998

CR .... Computer und Recht (Zeitschrift)

DB .... Der Betrieb (Zeitschrift)
ders. .... derselbe
DGVZ .... Deutsche Gerichtsvollzieher Zeitung (Zeitschrift)
Die Justiz .... Die Justiz (Zeitschrift)

EGInsO .... Einführungsgesetz zur Insolvenzordnung

FN .... Fußnote

GesO .... Gesamtvollstreckungsordnung
GKG .... Gerichtskostengesetz
GVGA .... Gerichtsvollzieher-Geschäftsanweisung

Häsemeyer ...... Insolvenzrecht, 2. Auflage 1998

InsO .... Insolvenzordung
InsVV .... Insolvenzrechtliche Vergütungsverordnung
IuKDG .... Informations- und Kommunikationsdienstegesetz vom 22. 7. 1997 (BGBl. I 1870)
i. V. m. .... in Verbindung mit

JZ .... Juristen-Zeitung

Kap. .... Kapitel
KGaA .... Kommanditgesellschaft auf Aktien
Kilger/Karsten
Schmidt .... Insolvenzgesetze, 17. Auflage 1997
KO .... Konkursordnung

KTS	Zeitschrift für Insolvenzrecht (früher: „Konkurs-, Treuhand- und Schiedsgerichtswesen")
Kübler/Prütting	Das neue Insolvenzrecht, 2 Bände, 1994
LG	Landgericht
MDR	Monatsschrift für Deutsches Recht
m. w. N.	mit weiteren Nachweisen
n. F.	neue Fassung
NJW	Neue Juristische Wochenschrift
NJW-RR	Rechtsprechungs-Report Zivilrecht zur NJW
Nr.	Nummer
OLG	Oberlandesgericht
OLGR	OLG-Rechtsprechungsreport (Zeitschrift)
PartGG	Partnerschaftsgesellschaftsgesetz
PKH	Prozeßkostenhilfe
RdNr.	Randnummer
Rpfleger	Der Deutsche Rechtspfleger (Zeitschrift)
RPflG	Rechtspflegergesetz
RSB	Restschuldbefreiung
S.	Satz, Seite, siehe
StPO	Strafprozeßordnung
VerglO	Vergleichsordnung
ZIP	Zeitschrift für Wirtschaftsrecht (früher: und Insolvenzpraxis)
ZPO	Zivilprozeßordnung
ZVG	Zwangsversteigerungsgesetz

Kapitel I. Graphische Übersicht: Ablauf des Verbraucherinsolvenzverfahrens

Nachfolgende graphische Übersicht zeigt den prinzipiellen Ablauf des Verbraucherinsolvenzverfahrens in seinen zeitlich hintereinander liegenden Phasen außergerichtlicher und gerichtlicher Verfahrensabschnitte:

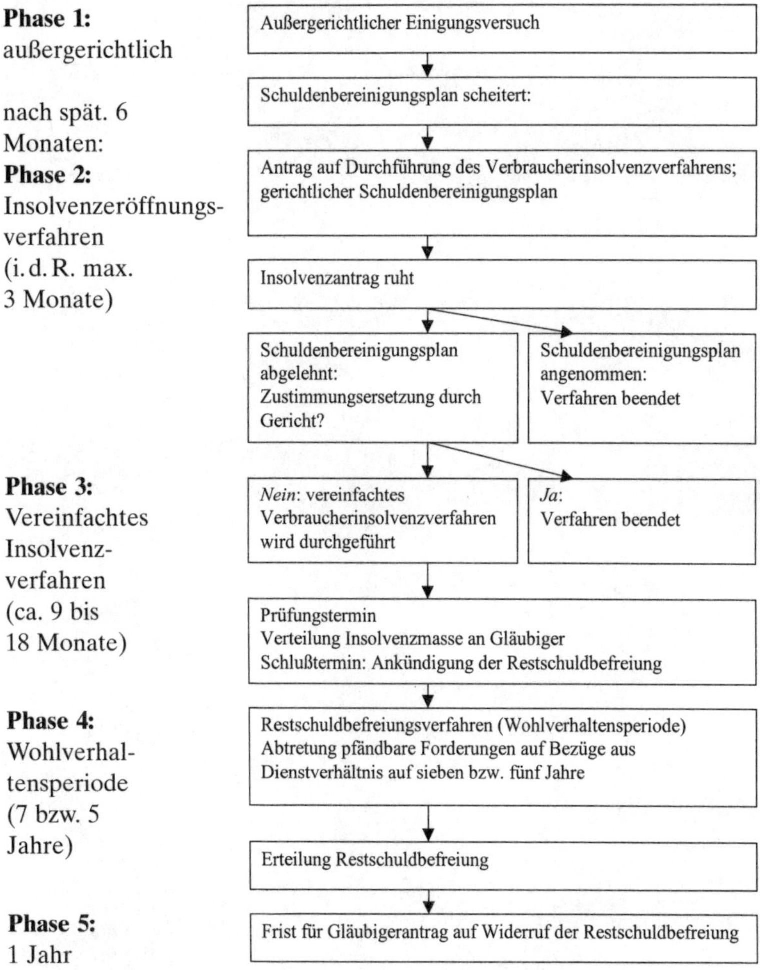

Kapitel II. Ratgeber für Schuldner: Fragen und Antworten

1. Was unternehme ich als erstes?

Wer sich dazu entschlossen hat, ein Verbraucherinsolvenzverfahren mit anschließender Restschuldbefreiung zu versuchen und möglichst auch durchzustehen, kann nicht etwa einfach einen Antrag beim Insolvenzgericht stellen und seine Belege über seine Zahlungsverpflichtungen beifügen. Der Gesetzgeber der Insolvenzordnung wollte die Gerichte vor dem Aufwand schützen, der durch unvorbereitete Anträge stehen würde. Deshalb ist zwingend vorgeschrieben, vor einem Verbraucherinsolvenzantrag zunächst eine außergerichtliche Schuldenbereinigung mit seinen Gläubigern zu versuchen.

Nur wer nachweisen kann, daß ein nach bestimmten Formalien abgelaufenes außergerichtliches Verfahren zur Einigung mit den Gläubigern gescheitert ist, kann einen Insolvenzantrag stellen. Auch ist der Gesetzgeber davon ausgegangen, daß die Verbraucher eine sachkundige Unterstützung benötigen. Die außergerichtliche Schuldenbereinigung muß deshalb von einer hierfür geeigneten Person oder Stelle versucht werden. Wie dies alles abläuft und wer überhaupt eine Chance auf Restschuldbefreiung hat, wird in den Antworten zu den nachfolgenden Fragen erläutert.

Um den reichlich komplizierten Ablauf vom ersten Beratungsgespräch bis zu einer Restschuldbefreiung mit seinen zahlreichen Verfahrensstadien besser verstehen zu können, schauen Sie sich am besten den Ablaufplan Kapitel I ganz vorne in diesem Buch an.

2. Was versteht man unter einer außergerichtlichen Schuldenbereinigung?

Die außergerichtliche Schuldenbereinigung ist der Versuch, das langwierige und kostenträchtige gerichtliche Insolvenzverfahren mit einer anschließenden „Wohlverhaltensperiode" von sieben oder ausnahmsweise fünf Jahren bis zur gerichtlich bewilligten Restschuldbefreiung dadurch zu vermeiden, daß eine Einigung zwischen dem Schuldner den seinen Gläubigern erreicht wird.

Den gesetzlich geforderten Einigungsversuch können Sie als Schuldner nicht selbst ohne fremde Hilfe durchführen, und zwar selbst dann nicht, wenn Sie eigentlich die nötigen Kenntnisse hätten. Sie müssen vielmehr eine fachlich geeignete Person oder Stelle damit beauftragen, mit Ihren Gläubigern zu verhandeln. Daß dies so ist, ergibt sich indirekt aus § 305 Abs. 1 Satz 1:[1] Zulässigkeitsvoraussetzung für den Antrag an das Insolvenzgericht ist die Vorlage einer Bescheinigung einer „geeigneten Person oder Stelle" über den erfolglosen Einigungsversuch.

Wegen der bereits angesprochene Entlastungsfunktion für die Justiz genügt es auch nicht, daß diese Person oder Stelle aufgrund der von Ihnen mitgebrachten Unterlagen Ihre Gläubiger kurz anschreibt oder gar nur anruft[2] und um einen – teilweisen – Schuldenerlaß bittet; vielmehr muß der Einigungsversuch „aufgrund eines Plans" erfolgen. Der Schuldnerberater muß also aufgrund der ihm vorliegenden Informationen einen schriftlichen Schuldenbereinigungsplan ausarbeiten, diesen Plan Ihren Gläubigern übersenden und um Zustimmung bitten. Wenn alle Gläubiger dem Plan zustimmen, wird das gerichtliche Verfahren überflüssig: Sie haben sich mit Ihren Gläubigern darüber geeinigt, welche Zahlungen und eventuelle sonstigen Leistungen Sie aufbringen müssen, damit die restlichen Forderungen erlassen werden.

Die außergerichtliche Schuldenbereinigung setzt allerdings voraus, daß alle Gläubiger einverstanden sind; es gibt **keine Mehrheitsentscheidung**. Wenn auch nur ein Gläubiger endgültig eine Einigung mit Ihnen ablehnt, scheitert der Versuch einer außergerichtlichen Regelung. Im Anschluß daran, spätestens aber sechs Monate nach dem Scheitern, kann der gerichtliche Insolvenzantrag gestellt werden. Für diesen Antrag an das Gericht ist ein Formular vorgesehen, das im hinteren Teil des Buchs wiedergegeben wird. Die Person oder Stelle, die außergerichtlich geholfen hat, wird Sie auch beim Ausfüllen des Formulars unterstützen. Sie muß Ihnen in der Anlage 2 das Scheitern der außergerichtlichen Schuldenbereinigung bescheinigen.

3. An wen kann ich mich für die außergerichtliche Schuldenbereinigung wenden?

Die außergerichtliche Einigung muß durch eine „geeignete Person oder Stelle" versucht werden, und zwar anhand eines Plans.[3]

Wer ist eine „geeignete Person" für die Beratung?

---

[1] §§ ohne Gesetzesbezeichnung in diesem Buch: InsO.

[2] Der Schuldnerberater muß in Anlage 2 zum Antrag bei Ziffer 6 ausdrücklich erklären, ob er mit den Gläubigern im wesentlichen schriftlich oder lediglich telefonisch verhandelt hat.

[3] § 305 Abs. 1 Nr. 1.

- Vor allem die Angehörigen der rechtsberatenden Berufe, also in erster Linie Rechtsanwälte,
- Steuerberater usw.

Eine amtliche Zulassung von Personen, die sich in der außergerichtlichen Beratung engagieren wollen, gibt es nicht und ist von den Bundesländern auch nicht vorgesehen.

Welche „geeigneten Stellen" gibt es?

Die außergerichtliche Beratung können nicht nur Einzelpersonen, sondern auch in der Insolvenzordnung „Stellen" genannte Institutionen vornehmen. Diese Stellen müssen vom jeweiligen Bundesland geprüft und anerkannt werden, bevor sie ihre Tätigkeit aufnehmen und den Schuldnern das Scheitern der außergerichtlichen Schuldenbereinigung bescheinigen dürfen. Die Landesausführungsgesetze zur Insolvenzordnung enthalten einen Anforderungskatalog und regeln die Einzelheiten.

Auskunft über zugelassene Stellen am jeweiligen Wohnort können geben:

- Die Amtsgerichte (Geschäftsstelle der Insolvenzabteilung, Rechtsantragsstelle),
- die Gemeinden (Sozialämter),
- im ländlichen Raum: die Landratsämter,
- natürlich kann man die örtliche Schuldnerberatungsstelle – wenn eine solche existiert – darauf ansprechen, ob sie eine Zulassung als „geeignete Stelle" hat. Dies dürfte in aller Regel der Fall sein.

Tip: beim Amtsgericht am eigenen Wohnort anrufen, sich mit der Geschäftsstelle der Insolvenzabteilung oder mit der Rechtsantragsstelle verbinden lassen, dort nachfragen. Hier erhält man eine neutrale Auskunft. Möglicherweise gibt es ein örtliches Merkblatt hierzu.

Bei Schuldnerberatungsstellen ist auf jeden Fall mit erheblichen Wartezeiten bis zu einem ausführlichen Beratungsgespräch zu rechnen. Denn diese Stellen sind wegen der umfangreichen neuen Aufgaben, die durch die InsO auf sie zukommen, personell enorm belastet.

Ob sich Anwälte finden lassen, die auf der finanziellen Basis eines Beratungshilfescheins zu arbeiten bereit sind, bleibt abzuwarten. Durch Gesetz vom 6.8. 1998 (BGBl. I, S. 2030) sind die nach § 132 BRAGO für die Beratungshilfe anfallenden Gebühren im Rahmen der außergerichtlichen Schuldenbereinigung auf das Doppelte der in anderen Fällen abzurechnenden Gebühren angehoben worden (auf 220 DM für die Beratung und weitere 400 DM für die außergerichtliche Einigung bzw. 270 DM für die anderweitige Erledigung).

4. Wer kann Restschuldbefreiung erreichen?

Die Restschuldbefreiung kann nach § 286 von jeder natürlichen Person – also von jedermann – beantragt werden. Für Firmen gilt diese gesetzliche Regelung dagegen nicht. Restschuldbefreiung ist also nicht auf Arbeitnehmer, Arbeitslose und Rentner beschränkt, sondern auch für Kaufleute möglich; das gilt nicht nur für Kleingewerbetreibende, sondern für alle Kaufleute.

Allerdings gibt es einen erheblichen Unterschied zwischen dem Verfahren bei Vollkaufleuten auf der einen Seite und anderen Personen auf der anderen Seite: Das vereinfachte Verbraucherinsolvenzverfahren nach den §§ 304–314 gilt dagegen nur für Personen, die keine oder nur eine geringfügige selbständige wirtschaftliche Tätigkeit ausüben. In diesem Buch wird nur das Verbraucherinsolvenzverfahren und nicht auch das Insolvenzverfahren für Gewerbetreibende dargestellt.

Antragsberechtigt im Verbraucherinsolvenzverfahren sind:
- Arbeitnehmer,
- Nicht weisungsgebundene Beschäftigte (z. B. angestellte Geschäftsführer),[4]
- Arbeitslose,
- Sozialhilfeempfänger,
- Andere Personen, die Sozialleistungen erhalten, z. B. Rentner,
- Gegenwärtige und frühere Betreiber kleiner Gewerbebetriebe,
- Angehörige freier Berufe, wenn ihre Tätigkeit nur einen geringfügigen Umfang hat,
- Landwirte,
- Persönlich haftende Gesellschafter wegen ihrer persönlichen Mithaftung für Gesellschaftsschulden, wenn ihre wirtschaftliche Tätigkeit nur einen geringfügigen Umfang hat,
- Geschäftsführer einer GmbH wegen ihrer persönlichen Verbindlichkeiten z. B. aus Bürgschaftserklärungen für die GmbH,[5]

---

[4] Wer als Gesellschafter-Geschäftsführer quasi sich selbst beschäftigt, gilt als Unternehmer, und zwar sowohl bei einer Personen- als auch einer Kapitalgesellschaft.

[5] Zwar ist die GmbH kraft Gesetzes Kaufmann; aber der Geschäftsführer ist nicht automatisch Kaufmann, so daß das Verbraucherinsolvenzverfahren für ihn durchgeführt werden kann.

- Schüler und Umschüler,
- Studenten,
- Wehr- und Zivildienstleistende.

Nicht antragsberechtigt im Verbraucherinsolvenzverfahren sind:

- Kaufleute und sonstige Selbständige mit einem nicht nur geringfügigen Geschäftsbetrieb; diese können aber das normale Insolvenzverfahren mit Restschuldbefreiung betreiben,
- Firmen (für sie gilt die Restschuldbefreiung nicht).

5. Ich war früher als Kaufmann tätig; welche Regelungen gelten für mich?

Die Situation ist sicherlich nicht ganz selten: Sie haben eine Firma gegründet und waren auch einige Zeit lang damit erfolgreich. Dann ging es wirtschaftlich bergab. Nur noch die dringendsten Verbindlichkeiten konnten bedient, Arbeitnehmer mußten entlassen werden. Eines Tages kam das endgültige Aus: Sie mußten Ihre Firma schließen und den Geschäftsbetrieb einstellen. Der nächste Schritt bestand darin, daß Sie sich beim Arbeitsamt arbeitslos meldeten. In den darauffolgenden Wochen und Monaten stellte sich heraus, daß Sie in der letzten Zeit der Führung des Geschäftsbetriebs den Überblick über Ihre Schulden verloren hatten; immer mehr Mahnungen trafen ein, dann auch Mahnbescheide.

Ob das Verbraucherinsolvenzverfahren auch durchgeführt werden kann, wenn der Schuldner früher kaufmännisch tätig war, heute jedoch nach Aufgabe seines Geschäftsbetriebs nicht mehr, ergibt sich nicht eindeutig aus dem Gesetz. Deshalb läßt sich die Frage nicht zuverlässig beantworten und man wird die Entwicklung der Rechtsprechung abwarten müssen. Nach dem Wortlaut des § 304 kommt es auf die Situation im Zeitpunkt des Insolvenzantrags an, weil darauf abgestellt wird, ob der Schuldner eine natürliche Person ist, die keine oder nur eine geringfügige selbständige wirtschaftliche Tätigkeit ausübt (also nicht: ausgeübt hat). Hieraus dürfte der Schluß zu ziehen sein, daß jedenfalls dann das Verbraucherinsolvenzverfahren möglich ist, wenn der frühere Geschäftsbetrieb vollständig eingestellt worden ist und es nur noch um die Regulierung der verbliebenen Schulden geht. Von dieser Auffassung geht erkennbar auch das **amtliche Antragsformular**[6] aus, weil es im Personalbogen[7] lediglich nach der gegenwärtigen Beteiligung am Erwerbsleben fragt und nicht

---

[6] „Amtlich“ nicht in dem Sinne, daß die Verwendung gesetzlich vorgeschrieben wäre; ein entsprechender Plan der Länder zu einer Änderung der InsO, um den Formularzwang einzuführen, ist bei Abschluß des Manuskripts noch in der Beratung.

[7] Anlage 1 zum Antrag, abgedruckt im Kapitel IV.

danach, ob die Verbindlichkeiten des Antragstellers schwerpunktmäßig aus einer selbständigen gewerblichen Tätigkeit resultieren.

Das amtliche Antragsformular sieht in Anlage 1 (Personalbogen) vor, daß mit dem Antrag angegeben wird, ob man selbständig bzw. unselbständig am Erwerbsleben teilnimmt, und fragt außerdem, als was man zur Zeit beruflich tätig ist. Es fragt aber nicht nach einer früheren gewerblichen Tätigkeit. Das hier bei dieser Frage angesprochene Rechtsproblem wird im Antragsformular damit nicht angesprochen.

Unterscheide:
- Das Verbraucherinsolvenzverfahren gilt wohl auch bei früheren Inhabern kaufmännisch eingerichteter Firmen.
- Unabhängig davon kann aber auf jeden Fall Restschuldbefreiung beantragt werden.

6. Ehepartner, Familienangehörige haben gebürgt; was ist zu tun?

Häufig verlangen Kreditinstitute, daß der Ehepartner oder ein Verwandter eine Bürgschaft übernimmt, wenn ein Kredit ausbezahlt werden soll. Der Bürge haftet der Bank, wenn der Kreditnehmer seine Raten nicht mehr bezahlt. Stellt der Kreditnehmer einen Insolvenzantrag mit Restschuldbefreiung, wird der Bürge hiermit aus seiner Verpflichtung nicht entlassen, sondern die Bank wird von ihm den Restbetrag einfordern.

Achtung: Die vom Gericht erteilte Restschuldbefreiung gilt nicht auch zugunsten von Bürgen!

Merke:
Der Antrag gilt **nur** für die eigene Person
Der Antrag gilt **nicht** für:
- Ehegatten
- Lebensgefährten
- Verwandte, die sich verbürgt oder sonstwie mitverpflichtet haben

Abhilfe für den, der sich verbürgt hat:
- Mit dem Kreditnehmer klären, daß im Schuldenbereinigungsplan Ihre Entlassung aus der Bürgenhaftung vorgesehen wird, wenn der Plan erfüllt ist. Wenn das Kreditinstitut dies ablehnt:
- den Gläubiger anschreiben; auf die Situation hinweisen; darum bitten, aus dem Vertrag entlassen zu werden (vgl. untenstehenden **Musterbrief**);
- wenn dies nichts nutzt: eigenen Antrag stellen.

Nochmals zur Klarstellung: man kann mehrere Wege einschlagen. Zunächst kann man das Kreditinstitut anschreiben und darum bitten, aus der Bürgenhaftung entlassen zu werden. Dann wird sich möglicherweise schon die außergerichtliche Schuldenbereinigung mit allen Gläubigern vermeiden lassen. Findet gerade für den Darlehensnehmer die außergerichtliche oder die gerichtliche Schuldenbereinigung statt, so kann man in den Schuldenbereinigungsplan aufnehmen, daß der Bürge mit Zustimmung des Kreditgebers zum Plan oder jedenfalls mit der Erfüllung des Plans aus der Haftung entlassen wird. Im Antragsformular ist diese Möglichkeit ausdrücklich vorgesehen, und zwar auf Seite 3 des Insolvenzplans Besonderer Teil.

Musterbrief an Gläubiger:

Max Mustermann
A-Straße 3
12 345 Musterort

Sparkasse XY
B-Allee 1
12 345 Musterort

Darlehensvertrag Frieda Mustermann Nr. 08-15

Sehr geehrte Damen und Herren,
meine Frau Frieda ist, wie Sie wissen, nicht mehr zur Rückzahlung des ihr gewährten Darlehens in der Lage. Deshalb ist das Verbraucherinsolvenzverfahren mit dem Antrag meiner Frau auf Restschuldbefreiung beim Amtsgericht anhängig. Leider haben Sie dem außergerichtlichen und dem gerichtlichen Schuldenbereinigungsplan nicht zugestimmt, der vorgesehen hatte, daß ich als Bürge aus meiner Verpflichtung entlassen werde.
Die finanziellen Probleme der Familie hängen damit zusammen, daß ich arbeitslos geworden bin. Mir ist bekannt, daß ich für den Kredit gebürgt habe. Hierzu bin ich seinerzeit von Ihrem Sachbearbeiter gedrängt worden, weil meine Frau ohne die Bürgschaft den Kredit nicht erhalten hätte.
Ich bitte, mich aus der Mithaftung als Bürge zu entlasten. Denn auch ich werde aufgrund meiner Arbeitslosigkeit und gesundheitlichen Beeinträchtigung nicht in der Lage sein, das Darlehen für meine Frau zurückzuzahlen.
Unsere finanziellen Reserven sind aufgebraucht. Pfändbares Vermögen ist nicht vorhanden. Wir leben gegenwärtig von Ar-

beitslosengeld. Falls Sie mich nicht binnen zwei Wochen aus meiner Bürgschaft entlassen, werde ich mich gezwungen sehen, auf dem gleichen Weg wie meine Frau die Restschuldbefreiung zu betreiben.

Mit freundlichen Grüßen

7. Kann ich den gescheiterten außergerichtlichen Plan unverändert bei Gericht einreichen?

Dies ist rechtlich zulässig. Es kann im Einzelfall auch durchaus sinnvoll sein. Denn außergerichtlich benötigen Sie als Schuldner die Zustimmung aller Ihrer Gläubiger zu Ihrem Schuldenbereinigungsplan. Oft werden Gläubiger sich entweder überhaupt nicht melden oder keine oder keine nachvollziehbaren Gründe für ihre ablehnende Haltung vorbringen. In solchen Fällen besteht die gute Chance, daß diese Gläubiger, wenn sie sich bisher nicht gerührt hatten, sich auch im gerichtlichen Verfahren nicht anders verhalten. Hier gilt das Schweigen nach einem Monat als Zustimmung zu Ihrem Plan, also das Gegenteil von der Regelung im außergerichtlichen Verfahren[8]. Wenn ein Gläubiger auch gegenüber dem Insolvenzgericht den Plan ablehnt, besteht die Chance darauf, daß das Gericht die fehlende Zustimmung durch Beschluß ersetzt und damit den Plan wirksam macht, falls der Gläubiger keine überzeugenden Argumente für seine ablehnende Haltung vorbringt.

8. Wie viel muß ich meinen Gläubigern mindestens anbieten?

Damit wird eine der schwierigsten Fragen gestellt. Im Gesetz ist die Frage nicht geregelt, welcher Prozentsatz oder Geldbetrag den Gläubigern im Schuldenbereinigungsplan mindestens angeboten werden muß, damit die Restschuldbefreiung bewilligt werden kann. Die Frage ist auch von erheblicher praktischer Bedeutung, weil davon auszugehen ist, daß zahlreiche Personen wegen ihrer äußerst geringfügigen Einkünfte für das Verbraucherinsolvenzverfahren nur in Betracht kommen, wenn sie allenfalls die Verfahrenskosten zahlen müssen, die aber zur Zahlung von monatlichen Raten an die Gläubiger nicht in der Lage sind.

Eine Mindestquote oder einen an die Gläubiger zu zahlenden Mindestbetrag sieht die InsO nicht vor. Dies spricht dafür, einen sog. **„Null-Plan“** zuzulassen, also einen Antrag auf Durchführung des Verbraucherinsolvenzverfahrens mit einem beigefügten Schuldenbereini-

[8] Hier gilt das Schweigen als Ablehnung.

gungsplan, wonach an die Gläubiger keine Zahlungen erfolgen sollen. Von Befürwortern der Zulässigkeit wird argumentiert, daß es den Gläubigern freistehen muß, auf ihre Forderungen gegenüber dem Schuldner zu verzichten, so daß ein Verbraucherinsolvenzantrag mit einem beigefügten Null-Plan nicht unzulässig sein könne.

Die Gegenmeinung argumentiert, daß die Restschuldbefreiung nicht der einzige Zweck eines Verbraucherinsolvenzverfahrens sein könne und der Plan eine angemessene Schuldenbereinigung unter Berücksichtigung der Gläubigerinteressen enthalten müsse. Auch spreche die Verpflichtung zur Vorlage eines Verzeichnisses des vorhandenen Vermögens und Einkommens dafür, daß eine mindestens teilweise Erfüllung der Gläubigerforderungen zu einer angemessenen Regelung gehöre.

Es steht zu erwarten, daß die Insolvenzgerichte, so lange diese Streitfrage höchstrichterlich nicht geklärt ist, unterschiedlich entscheiden werden. Dies ist eine besonders mißliche Situation, die durch das Versäumnis des Gesetzgebers entstanden ist, für eine klare gesetzliche Regelung zu sorgen.

> *Unterscheide*:
> *Null-Plan*: den Gläubigern wird keine Zahlung versprochen;
> *Modifizierter Null-Plan*: den Gläubigern werden keine konkreten Beträge versprochen, sondern nur die Abtretung des pfändbaren Lohnanteils.

Richtigerweise wird man auf jeden Fall einen **„modifizierten Null-Plan"** einreichen dürfen. Das bedeutet, daß nicht ausdrücklich gesagt wird, die Gläubiger würden nichts erhalten. Sondern es wird im Schuldenbereinigungsplan in etwa das versprochen, was die Gläubiger erhalten würden, wenn sie den Schuldenbereinigungsplan ablehnen und anschließend gerichtliche Restschuldbefreiung durchgeführt wird. In diesem Fall erhalten die Gläubiger den pfändbaren Lohnanteil für sieben oder im Ausnahmefall fünf Jahre zuzüglich der Dauer des Insolvenzverfahrens, damit insgesamt etwa acht oder sechs Jahre lang. Im Einzelfall kann dies zur Folge haben, daß die Gläubiger nichts erhalten. Andererseits besteht für die Gläubiger die Chance, wenn der Schuldner eine Arbeitsstelle findet oder sich die sonstigen Verhältnisse bessern, doch noch Zahlungen erhalten.

9. Kann ich Prozeßkostenhilfe erhalten?

Prozeßkostenhilfe soll mittellosen Personen ermöglichen, ohne die Last von Gerichts- und eigenen Anwaltskosten gerichtlichen Rechtsschutz in Anspruch nehmen zu können. Ob dies für Insolvenzverfahren möglich ist, erscheint zweifelhaft. In der InsO ist die Frage nicht geregelt. Wichtig ist die Frage vor allem für Schuldner, deren Vermögen und Einkommen nicht ausreicht, die nicht geringen gerichtlichen Verfahrenskosten einschließlich Auslagen zu decken. Ihr Insolvenzantrag muß mangels Masse abgelehnt werden mit der Folge, daß eine Restschuldbefreiung nicht möglich ist.

Voraussichtlich werden die Gerichte Prozeßkostenhilfe ablehnen. Weder in der Konkurs- noch der Vergleichs- oder der Gesamtvollstreckungsordnung ist PKH vorgesehen. Aus den Gesetzgebungsmaterialien ergibt sich, daß die Bundesregierung das Problem im Gesetzentwurf erkannt hat und keine Regelung in das Gesetz aufnehmen wollte, damit Prozeßkostenhilfe nicht bewilligt werden kann, weil dies die öffentlichen Haushalte zu stark belasten würde. Nähere Ausführungen zur Prozeßkostenhilfe finden Sie in Kapitel III. C.1.b).

10. Unter welchen Umständen kann ich Restschuldbefreiung nicht erwarten?

Zum besseren Verständnis vorab: Bei dieser Frage geht es darum, ob es Gründe dafür gibt, dem Schuldner gar nicht erst die Chance zu geben, durch 7-jähriges Wohlverhalten in den Genuß der Restschuldbefreiung zu kommen. Nach § 1 Satz 2 kann nur der „redliche" Schuldner Restschuldbefreiung erreichen. Hier gilt allerdings wie im Strafrecht die „Unschuldsvermutung": Bis zum Nachweis des Gegenteils wird der Schuldner vom Gericht als redlich eingestuft. Die nachfolgend im Kasten wiedergegebenen Versagungsgründe sind allesamt Konkretisierungen des unbestimmten Begriffs der Redlichkeit und haben die Funktion, eine höhere Rechtssicherheit gegenüber einer Generalklausel zu gewährleisten.[9]

Nach § 290 hat das Insolvenzgericht die Restschuldbefreiung zu versagen, wenn dies im Schlußtermin von einem Insolvenzgläubiger beantragt worden ist und wenn

1. der Schuldner wegen einer Straftat nach den §§ 283 bis 283c des Strafgesetzbuchs[10] rechtskräftig verurteilt worden ist,
2. der Schuldner in den letzten drei Jahren vor dem Antrag auf Eröffnung des Insolvenzverfahrens oder nach diesem Antrag

[9] Vgl. die amtliche Begründung, Absatz 1.

[10] Das sind: Bankrott, Verletzung der Buchführungspflicht und Gläubigerbegünstigung.

vorsätzlich oder grob fahrlässig schriftlich unrichtige oder unvollständige Angaben über seine wirtschaftlichen Verhältnisse gemacht hat, um einen Kredit zu erhalten, Leistungen aus öffentlichen Mitteln zu beziehen oder Leistungen an öffentliche Kassen zu vermeiden,

3. in den letzten zehn Jahren vor dem Antrag auf Eröffnung des Insolvenzverfahrens oder nach diesem Antrag dem Schuldner Restschuldbefreiung erteilt oder nach § 296 oder § 297[11] versagt worden ist,
4. der Schuldner im letzten Jahr vor dem Antrag auf Eröffnung des Insolvenzverfahrens oder nach diesem Antrag vorsätzlich oder grob fahrlässig die Befriedigung der Insolvenzgläubiger dadurch beeinträchtigt hat, daß er unangemessene Verbindlichkeiten begründet oder Vermögen verschwendet oder ohne Aussicht auf eine Besserung seiner wirtschaftlichen Lage die Eröffnung des Insolvenzverfahrens verzögert hat,
5. der Schuldner während des Insolvenzverfahrens Auskunfts- oder Mitwirkungspflichten nach der InsO vorsätzlich oder grob fahrlässig verletzt hat oder
6. der Schuldner in den nach § 305 Abs. 1 Nr. 3[12] vorzulegenden Verzeichnissen seines Vermögens und seines Einkommens, seiner Gläubiger und der gegen ihn gerichteten Forderungen vorsätzlich oder grob fahrlässig unrichtige oder unvollständige Angaben gemacht hat.

Das Gericht muß prüfen, ob zumindest eines der behaupteten Argumente zutrifft; jeder einzelne der oben aufgezählten Gründe zwingt bereits zur Versagung der Restschuldbefreiung. Allerdings: Diese Prüfung wird lediglich dann vorgenommen, wenn ein Gläubiger im Schlußtermin einen entsprechenden Antrag stellt. Mit anderen Worten: **Ohne Gläubigerantrag keine Ablehnung**. Das Gesetz hat es den Gläubigern nicht leicht gemacht, einen solchen Antrag zu stellen: Ein Antrag ist nur zulässig, wenn der Gläubiger einen Versagungsgrund glaubhaft

---

[11] Verstoß gegen Obliegenheiten und Insolvenzstraftaten. Diese Vorschriften werden in den nächsten Fragen und Antworten behandelt.

[12] Es handelt sich hierbei um folgende Unterlagen, die bereits mit dem Eröffnungsantrag vom Schuldner vorzulegen sind: ein Verzeichnis des vorhandenen Vermögens und des Einkommens (Vermögensverzeichnis), ein Verzeichnis der Gläubiger und ein Verzeichnis der gegen ihn gerichteten Forderungen; den Verzeichnissen ist die Erklärung beizufügen, daß die in diesen enthaltenen Angaben richtig und vollständig sind. Vgl. im einzelnen hierzu das Kapitel IV „Das amtliche Formular“.

macht. Das heißt, daß der Gläubiger im einzelnen die Tatsachen darstellen und belegen muß, aus denen sich der Ablehnungsgrund ergeben soll. Nur diese Tatsachen werden vom Gericht überprüft, und zwar in einem dreistufigen Verfahren:

(1) Rechtfertigen die Behauptungen des Gläubigers, mit denen er den Antrag untermauert, überhaupt die Ablehnung der Restschuldbefreiung, wenn sich diese Behauptungen als richtig erweisen sollten?

(2) Wenn ja: Hat der Gläubiger die Tatsachen glaubhaft gemacht? Unter Glaubhaftmachung versteht § 294 ZPO, daß Belege oder zur Not auch eidesstattliche Versicherungen vorgelegt werden müssen.

(3) Wenn dies der Fall ist, hat das Gericht die Richtigkeit zu überprüfen. Einige Ablehnungsgründe lassen sich relativ einfach und präzise feststellen, beispielsweise ob in den letzten zehn Jahren schon einmal Restschuldbefreiung erteilt worden ist; hier wird der Gläubiger schon in seiner Glaubhaftmachung angeben müssen, bei welchem Gericht das entsprechende Insolvenzverfahren durchgeführt worden war. Andere Ablehnungsgründe sind dagegen schwieriger zu klären und eine Entscheidung bedarf einer gerichtlichen Bewertung, vor allem die oben Ziffer 4 erwähnte Begründung **unangemessener** Verbindlichkeiten durch den Schuldner.

Zu den oben im Kasten wiedergegebenen Ablehnungsgründen im einzelnen:

Zu Ziff. 1: Im Gegensatz zu den nachfolgenden Ziffern fehlt hier eine zeitliche Begrenzung, so daß nach dem Gesetzeswortlaut sogar lange Zeit zurückliegende und im Strafregister bereits getilgte Straftaten zu einer Versagung der Restschuldbefreiung führen können. Aus Verhältnismäßigkeitsgründen sollten daher solche Straftaten nicht als Versagungsgründe gewertet werden, die im Strafregister getilgt sind.[13]

Zu Ziff. 2: Dieser Versagungsgrund erscheint auf den ersten Blick einleuchtend. Wer sich einen Kredit erschlichen hat, soll nicht auch noch kurz darauf Restschuldbefreiung zu Lasten seiner Gläubiger erreichen. Wichtig ist, daß nur schriftliche Falschangaben zu berücksichtigen sind, nicht auch mündliche.

Zu Ziff. 3: Innerhalb einer Frist von zehn Jahren soll man nicht zum zweiten Mal Restschuldbefreiung auf Kosten seiner Gläubiger erreichen können. Diese gesetzgeberische Wertung ist nachvollziehbar. Gleiches gilt auch, wenn dem Schuldner Restschuldbefreiung in einem früheren Verfahren innerhalb der gleichen Frist versagt worden ist, weil er innerhalb der Wohlverhaltensperiode gegen seine Obliegenheiten verstoßen oder gar Insolvenzstraftaten begangen hat. Die gesetzliche Regelung hat abschreckenden Charakter: Wer sich entsprechend

---

[13] Im Ergebnis ebenso Häsemeyer, Insolvenzrecht, RdNr. 26.19.

verhält, soll nicht nur im anhängigen Verfahren, sondern für weitere zehn Jahre von Restschuldbefreiung ausgeschlossen sein.

Zu Ziff. 4: Hier handelt es sich um eine für den Schuldner harte Regelung, insbesondere wenn es darum geht, daß die Eröffnung des Insolvenzverfahrens fahrlässig verzögert wurde. Es entspricht dem menschlichen Naturell, bei auftretenden wirtschaftlichen Schwierigkeiten sich zunächst an jeden „Strohhalm“ zu klammern und erst relativ spät einen Insolvenzantrag zu stellen. Die Rechtsprechung wird unter dem Gesichtspunkt der Verhältnismäßigkeit hier in Fällen der Fahrlässigkeit eine einschränkende Auslegung vornehmen.

Zu Ziff. 5: Wer am Verfahren als Schuldner nicht kooperativ mitwirkt, darf nicht damit rechnen, daß dies durch Gewährung von Restschuldbefreiung quasi belohnt wird. Die Vorschrift fordert zu einem kooperativen Verhalten des Schuldners im Verfahren auf.

Zu Ziff. 6: Wer als Schuldner im Verbraucherinsolvenzverfahren Falschangaben macht, riskiert nach dieser Vorschrift die Versagung der Restschuldbefreiung. Das Problem liegt darin, daß auch grob fahrlässige Falschangaben unter diese Regelung fallen und die Maßstäbe für grobe Fahrlässigkeit oft schwer greifbar sind. Wer seine Unterlagen nicht sorgsam aufbewahrt und deshalb einen Gläubiger übersieht, handelt bei Anlegung eines strengen Maßstabs grob fahrlässig. Bei der Beurteilung dieser Frage werden die Insolvenzgerichte sich voraussichtlich stark vom persönlichen Eindruck des Schuldners, seinen intellektuellen Fähigkeiten und seinen persönlichen Lebensumständen leiten lassen.

11. Was tun, wenn Versagungsgründe vorliegen?

Wenn die oben erwähnten Versagungsgründe vorliegen und dem Gericht in einem Gläubigerantrag auf Versagung der Restschuldbefreiung offengelegt werden, kann ein gerichtlicher Beschluß über die Restschuldbefreiung nicht erwirkt werden. Trotzdem bestehen gesetzliche Möglichkeiten, das gleiche Ziel zu erreichen. Vereinfacht ausgedrückt, geschieht dies dadurch, daß das gerichtliche Verfahren nicht so weit fortschreitet, bis der Richter die Versagungsgründe prüfen muß.

> *Tip*: Nicht in jedem Fall prüft das Gericht nach, ob Versagungsgründe für die Restschuldbefreiung bestehen.

Hierzu im einzelnen:

a) Natürlich ist es auf jeden Fall möglich, sich bereits von vornherein **außergerichtlich** im Rahmen des Schuldenbereinigungsverfahrens mit den Gläubigern abschließend zu **einigen**. Dies sollten Sie insbesondere dann forciert betreiben, wenn die Durchführung des gerichtlichen Insolvenzverfahrens mit anschließender Restschuldbefreiung wahrscheinlich scheitern dürfte.

b) Auch nach einem Scheitern der außergerichtlichen Bemühungen gibt es noch **zwei Chancen** in den ersten Verfahrensstadien, zum erstrebten Ziel zu gelangen:

aa) Dem Antrag auf Durchführung des Verbraucherinsolvenzverfahrens wird der gescheiterte außergerichtliche oder ein aufgebesserter Schuldenbereinigungsplan beigelegt und den Gläubigern erneut vorgeschlagen. Es empfiehlt sich, den Gläubigern die Annahme dieses Plans schmackhaft zu machen, indem ihnen über das pfändbare Einkommen hinaus bestimmte Zahlungen aus unpfändbarem Vermögen oder aus Mitteln anderer Personen (z.B. Verwandter) zugesagt werden. Hierbei ist allerdings unbedingt darauf zu achten, daß **kein Gläubiger** und keine Gläubigergruppe gegenüber einer gerichtlichen Abwicklung des Verfahrens **benachteiligt** wird. Entschließen sich die Gläubiger nunmehr, den Schuldenbereinigungsplan anzunehmen, prüft das Gericht nicht, ob Versagungsgründe vorliegen oder nicht. Die Prüfungskompetenz des Gerichts ist vielmehr darauf beschränkt, durch Beschluß festzustellen, daß alle Gläubiger zugestimmt haben.[14]

bb) Wenn nicht alle Gläubiger zustimmen, besteht noch eine weitere Möglichkeit. Diese setzt jedoch voraus, daß eine **doppelte Mehrheit** der Gläubiger dem Schuldenbereinigungsplan zugestimmt hat, nämlich
- eine Mehrheit der Gläubiger nach Köpfen und
- eine summenmäßige Mehrheit der Forderungshöhe.

Beispiel:	Schuldenstand	50.000 DM
	Zahl der Gläubiger:	10
Kopfmehrheit:	zustimmen müssen davon mindestens	6 Gläubiger
Summenmehrheit:	Forderungshöhe dieser Gläubiger mindestens:	25.001 DM

Wenn diese doppelte Mehrheit gegeben ist, kann das Insolvenzgericht auf Antrag des Schuldners oder eines Gläubigers die Ablehnung der anderen Gläubiger durch seine Zustimmung ersetzen. Hierbei prüft das Gericht erneut **nicht**, ob Versagungsgründe im oben dargestellten Sinne vorliegen. Das Gericht führt nur eine an wirtschaftlichen Krite-

[14] § 308 Abs. 1 S. 1 2. Halbsatz.

rien orientierte Überprüfung durch. Es lehnt die Zustimmung dann ab, wenn entweder

- der Gläubiger, der Einwendungen erhoben hat, durch den Schuldenbereinigungsplan im Verhältnis zu den übrigen Gläubigern unangemessen benachteiligt wird, oder
- dieser Gläubiger durch den Schuldenbereinigungsplan schlechter gestellt wird als er bei Durchführung des Insolvenzverfahrens mit anschließender Restschuldbefreiung stehen würde.

Um diese Vergleichsberechnungen anstellen zu können, muß das Gericht einen Maßstab dafür finden, mit welchem Einkommen beim Schuldner in den nächsten sieben Jahren zu rechnen ist. Das Gesetz sieht insoweit folgendes vor: Das Gericht muß unterstellen, daß das momentane Einkommen des Schuldners über die Jahre hinweg gleich bleiben wird. Im Regelfall wird hierbei auch unterstellt, daß die Unterhaltspflichten im Laufe der sieben Jahre nicht wegfallen werden. Wenn für das Gegenteil Anhaltspunkte vorliegen z. B. weil die Kinder schon groß sind, kann das Gericht diese Frage allerdings prüfen.[15]

> *Tip*: Bieten Sie den Gläubigern im Schuldenbereinigungsplan nach Möglichkeit gewisse Zahlungen aus unpfändbaren Beträgen an, z. B. aus dem Ihnen zur Verfügung gestellten Vermögen von Verwandten. Damit machen Sie es Ihren Gläubigern leichter, Ihren Plan zu akzeptieren.

Wird den Gläubigern im Schuldenbereinigungsplan ein wirtschaftlicher Vorteil z. B. durch das Anbieten gewisser Fremdmittel in Aussicht gestellt, und zwar gleichmäßig auf alle Gläubiger verteilt, so wird in aller Regel das Gericht eine Ablehnung durch einzelne Gläubiger ersetzen und hierbei nicht überprüfen, ob Versagungsgründe für die Restschuldbefreiung vorliegen.

> *Wichtig*: Im Ergebnis bedeutet dies, daß ein Teilerlaß der Schulden auch gegen den Willen eines Teils der Gläubiger selbst dann möglich ist, wenn eine gerichtliche Restschuldbefreiung aus Rechtsgründen unzulässig wäre.

---

[15] § 309 Abs. 1 S. 2 Ziff. 2.

12. Kann das Gericht im Verlaufe des Verfahrens die Restschuldbefreiung versagen?

Während der sieben- bzw. fünfjährigen „Wohlverhaltensperiode“[16] prüft das Gericht in der Regel nicht, ob der Schuldner seine laufenden Verpflichtungen einhält. Hier gilt die Gläubigerautonomie und die Pflicht des Treuhänders, die eingehenden Beträge zu verwalten. Unter bestimmten Voraussetzungen kann das Verfahren jedoch vom Gericht abgebrochen und die Restschuldbefreiung verweigert werden, und zwar beim Vorliegen von mindestens einem der drei nachfolgenden Gründe:

a) auf Antrag eines Insolvenzgläubigers, wenn der Schuldner eine seiner **Obliegenheiten** verletzt und dadurch die Befriedigung der Gläubigerinteressen beeinträchtigt,

b) auf Antrag eines Insolvenzgläubigers, wenn der Schuldner rechtskräftig wegen einer sog. Insolvenzstraftat **verurteilt** worden ist oder

c) auf Antrag des Treuhänders, wenn die von ihm eingenommenen Beträge nicht ausreichen, seine **Mindestvergütung** zu decken, und der Schuldner den fehlenden Betrag trotz Aufforderung nicht nachzahlt.

Merke:
- Restschuldbefreiung kann abgelehnt werden
  - auf Antrag eines Insolvenzgläubigers
  - auf Antrag des Treuhänders
- Restschuldbefreiung kann ohne einen entsprechenden Antrag **nicht** abgelehnt werden

Zu a) Der Schuldner hat während der Wohlverhaltensperiode eine Reihe von Obliegenheiten zu erfüllen. Der Begriff „Obliegenheit“ bedeutet eine gesetzlich festgelegte Verpflichtung; die Einhaltung dieser Verpflichtung ist gerichtlich nicht durchsetzbar; es entstehen jedoch Rechtsnachteile, wenn eine Obliegenheitsverletzung nachgewiesen wird. Mit dieser Rechtskonstruktion wird der Schuldner – ohne daß Zwangsmaßnahmen gegen ihn erforderlich wären – zur Einhaltung seiner Verpflichtungen gezwungen. Die Sanktion eines Verstoßes gegen die Obliegenheiten ist naheliegend: Die Restschuldbefreiung wird versagt, so daß die bisherigen Bemühungen des Schuldners sinnlos werden.

Am wichtigsten ist die **Erwerbsobliegenheit**. Was dies bedeutet, wird bei Frage 25 erläutert.

---

[16] Unter welchen Umständen die Frist von normalerweise 7 auf 5 Jahre verkürzt werden kann, wird bei Frage 15 erläutert.

13. Was gilt, wenn einzelne Gläubiger meinen Plan ablehnen?

Wer einen Verbraucherinsolvenzantrag über sein Vermögen bei Gericht einreicht, muß einen Schuldenbereinigungsplan vorlegen. Bei der Abstimmung der Gläubiger darüber gilt zunächst das Einstimmigkeitsprinzip. Das heißt, der Plan ist zunächst gescheitert, wenn auch nur ein einziger Gläubiger ihn ablehnt.

Allerdings kann das Insolvenzgericht die Zustimmung einzelner Gläubiger durch Beschluß ersetzen. Dies gilt jedoch nur, wenn eine doppelte Mehrheit der Gläubiger, nämlich nach Köpfen und nach Forderungssummen gerechnet, dem Plan zugestimmt hat. Zur Berechnung dieser doppelten Mehrheit vgl. Frage 11. Den Antrag auf Zustimmungsersetzung kann jeder Gläubiger und der Schuldner stellen.

Wichtig: Als Schuldner sollte man sich nicht darauf verlassen, daß ein Gläubiger den Antrag stellt. Man sollte selbst aktiv werden und hierbei die wirtschaftlichen Vorteile des Plan gegenüber einer Durchführung des Verbraucherinsolvenzverfahrens mit anschließender Restschuldbefreiung für den bislang ablehnend eingestellten Gläubiger darstellen. Vielleicht läßt sich dadurch der Gläubiger umstimmen. Ansonsten muß das Insolvenzgericht durch Beschluß entscheiden. Der Schuldner kann gegen einen ablehnenden Beschluß das Rechtsmittel der sofortigen Beschwerde nur dann einlegen, wenn er selbst einen Antrag auf Ersetzung der Zustimmung gestellt hat.[17]

14. Wie erfahre ich, wie hoch meine Schulden sind?

Wer einen Verbraucherinsolvenzantrag stellt, muß ein Verzeichnis der Gläubiger und ein Verzeichnis der gegen ihn gerichteten Forderungen einreichen. Diesen Verzeichnissen ist die Erklärung beizufügen, daß die dort enthaltenen Angaben richtig und vollständig sind.[18] Das Verzeichnis der Gläubiger muß auch deren Adressen enthalten, damit das Gericht in der Lage ist, ihnen den Insolvenzantrag zuzustellen.[19]

Viele Schuldner wissen aber allenfalls, bei wem sie Schulden haben. Sie haben aber völlig die Übersicht über ihren Schuldenstand verloren. Sie sind deshalb nicht in der Lage, einen richtiges und vollständiges Verzeichnis der Forderungen vorzulegen. Dieses Problem hat der Gesetzgeber gesehen und einen Anspruch des Schuldners gegen seine

---

[17] Dies ergibt sich aus dem Wortlaut des § 309 Abs. 2 Satz 3.
[18] § 305 Abs. 1 Nr. 3.
[19] Gemäß § 307 Abs. 1 vorgeschrieben.

Gläubiger auf Auskunft und Mitteilung ihrer gegen den Schuldner gerichteten Forderungen geschaffen.[20] Den Auskunftsanspruch hat der Schuldner, wenn er einen gerichtlichen Antrag bereits gestellt hat oder wenn dieser Antrag in naher Zukunft beabsichtigt ist. Letzteres ist der Fall, wenn bereits bei einer Verbraucherberatungsstelle oder einer sonstigen geeigneten Person oder Stelle die Bemühungen um eine außergerichtliche Schuldenbereinigung angelaufen sind.

Die Auskunft der Gläubiger
- muß schriftlich erfolgen,
- muß die Höhe der Forderungen enthalten und
- muß die Forderungen in Hauptforderung, Zinsen und Kosten aufgliedern.

> *Tip*: Unbedingt Forderungsaufstellung von allen Gläubigern anfordern!

Es ist in jedem Schuldner dringend anzuraten, vor dem gerichtlichen Insolvenzantrag diese schriftliche Forderungsaufstellung von allen Gläubigern anzufordern. Denn sie kostet nichts und hat im Verfahren mehrere wichtige Vorteile:
- Der Schuldner muß sowieso ein Gläubiger- und Forderungsverzeichnis einreichen. Wenn Sie schriftliche Forderungsaufstellungen Ihrer Gläubiger vorlegen, müssen Sie in der Anlage 5 des Antragsformulars die Frage nach den Forderungen nicht mehr zusätzlich ausfüllen, sondern können auf die Aufzeichnungen Ihrer Gläubiger Bezug nehmen, wodurch sich der Aufwand beim Ausfüllen des Formulars wesentlich verringert;
- Sie gehen nicht das Risiko ein, daß der Antrag auf Eröffnung des Insolvenzverfahrens als zurückgenommenen gilt. Dies wäre der Fall, wenn die Anlagen nicht mit dem Antrag vollständig vorgelegt worden sind und auch nicht binnen eines Monats nachgereicht werden.

15. Wie lange dauert es bis zur Restschuldbefreiung?

Der Weg bis zur Restschuldbefreiung kann sehr lang und steinig sein, insbesondere wenn die Gläubiger es ablehnen, dem Schuldenbereinigungsplan zuzustimmen. Scheitert eine Einigung mit den Gläubigern zunächst außergerichtlich und dann in der ersten Phase des gerichtlichen Verbraucherinsolvenzverfahrens, beginnt die sog. Wohlverhaltens-

[20] § 305 Abs. 2.

periode. Dem Antrag auf Restschuldbefreiung haben Sie eine Erklärung beizufügen, daß Sie Ihre pfändbaren Forderungen auf Bezüge aus einem Dienstverhältnis oder an deren Stelle tretenden laufende Bezüge für die Zeit von sieben Jahren an einen vom Gericht zu bestimmenden Treuhänder abtreten.

> *Formulierung im Antragsformular (Anlage 3)*:
>
> **Abtretungserklärung nach § 287 Abs. 2 Satz 1 InsO**
>
> Für den Fall der gerichtlichen Ankündigung der Restschuldbefreiung trete ich meine pfändbaren Forderungen auf Bezüge aus einem Dienstverhältnis oder an deren Stelle tretende laufende Bezüge für die Zeit von sieben Jahren nach Beendigung des Insolvenzverfahrens an einen vom Gericht zu bestimmenden Treuhänder ab.

Insgesamt ist also mit sehr langen Zeiträumen bis zur endgültigen Restschuldbefreiung zu rechnen, weil der Zeitraum von sieben Jahren nicht etwa ab Beginn der Bemühungen um eine Schuldenbereinigung gerechnet wird, sondern erst beginnt, wenn das gerichtliche Verbraucherinsolvenzverfahren nach der Verwertung eventuell vorhandenen Vermögens des Schuldners beendet worden ist.

Rechnen Sie auf jeden Fall damit, daß bereits der außergerichtliche Einigungsversuch mehrere Monate dauert, weil mit allen Gläubigern der genaue Schuldenstand abgeklärt und auf dieser Basis ein Vorschlag für eine Schuldenbereinigung ausgearbeitet werden muß. Scheitert der Versuch einer Einigung, so wird das Gericht nach dem Eingang des Antrags auf Durchführung des Verbraucherinsolvenzverfahrens erneut einige Monate benötigen, um nach Möglichkeit zu einer gerichtlichen Einigung über den gleichen oder einen geänderten Schuldenbereinigungsplan zu kommen. Außerdem müssen Sie auf jeden Fall damit rechnen, daß sowohl die Schuldnerberatungsstellen als auch die Insolvenzgerichte in den ersten Jahren nach Inkrafttreten des neuen Gesetzes überlastet sein werden.

Insgesamt müssen Sie also realistischerweise davon ausgehen, daß nicht vor Ablauf eines Jahres überhaupt die sogenannte Wohlverhaltensperiode zu laufen beginnt. Danach beginnt die sieben oder im Ausnahmefall fünf Jahre währende Abtretung der pfändbaren Einkünfte an den gerichtlich eingesetzten Treuhänder.

Wohlverhaltensperiode 7 oder 5 Jahre?

Wie oben im Kasten nachzulesen, beträgt die Zeit, für die das pfändbare Einkommen an die Gläubiger abgetreten werden muß, nach der gesetzlichen Regel sieben Jahre. Hiervon hat das Gesetz eine Ausnahme gemacht und die Frist auf fünf Jahre verkürzt, wenn der Schuldner bereits vor dem 1.1. 1997 zahlungsunfähig war.[21] Der Grund für diese merkwürdig anmutende Ausnahme liegt darin, daß die InsO ursprünglich bereits zu diesem Termin in Kraft treten sollte, also die Schuldner bereits frühestens ab 2004 die Restschuldbefreiung hätten erreichen können. Das Ziel der Restschuldbefreiung ab 2004 wird mit dieser Übergangsvorschrift erreicht.

Formulierung im Antragsformular (Anlage 3 zum Eröffnungsantrag):

Erklärung über die Zahlungsunfähigkeit vor dem 1. Januar 1997
(§ 287 Absatz 2 Satz 1 InsO, Art. 107 EG InsO)
(nur ankreuzen und ergänzen, falls zutreffend)

☐ Ich war bereits vor dem 1.Januar 1997 zahlungsunfähig. Deshalb beantrage ich, bei der gerichtlichen Ankündigung der Restschuldbefreiung und der Bestimmung des Treuhänders (§ 291 InsO) festzustellen, daß sich die Laufzeit der Abtretung nach § 287 Absatz 2 Satz 1 InsO von 7 auf 5 Jahre verkürzt.

Für die Tatsache, daß ich bereits vor dem 1. Januar 1997 zahlungsunfähig war, lege ich folgende Beweismittel vor:

☐ Kopie der Niederschrift über die abgegebene Eidesstattliche Versicherung (Offenbarungsversicherung) und des Vermögensverzeichnisses
☐ Bescheinigung des zuständigen Gerichtsvollziehers über einen erfolglosen Vollstreckungsversuch
☐ Sonstige *(bitte näher erläutern)*

Nähere Einzelheiten werden in Kapitel III.D.2 dargestellt.

16. Wie viel Geld bleibt mir während der Verfahrensdauer zum Leben?

Der Grundsatz scheint zunächst relativ einfach: Dem Antrag auf Restschuldbefreiung ist die Erklärung beizufügen, daß der Schuldner seine pfändbaren Forderungen auf Bezüge aus einem Dienstverhältnis oder an deren Stelle tretende laufende Bezüge für die Dauer von sieben Jahren nach der Aufhebung des Insolvenzverfahrens an einen vom Gericht zu bestimmenden Treuhänder abtritt.[22] Das heißt, daß zunächst einmal nur der pfändungsfreie Betrag zum Leben bleibt.

Eine gewisse Erleichterung hat der Gesetzgeber jedoch geschaffen, und zwar als Anreiz, die Wohlverhaltensperiode auch durchzustehen: Der Treuhänder muß an den Schuldner ab dem 5. Jahr der Abtretung einen Teil der eingenommenen Beträge wieder zurückzahlen, nämlich:[23]

---

[21] Art. 107 EGInsO.

[22] § 287 Abs. 2 Satz 1; vgl. die formularmäßige Abtretungserklärung im Kasten oben bei der Frage 15 „Wie lange dauert es bis zur Restschuldbefreiung?".

[23] § 292 Abs. 1 Satz 3.

nach Ablauf von 4 Jahren	10 %
nach Ablauf von 5 Jahren	15 %
nach Ablauf von 6 Jahren	20 %

Der Schuldner bekommt also insgesamt 45 % eines Jahreslohns nachträglich zurückbezahlt.[24] Wenn sich die Wohlverhaltensperiode auf fünf Jahre verkürzt, gilt nur die einmalige Rückzahlung von 10 % für das letzte Jahr.

Das große Problem dieser Regelung liegt neben der sehr langen Dauer des Verfahrens in den schon seit einigen Jahren geltenden niedrigen Pfändungsfreigrenzen für Arbeitseinkommen gem. § 850c ZPO; danach liegt die Grenze der Unpfändbarkeit von Ledigen ohne Unterhaltsverpflichtungen bei 1209 DM.[25] Vor allem in Großstädten ist die Mietbelastung oft so hoch, daß dieser Betrag unterhalb desExistenzminimums und der Sozialhilfesätze liegt. Wenn ein Gläubiger die Zwangsvollstreckung betreibt, kann deshalb der Schuldner beim Vollstreckungsgericht beantragen,[26] daß sein unpfändbarer Einkommensteil auf die Sozialhilfesätze angehoben wird.

Eine entsprechende Regelung fehlt jedoch in der Insolvenzordnung. Die Rechtsprechung hat bisher nicht anerkannt, daß bei Abtretungen des pfändbaren Teils des Arbeitslohns die eventuell höheren Beträge des § 850f Abs. 1 ZPO statt der Sätze gem. § 850c ZPO gelten. Deshalb wird man bis auf weiteres davon ausgehen müssen, daß auch im Rahmen der Lohnabtretung an den Treuhänder im Restschuldbefreiungsverfahren die Pauschalsätze des § 850c ZPO gelten. Dies stellt ein gravierendes Versäumnis des Gesetzgebers dar, das zu dem Ergebnis führen kann, daß der berufstätige Schuldner während der Wohlverhaltensperiode mit einem verfügbaren Einkommen unterhalb der Sozialhilfesätze auskommen muß.

17. Gelten Lohnabtretungen weiter?

Kredite werden in aller Regel nur gegeben, wenn der pfändbare Anteil des Lohns bzw. Gehalts an die Bank abgetreten wird. Die Lohnab-

---

24 Ein Antrag der SPD-Fraktion im Rechtsausschuß des Bundestags, den Selbstbehalt des Schuldners während der gesamten Laufzeit der Abtretungserklärung um jährlich 5 % zu steigern, ist abgelehnt worden.

25 Der Betrag erhöht sich bei Unterhaltspflichten um 468 DM für die erste Person und um je 351 DM für weitere Personen.

26 § 850f Abs. 1 ZPO.

tretungen aus der Zeit vor dem Verbraucherinsolvenzverfahren bleiben nach § 114 Abs. 1 für einen eingeschränkten Zeitraum wirksam, nämlich für 3 Jahre. Gerechnet wird dieser Zeitraum ab dem Ende des Monats, in dem das Verbraucherinsolvenzverfahren eröffnet[27] worden ist. Es kommt also nicht etwa auf die Antragstellung an, sondern auf das endgültige Scheitern des Versuchs einer Einigung mit den Gläubigern.

Das bedeutet im Ergebnis, daß die übrigen Gläubiger, die keine Sicherheiten haben, in den ersten drei Jahren der sogenannten Wohlverhaltensperiode nichts erhalten, weil der pfändbare Teil des Einkommens dem Kreditinstitut zugute kommt. Der Gesetzgeber war der Auffassung, diese bankenfreundliche Regelung einführen zu müssen, damit überhaupt noch Verbraucherkredite gewährt werden.

Wenn der Schuldner bereits vor dem 1. 1. 1997 zahlungsunfähig war, verkürzt ich der Zeitraum, in dem die Abtretung wirksam bleibt, auf 2 Jahre. Die gesamte Wohlverhaltensperiode beträgt in diesen Fällen fünf statt sieben Jahren, so daß für die übrigen Gläubiger drei Jahre mit der Hoffnung auf Zahlungseingänge verbleiben.[28]

18. Kann ein Gläubiger gegen mich einen Insolvenzantrag stellen?

Insolvenzanträge von Gläubigern gegen säumige Schuldner sind gesetzlich zugelassen. In der Praxis sind sie bei Firmenschuldnern sogar wesentlich häufiger als sog. Eigenanträge (also Anträge einer überschuldeten Firma, über das eigene Vermögen das Insolvenzverfahren durchzuführen).

Insolvenzanträge gegen Privatpersonen waren auch schon früher nach der Konkursordnung gesetzlich zugelassen; sie kamen jedoch selten vor, weil sie sich wirtschaftlich für den Gläubiger in aller Regel nicht lohnten. Die Rechtslage ändert sich mit dem Inkrafttreten der InsO:

> *Merke*: Für Gläubiger werden Insolvenzanträge attraktiver, weil entgegen früherem Recht jetzt auch die Einkünfte des Schuldners während der Dauer des Verfahrens zur Verteilung an die Gläubiger zur Verfügung stehen.

---

[27] Das ist nicht etwa der Eingang des Antrags; eröffnet wird das Insolvenzverfahren erst, wenn die Bemühungen um eine gerichtliche Schuldenbereinigung gescheitert sind, also in einem wesentlich späteren Zeitpunkt.

[28] Art. 107 EGInsO.

Das Insolvenzverfahren erfaßt nach neuem Recht das gesamte Vermögen, das dem Schuldner zur Zeit der Eröffnung des Verfahrens gehört und das er während des Verfahrens erlangt.[29] Das heißt, daß in Insolvenzverfahren nicht nur das Altvermögen an die Gläubiger verteilt wird, das im Zeitpunkt der Eröffnung des Verfahrens bestand, sondern auch alles, was der Schuldner während der Verfahrensdauer einnimmt (der sog. Neuerwerb). Wenn ein Schuldner über Einkünfte verfügt, können die Gläubiger im Insolvenzverfahren hierauf zugreifen, freilich nur auf den pfändbaren Teil. Gänzlich anders war die Regelung in der Konkursordnung: Verteilt wurde nur das im Zeitpunkt der Verfahrenseröffnung vorhandene Vermögen. Was der Schuldner während des Verfahrens verdient hat, stand den Gläubigern im Konkursverfahren nicht zur Verfügung. Da Insolvenzverfahren von Gläubigern erst beantragt werden, wenn die üblichen Mittel der Einzelzwangsvollstreckung wie Pfändung und eidesstattliche Versicherung erfolglos waren, bestand nach der Konkursordnung wenig Aussicht für einen Gläubiger, noch weitere Zahlungen über ein Konkursverfahren zu erreichen. Nach neuem Recht kann er wenigstens auf Zahlungen aus dem Neuerwerb hoffen.

19. Unter welchen Voraussetzungen ist ein Gläubigerantrag zulässig?

Ein Gläubigerantrag ist unter drei Voraussetzungen zulässig:[30]

a) ein rechtliches Interesse des Gläubigers muß bestehen,
b) der Gläubiger muß seine Forderung glaubhaft machen,
c) der Gläubiger muß den Eröffnungsgrund glaubhaft machen.

Zu a) Wenn ein Schuldner Zahlungsrückstände hat und die Zwangsvollstreckung gegen ihn erfolglos war, ist in aller Regel das Rechtsschutzinteresse des Gläubigers für einen Insolvenzantrag zu bejahen. Ausnahmen sind denkbar, in der Praxis allerdings selten, z.B. bei einem bereits verjährten Anspruch.[31] Generell kann man sagen, daß ein Rechtsschutzinteresse fehlt, wenn der Gläubiger auf einfachere und billigere Art und Weise vollstrecken könnte.

Zu b) Glaubhaftmachung ist weniger als ein Beweis und bedeutet eine überwiegende Wahrscheinlichkeit für das Bestehen der Forderung.[32] In der gerichtlichen Praxis ist allerdings der Gläubiger meistens

---

29 § 35.

30 § 14 Abs. 1.

31 Da durch Vollstreckungsbescheid, Urteil oder gerichtlichen Vergleich festgestellte Ansprüche erst nach 30 Jahren verjähren, spielt dies in der Praxis selten eine Rolle.

32 Vgl. § 294 ZPO.

sogar in der Lage, seine Forderung mit dem Insolvenzantrag zu beweisen, weil er einen rechtskräftigen Vollstreckungsbescheid, ein rechtskräftiges Urteil oder einen Vergleich vorlegen kann, aus dem sich die Schuld ergibt. Das Insolvenzgericht hat keine Befugnis, die Richtigkeit von gerichtlichen Entscheidungen zu überprüfen.

Da schon die Glaubhaftmachung der Forderung ausreicht, ist ein Urteil nicht zwingend erforderlich. Als Mittel der Glaubhaftmachung kommen in der Praxis vor allem Urkunden in Betracht, z. B. ein Schuldanerkenntnis oder ein schriftlicher Vergleich zwischen den Parteien, worin die Höhe der Forderung festgeschrieben ist. Als Mittel der Glaubhaftmachung sind im Gesetz aber auch eidesstattliche Versicherungen von Zeugen oder auch des Antragstellers zugelassen.

Zu c) Der Gläubiger muß nicht nur seine Forderung, sondern auch den Eröffnungsgrund glaubhaft machen, denn nur wenn eine Eröffnungsgrund gegeben ist, darf ein Insolvenzverfahren durchgeführt werden.[33] Das leuchtet auch ein, denn ein Insolvenzverfahren kann nicht gerechtfertigt sein, nur weil eine bestimmte Forderung nicht beglichen worden ist, sondern der Schuldner muß – salopp ausgedrückt – „pleite" sein.

Die **Eröffnungsgründe** sind:
- Allgemeiner Eröffnungsgrund ist die **Zahlungsunfähigkeit**[34].
- Beim Eigenantrag des Schuldners ist auch die **drohende** Zahlungsunfähigkeit ein zusätzlicher Eröffnungsgrund[35].
- Bei „juristischen Personen"[36] gibt es den weiteren Eröffnungsgrund der **Überschuldung**[37].

Beim Antrag eines Gläubigers spielt nur der Eröffnungsgrund der Zahlungsunfähigkeit eine Rolle, die anderen Eröffnungsgründe scheiden aus.

Was Zahlungsunfähigkeit bedeutet, wird im Gesetz definiert: Der Schuldner ist zahlungsunfähig, wenn er nicht in der Lage ist, die fälligen[38] Zahlungspflichten zu erfüllen. Da dies nicht immer ohne weiteres leicht festzustellen ist, gibt das Gesetz eine Möglichkeit der Beweiser-

---

[33] § 16.

[34] § 17 Abs. 1.

[35] § 18 Abs. 1.

[36] Kapitalgesellschaften, also vor allem GmbH, AG. Für Gesellschaften gelten die Regelungen der Verbraucherinsolvenz und der Restschuldbefreiung nicht; dies ist auch nicht erforderlich, da durch die Auflösung der Firma faktisch eine Befreiung von den Verbindlichkeiten eintritt.

[37] § 19 Abs. 1.

[38] § 17 Abs. 2.

leichterung: In der Regel ist dies zu bejahen, wenn der Schuldner seine Zahlungen eingestellt hat. In der Praxis trifft dies oft zusammen mit einer Kündigung der Kreditlinie eines überzogenen Bankkontos.

Zahlungsunfähigkeit ist in der Regel anzunehmen, wenn der Schuldner seine Zahlungen eingestellt hat.

Beispiel für Zahlungsfähigkeit trotz hoher Schulden: Der Schuldner zahlt die vereinbarten Raten regelmäßig und pünktlich. In diesem Fall bestehen zwar Verbindlichkeiten, der Schuldner ist aber in der Lage, die **fälligen** Zahlungen zu leisten.

Nicht zahlungsunfähig ist auch, er zwar zur Zahlung verurteilt wurde, auch zahlen könnte, jedoch – und sei es auch aus reiner Böswilligkeit – nicht zahlen will.

Zahlungsunfähigkeit wird glaubhaft gemacht durch:
- „Unpfändbarkeitsbescheinigung“ des Gerichtsvollziehers[39],
- Protokoll über die eidesstattliche Offenbarungsversicherung.[40]

Der Gläubiger muß also, bevor er einen Insolvenzantrag stellt, in der Regel erst versuchen, über den Gerichtsvollzieher oder über die Pfändung des Arbeitslohns die Forderung einzuziehen. Gegebenenfalls bescheinigt der Gerichtsvollzieher, daß der Schuldner „amtsbekannt mittellos“ ist. Bis 31.12. 1998 muß die eidesstattliche Versicherung des Schuldners vom Amtsgericht – Vollstreckungsgericht – am Wohnsitz des Schuldners abgenommen werden. Ab 1999 gilt folgendes: Der Gerichtsvollzieher kann, wenn er den Schuldner in seiner Wohnung zum Zwecke der Pfändung aufsucht und der Schuldner nicht zahlen kann, die eidesstattliche Versicherung sofort abnehmen.[41] Der Schuldner und der die Vollstreckung betreibende Gläubiger können dem allerdings widersprechen; dann setzt der Gerichtsvollzieher einen Termin an, der zwischen zwei und vier Wochen später liegen soll.[42] Die eidesstattliche Versicherung wird beim Vollstreckungsgericht hinterlegt, der Gläubiger erhält eine Abschrift.[43]

---

[39] § 63 GVGA (Gerichtsvollzieher-Geschäftsanweisung).

[40] Früher „Offenbarungseid“ genannt.

[41] § 899 ZPO n.F.

[42] § 900 Abs. 2 ZPO in der ab 1.1. 1999 geltenden Fassung der 2. Zwangsvollstreckungsnovelle vom 17.12. 1997, BGBl. I 3039.

[43] § 900 Abs. 5 ZPO n.F.

Neu ab 1.1. 1999: Eidesstattliche Versicherung ist beim Gerichtsvollzieher abzugeben.

Mit diesen gerichtlichen Belegen kann der Gläubiger die Zahlungsunfähigkeit des Schuldners glaubhaft machen. Zugleich hat er damit sein Rechtsschutzinteresse begründet, weil er den vergleichsweise einfacheren Weg des Vollstreckungsversuchs durch den Gerichtsvollzieher erfolglos beschritten hat.

Wenn der Schuldner Arbeitnehmer ist, wird man vom Gläubiger auch verlangen können, vor einem Insolvenzantrag auch eine **Lohnpfändung** zu versuchen. Den Gerichten genügt zum Nachweis dieses Versuchs die gesetzlich vorgesehene Erklärung des Arbeitgebers,[44] in der auf bestehende „Vorpfändungen" hingewiesen wird, also auf zeitlich früher liegende Lohnpfändungen.[45]

20. Wie läuft das Verfahren bei einem Gläubigerantrag ab?

Hat der Gläubiger einen zulässigen Insolvenzantrag gestellt, dann fehlen dem Gericht die Unterlagen, die der Schuldner bei einem eigenen Antrag auf Durchführung des Verbraucherinsolvenzverfahrens vorlegen muß. Vor allem ist die außergerichtliche Schuldenbereinigung nicht versucht worden, ohne die ein Verbraucher keinen Insolvenzantrag stellen kann. Zwangsläufig fehlen auch das Vermögens- und das Gläubigerverzeichnis.

Das Gericht wird dem Schuldner die Möglichkeit geben, selbst einen Verbraucherinsolvenzantrag mit Antrag auf Restschuldbefreiung zu stellen.[46] Hierfür wird es dem Schuldner eine **Frist** setzen. Während dieser Zeit ruht der Antrag des Gläubigers, wird also vom Gericht nicht weiter bearbeitet.[47] Die **Dauer** der Frist, die das Gericht dem Schuldner setzt, ist gesetzlich nicht festgelegt. Drängen Sie hier, wenn Sie in der Rolle des Schuldners sind, auf einen angemessen langen Zeitraum. Ein Musterantrag für eine Fristverlängerung ist bei der nachfolgenden Frage wiedergegeben.

Reichen Sie als Schuldner, nur um die gerichtlich festgesetzte Frist nicht verstreichen zu lassen, einen eigenen Antrag ohne die vorge-

---

[44] Sog. Drittschuldnererklärung gemäß § 840 Abs. 1 Nr. 3 ZPO.

[45] Bei Pfändungen gilt der „Prioritätsgrundsatz". Das bedeutet, daß zeitlich früher erfolgte Pfändungen den späteren vorgehen (manchmal auch – ebenso bissig wie treffend – „Windhundprinzip" genannt: „Wer zuerst kommt, beißt zuerst").

[46] § 306 Abs. 3 Satz 1.

[47] § 306 Abs. 3 Satz 2.

schriebene Bescheinigung über den erfolglosen Versuch einer außergerichtlichen Schuldenbereinigung[48] ein, entsteht ein Problem: Das Gericht fordert Sie auf, das Fehlende unverzüglich[49] zu ergänzen. Hierfür setzt es Ihnen eine Frist von einem Monat. Legen Sie innerhalb der **Monatsfrist** die Bescheinigung und die sonstigen Unterlagen nicht vor, so kann das daran liegen, daß so schnell ein Gespräch in der Schuldnerberatungsstellen und die Verhandlungen mit den Gläubigern nicht geführt werden konnten.

> *Merke*: Zwei Fristen muß der Schuldner beim Gläubigerantrag beachten:
> 1. Nach Ermessen festgesetzte Frist für einen eigenen Insolvenzantrag;
> 2. Monatsfrist zur Vorlage der Bescheinigung über das Scheitern eines außergerichtlichen Einigungsversuchs

Ein Antrag an das Gericht, die Monatsfrist zu verlängern, ist sinnlos; denn diese Frist ist gesetzlich festgelegt ohne einen Spielraum für den Richter. Nach Ablauf des Monats gilt der Antrag des Schuldners als zurückgenommen,[50] so daß der Insolvenzantrag des Gläubigers weiterbearbeitet wird.

Folgende im Gesetz nicht ausdrücklich angesprochene Frage drängt sich auf: Ist eine Restschuldbefreiung auch dann möglich, wenn der Antrag des Schuldners auf Verbraucherinsolvenzverfahren als zurückgenommen gilt? Dafür spricht, daß Restschuldbefreiung nicht nur für Verbraucher vorgesehen ist, sondern auch nach Durchführung eines normalen Insolvenzverfahrens für Kaufleute und andere selbständige Personen.[51] Das heißt: Der Gesetzgeber ist davon ausgegangen, daß Restschuldbefreiung auch ohne die Besonderheiten des gerichtlichen Versuchs einer Schuldenbereinigung möglich und nicht etwa ausgeschlossen ist.[52]

Es gibt aber auch gute Gründe für die gegenteilige Auffassung: Der Antrag auf Restschuldbefreiung ist beim Insolvenzantrag eines Verbrauchers lediglich ein Antrag innerhalb des Insolvenzverfahrens, sozusagen ein Annex (Anhängsel) zum Hauptantrag. Wenn ein Schuldner seinen Verbraucherinsolvenzantrag zurücknimmt, ist damit sicherlich auch zu-

---

[48] § 305 Abs. 1 Nr. 1.

[49] § 305 Abs. 3 Satz 1.

[50] § 305 Abs. 3 Satz 2.

[51] Deshalb ist die Restschuldbefreiung nicht im Verbraucherinsolvenzverfahren, sondern innerhalb des Regelinsolvenzverfahrens in §§ 286–303 geregelt.

[52] Vgl. den 3. Absatz der amtlichen Begründung zu § 306.

gleich der Antrag auf Restschuldbefreiung zurückgenommen. Nichts anderes kann gelten, wenn der Antrag wegen Fristablaufs als zurückgenommen gilt. Der Gesetzgeber ist davon ausgegangen, daß bei Verbrauchern die Restschuldbefreiung nur zulässig ist, wenn zuvor der außergerichtliche und dann der gerichtliche Schuldenbereinigungsversuch erfolglos durchgeführt worden ist. Sonst sind nach dieser Auffassung Verbraucherinsolvenzverfahren mit anschließender Restschuldbefreiung nach sieben bzw. fünf Jahren Wohlverhaltensperiode nicht zulässig.

Folgt man dieser Argumentation, so ist nach Ablauf der oben genannten Monatsfrist eine Restschuldbefreiung für den Schuldner aufgrund eines Insolvenzantrags des Gläubigers nicht mehr möglich. Eine Restschuldbefreiung kann es nach dieser Auffassung nur geben, wenn vom Schuldner nach Eingang des Gläubigerantrags ein eigener Antrag gestellt wird und die vorgeschriebenen Belege beigebracht werden.

Vorsicht: Es ist rechtlich nicht eindeutig geklärt, unter welchen Voraussetzungen es ein Restschuldbefreiungsverfahren innerhalb eines Verbraucherinsolvenzverfahrens gibt, das vom Gläubiger beantragt worden ist.

Welcher Auffassung sich die Gerichte anschließen werden, ist momentan nicht zu überschauen. Deshalb gilt es für den Schuldner, bei einem Gläubigerantrag sich richtig zu verhalten. Hierzu vgl. die Antworten auf die nächste Frage. Allerdings werden bei der Auslegung neuer Gesetze oft die Gesetzesmaterialien herangezogen, was dafür spricht, daß Schuldner bei Gläubigeranträgen auch ohne Schuldenbereinigungsverfahren Restschuldbefreiung erreichen können.

Unterscheide beim Gläubigerantrag:

- Wird trotz gerichtlicher Aufforderung vom Schuldner kein eigener Antrag gestellt, ist eine Restschuldbefreiung nicht möglich.
- Wird vom Schuldner ein eigener Insolvenzantrag mit Antrag auf Restschuldbefreiung gestellt, dann aber kein Schuldenbereinigungsplan vorgelegt, so kann nach der amtlichen Begründung zur InsO Restschuldbefreiung erteilt werden, ohne einen Schuldenbereinigungsplan auszuarbeiten.
- Wird vom Schuldner nur ein Antrag auf Restschuldbefreiung gestellt, ist auch dies konsequenterweise möglich, so daß der Gläubigerantrag auf Durchführung des Verbraucherinsolvenzverfahrens zusammen mit dem Schuldnerantrag auf Restschuldbefreiung vom Gericht bearbeitet wird.

Das ist alles sehr verwirrend. Nachfolgende Skizze stellt deshalb die möglichen Verfahrensentwicklungen nach einem Gläubigerantrag graphisch dar, um die sehr unübersichtlichen Varianten verständlicher zu machen:

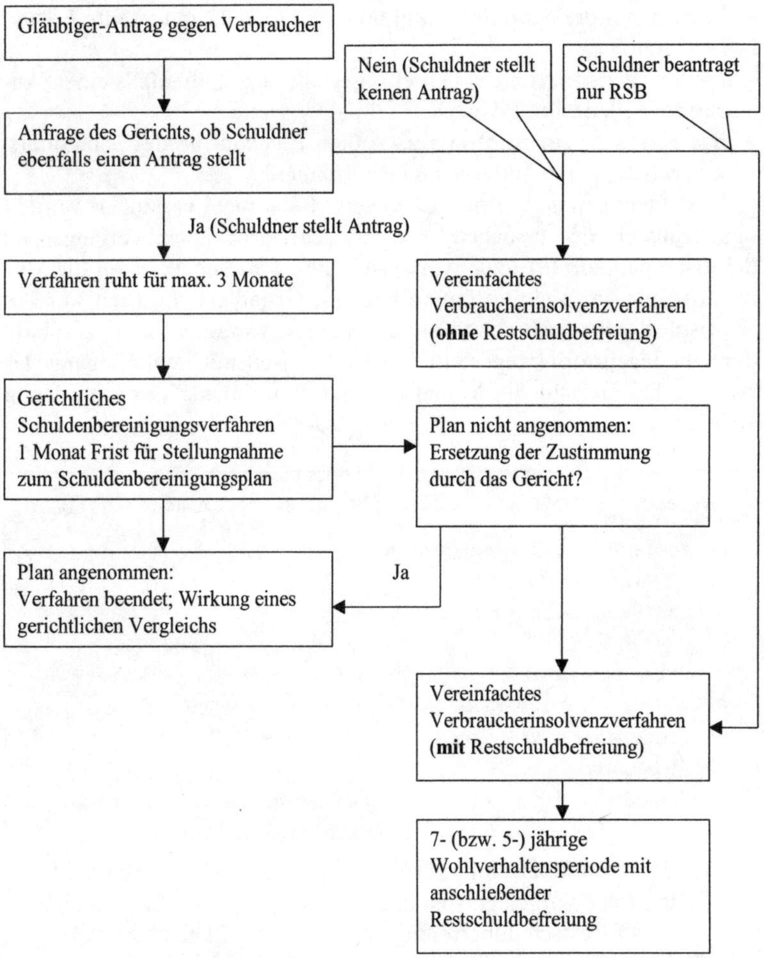

21. Wie erreiche ich Restschuldbefreiung bei einem Gläubigerantrag?

Zur Beantwortung sei die Antwort auf die vorangegangene Frage in Teilen nochmals zusammengefaßt: Wenn der Gläubigerantrag zugestellt wird, hat der Schuldner zwei ihm vom Gericht mitgeteilte Fristen zu beachten:

– eine in das Ermessen des Gerichts gestellte Frist, ebenfalls einen Antrag zu stellen,[53] und danach
– eine Frist von einem Monat nach dem Eigenantrag des Schuldners, die erforderlichen Unterlagen beizubringen.[54]

Da die letztgenannte Frist von einem Monat nicht verlängert werden kann, müssen Sie versuchen, eine möglichst großzügige Verlängerung der erstgenannten Frist zur Antragstellung zu erreichen, damit die Monatsfrist erst gar nicht zu laufen beginnt. Grundlegend falsch wäre es also, sofort „zur Sicherheit" einen eigenen Antrag zu stellen, sobald der Gläubigerantrag zugestellt worden ist, weil mit dem Eingang des Antrags bei Gericht die Monatsfrist zur Beibringung der Unterlagen zu laufen beginnt.

Musterantrag an Insolvenzgericht zur Fristverlängerung:

Amtsgericht – Insolvenzgericht –
12345 Musterstadt
Geschäftsnummer: INK 1/99

Ich beantrage, die mir durch Verfügung vom . . . gesetzte Frist von . . . Wochen zur Stellung eines eigenen Verbraucherinsolvenzantrags um zwei Monate zu verlängern.

Begründung:

Ich beabsichtige, meinerseits einen Antrag auf Durchführung des Verbraucherinsolvenzverfahrens zu stellen und zugleich Restschuldbefreiung zu beantragen. Um die hierfür erforderliche Bescheinigung über den erfolglosen Versuch einer außergerichtlichen Einigung mit den Gläubigern zu erhalten oder im günstigsten Falle mich außergerichtlich mit meinen Gläubigern vergleichen zu können, habe ich unverzüglich nach Zustellung des Insolvenzantrags bei der örtlichen Schuldnerberatungsstelle um einen schnellstmöglichen Termin für

[53] § 306 Abs. 3 Satz 1.
[54] § 305 Abs. 3 Satz 2.

ein Erstgespräch gebeten. Wegen der gerichtsbekannten Überlastung der Schuldnerberatungsstelle kann dieser Termin erst am . . . stattfinden. Danach werden sich die Bemühungen um eine Einigung sicherlich um einige Wochen hinziehen, so daß eine Fristverlängerung um mindestens zwei Monate von vorneherein erforderlich ist, um mir eine Chance auf außergerichtliche Einigung zu geben und möglichst den Aufwand eines gerichtlichen Insolvenzverfahrens zu vermeiden.

Zur Glaubhaftmachung versichere ich die Richtigkeit meiner Angaben an Eides statt. Auf Verlangen werde ich versuchen, eine schriftliche Bestätigung der Schuldnerberatungsstelle beizubringen. Die Schuldnerberatungsstelle wird aber auch sicherlich auf Anfrage des Gerichts die Richtigkeit meiner Angaben bestätigen.

Unterschrift

So lange die Rechtslage nicht eindeutig geklärt ist, ob man bei einem Gläubigerantrag als Schuldner einfach einen Antrag auf Restschuldbefreiung stellen kann oder man einen eigenen Insolvenzantrag mit Schuldenbereinigungsplan vorlegen muß,[55] sollten Sie als Schuldner auf jeden Fall den aufwendiger erscheinenden Weg wählen, selbst einen ordnungsgemäß vorbereiteten Insolvenzantrag zu stellen, wenn Sie sich bemühen wollen, von Ihren Schulden loszukommen. Dies gilt vor allem aus zwei Gründen:

- Es ist auf jeden Fall vorzuziehen, sich mit den Gläubigern über einen Schuldenbereinigungsplan zu einigen, anstatt den schwierigen Weg der gerichtlichen Restschuldbefreiung über einen Treuhänder mit einer äußerst ungesicherten Rechtsstellung zu gehen. Dies ist aber nur möglich, wenn ein eigener Antrag mit einem Schuldenbereinigungsplan gestellt wird.
- Stellt man nur einen Antrag auf Restschuldbefreiung, geht man das Risiko ein, daß das Gericht dies für unzulässig hält.

22. Müssen Schenkungen an den Treuhänder weitergegeben werden?

Nach § 295 Abs. 1 Nr. 2 muß der Schuldner Vermögen, das er mit Rücksicht auf ein künftiges Erbrecht erwirbt, zur Hälfte des Wertes an den Treuhänder herausgeben. Das gleiche gilt auch für Erbschaften. Andere unentgeltliche Zuwendungen erwähnt das Gesetz nicht, so daß

[55] Vgl. hierzu im einzelnen die Erläuterungen bei der vorangehenden Frage.

der Schuldner Schenkungen, die er während der Wohlverhaltensperiode erhält und die nicht im Zusammenhang mit einem künftigen Erbrecht stehen, behalten darf.

23. Kann ich mit meinem Kleinbetrieb selbständig bleiben?

§ 295 Abs. 2 sieht vor, daß der geringfügig selbständig wirtschaftliche tätige Schuldner berechtigt ist, einen Verbraucherinsolvenzantrag zu stellen. Er darf diese Tätigkeit weiter ausüben.

Ihm obliegt es allerdings, die Insolvenzgläubiger durch Zahlungen an den Treuhänder finanziell so zu stellen, wie sie gestellt wären, wenn er ein angemessenes Dienstverhältnis eingegangen wäre. Es geht also darum, ob die aus der selbständigen Erwerbstätigkeit erzielten und an den Treuhänder abgeführten Erträge sich dadurch steigern lassen, daß er diese Tätigkeit aufgibt und stattdessen eine Arbeitsstelle annimmt. Im Einzelfall wird es darauf ankommen, welche berufliche Qualifikation besteht und ob angesichts der aktuellen Lage am Arbeitsmarkt realistische Chancen auf einen lukrativen Arbeitsplatz bestehen. Wenn dem Schuldner ein Arbeitsplatz angeboten wird, dessen unpfändbarer Einkommensteil über den Erträgen des Kleinbetriebs liegt, muß der Schuldner diesen Arbeitsplatz antreten. Will er dies nicht, weil er selbständig bleiben will, so muß er notfalls mit Hilfe von Verwandten oder auf andere Weise an den Treuhänder so viel abführen, wie er abführen würde, wenn er die ihm angebotene Stelle als Arbeitnehmer angenommen hätte. Durch dieses Verhalten werden die Gläubiger nicht schlechter gestellt und deshalb nicht geschädigt, so daß die Restschuldbefreiung in diesem Fall nicht abgelehnt werden darf.

24. Welche Beträge muß ich als Selbständiger abführen?

Im Gegensatz zum Arbeitnehmer kann der Selbständige nicht im voraus den unpfändbaren Teil seines Einkommens an den Treuhänder abtreten, sondern muß nachträglich Zahlungen leisten, und zwar in der Höhe wie Beträge an einen Treuhänder aus einer Lohnabtretung fließen würden. Welche Beträge er fiktiv bei der Annahme einer unselbständigen Arbeit an den Treuhänder abtreten könnte, ist im Einzelfall kaum nachprüfbar.

Dementsprechend gibt die Gesetzesbegründung dem Schuldner hier weite Freiräume, indem sie hierzu ausführt: „Der Schuldner muß selbst beurteilen, welche Mittel er jeweils an den Treuhänder abführen kann, ohne den Fortbestand des Gewerbebetriebs zu gefährden. Im Ergebnis darf er die Gläubiger nicht schlechter stellen als wenn er ein Dienstverhältnis eingegangen wäre, das von seiner Ausbildung und von seinen Vortätigkeiten her angemessen wäre. Der Schuldner darf zeitweilig geringere oder gar keine Zahlungen erbringen, wenn ihn seine wirtschaftliche Lage dazu zwingt, er muß dies dann aber durch spätere höhere Leistungen ausgleichen. Wenn er bei Ablauf der Wohlverhaltensperiode insgesamt den gleichen wirtschaftlichen Wert an den Treuhänder abgeführt hat, den dieser im Falle eines angemessenen Dienstverhältnisses des Schuldners erhalten hätte, hat der Schuldner seine Obliegenheit erfüllt. Dabei ist auch der eingetretene Zinsverlust zu berücksichtigen."

Gerade in Zeiten hoher Arbeitslosigkeit wird nur selten in Frage kommen, dem selbständigen Schuldner Restschuldbefreiung mit der Begründung im nachhinein zu verweigern, die in der Wohlverhaltensperiode insgesamt geleisteten Zahlungen wären höher gewesen, wenn er seine selbständige Tätigkeit aufgegeben hätte, weil nur im konkreten Einzelfall feststellbar ist, daß der Schuldner tatsächlich einen bestimmten relativ gut dotierten Arbeitsplatz angeboten bekommen hatte. Ein Gläubiger, der eine Verletzung der Verpflichtung zur Zahlung angemessener Beträge behauptet, muß dies glaubhaft machen, das heißt also konkrete Umstände dafür vortragen und belegen.

Bei der Vergleichsberechnung, welche Beträge der Schuldner insgesamt während der Wohlverhaltensperiode zahlen muß, ist außerdem zu berücksichtigen, daß dem Schuldner lediglich in den ersten vier Jahren nur der pfändungsfreie Betrag verbleibt und sich der an die Gläubiger auszukehrende Betrag ab dem fünften Jahr prozentual verringert. Näheres finden Sie in diesem Kapitel bei der Frage 16 „Wie viel Geld bleibt mir während der Verfahrensdauer zum Leben?"

Merke:
- Als Selbständiger müssen Sie Ihren Gewinn nicht an den Treuhänder abführen.
- Auch bei guter Ertragslage des Betriebs müssen Sie nur im Nachhinein so viel zahlen wie Sie als Arbeitnehmer an unpfändbaren Beträgen hätten abführen müssen.
- Dies ist um so weniger je schlechter die persönlichen Chancen auf einen gut dotierten Arbeitsplatz waren und sind.
- Ist die Ertragslage schlecht, werden Sie allerdings hierfür nachträglich durch Versagung der Restschuldbefreiung bestraft, wenn Sie die abzuführenden Beträge nicht zahlen können.

Es kann auch der Fall eintreten, daß ein selbständig tätiger Schuldner relativ gut verdient, so daß er größere Beträge an den Treuhänder zahlen kann als er zahlen müßte, wenn er eine seiner beruflichen Qualifikation entsprechende Arbeitsstelle angenommen hätte. In diesen Fällen muß er an den Treuhänder nur die Beträge zahlen, die zu zahlen wären, wenn er seine selbständige Tätigkeit eingestellt und eine Stelle als Arbeitnehmer angetreten hätte. Den überschießenden Anteil seiner Einnahmen aus seiner selbständigen Tätigkeit darf er für sich behalten. Für die Berechnung kommt es allerdings nicht auf einzelne Jahre oder gar Monate an, sondern auf den gesamten Zeitraum von sieben bzw. fünf Jahren Wohlverhaltensperiode. Es muß also über den Gesamtzeitraum eine Vergleichsberechnung angestellt werden, so daß sich Monate mit relativ hohen Einnahmen ausgleichen lassen durch Monate, in denen keine oder nur geringe Einnahmen zu verzeichnen waren.

25. Was bedeutet „Erwerbsobliegenheit“?

Dem Schuldner obliegt es gemäß § 295, eine angemessene Erwerbstätigkeit auszuüben und, wenn er ohne Beschäftigung ist, sich um eine solche zu bemühen. Er darf keine zumutbare ablehnen.

Ausprägungen der Erwerbsobliegenheit:
- Der Schuldner muß eine angemessene Erwerbstätigkeit ausüben.
- Er muß sich um eine solche bemühen, wenn er ohne Beschäftigung ist.
- Er darf keine zumutbare Tätigkeit ablehnen.

Diese Erwerbsobliegenheit, die für die gesamte Dauer der Wohlverhaltensperiode gilt, stellt das Interesse der Gläubiger daran, daß ein möglichst hoher Anteil der Verbindlichkeiten ausgeglichen wird, vor die Interessen des Schuldners, so bald wie möglich einen wirtschaftlichen Neubeginn versuchen zu können. Der Schuldner soll für die Dauer der Wohlverhaltensperiode zugunsten der Gläubigerinteressen „funktionieren“. Er muß dem Gericht und den Gläubigern über die Erfüllung seiner Erwerbsobliegenheit Auskunft erteilen und die Richtigkeit eidesstattlich versichern.[56] Übt er nach Auffassung des Gerichts eine ihm mögliche angemessene Erwerbstätigkeit nicht aus und bemüht er sich als Arbeitsloser nicht genügend darum; lehnt er gar eine ihm angebotene Tätigkeit ab, wird auf Antrag eines Gläubigers die Restschuldbefreiung versagt.[57] Auch insoweit ist das Gesetz sehr streng:

---

[56] § 296 Abs. 2 Satz 2.

[57] Macht man sich selbständig, gelten allerdings andere Regelungen. Diese werden in den beiden vorangehenden Fragen erläutert.

Selbst nach Ablauf von sieben Jahren Lohnabtretung kann wegen eines Verstoßes gegen die Erwerbsobliegenheit Restschuldbefreiung verweigert werden. Falls die Insolvenzgerichte insbesondere bei der Bewertung der Frage, **welche Tätigkeit** dem Schuldner **zumutbar** ist, strenge Maßstäbe anlegen werden, ist hier mit großen Ungerechtigkeiten zu Lasten der Schuldner zu rechnen. Die gesetzliche Ausgestaltung der Erwerbsobliegenheiten wird deshalb häufig stark kritisiert.

Ob Aus- oder **Weiterbildungsmaßnahmen** mit einem zwangsläufig niedrigen Einkommen während dieser Zeit ohne Verstoß gegen die Erwerbsobliegenheit durchgeführt werden dürfen, richtet sich nach der amtlichen Begründung zur InsO danach, ob dadurch die Chancen des Schuldners, eine qualifizierte Tätigkeit zu erlangen, steigen und Aussicht auf bessere Einkünfte während der weiteren Laufzeit der Abtretungserklärung bestehen. Bei Schuldnern, die mit schlechter beruflicher Qualifikation nur am Rande der Unpfändbarkeit verdienen und denen das Arbeitsamt zu solchen Maßnahmen verhilft, werden die Gerichte dies ohne Verlust der Restschuldbefreiung eher zulassen als bei Schuldnern, die einen relativ ordentlich bezahlten Arbeitsvertrag hierfür aufgeben.

Insbesondere jungen Schuldnern ohne Berufsausbildung werden die Gerichte nicht versagen, während des Insolvenzverfahrens und im Anschluß daran während der Wohlverhaltensperiode ihre Ausbildung nachzuholen, um anschließend bessere Chancen am Arbeitsmarkt zu haben. Ob diese Schuldnergruppe allerdings überhaupt die Kosten des Verfahrens finanzieren kann[58] und das notwendige Durchhaltevermögen aufbringt, um die Wohlverhaltensperiode durchzustehen, wird oft bezweifelt werden müssen.

> *Merke*: Um die Chance auf Restschuldbefreiung nicht zu gefährden, müssen Aus- und Weiterbildungsmaßnahmen dazu führen, daß bessere Einkünfte bereits während der Laufzeit der Wohlverhaltensperiode erreicht werden. Die Gläubiger sollen durch die Fortbildung finanziell nicht benachteiligt werden.

Lehnt das Insolvenzgericht wegen einer von ihm festgestellten Verletzung der Erwerbsobliegenheit die Restschuldbefreiung ab, steht dem Schuldner die sofortige Beschwerde zu.[59] Die Beschwerdefrist beträgt zwei Wochen. Sie beginnt, wenn in einem Verhandlungstermin die Entscheidung ergeht, am Tag dieses Termins, sonst mit der schriftli-

[58] Zur Prozeßkostenhilfe vgl. Frage 9.
[59] § 296 Abs. 3.

chen Zustellung der Entscheidung.[60] Für die Beschwerde, die an das Insolvenzgericht zu richten ist, besteht kein Anwaltszwang; das heißt, daß der Schuldner diese auch selbst schriftlich formulieren und einreichen darf. Das Gericht wird den Gläubiger, der die Ablehnung der Restschuldbefreiung beantragt hatte, von der Beschwerde informieren und eine Stellungnahme einholen. Wenn es den Argumenten des Schuldners folgt, kann es seinen eigenen Beschluß über die Ablehnung der Restschuldbefreiung wieder aufheben. Ansonsten muß es die Akten mit der Beschwerde dem Landgericht zur Entscheidung vorlegen.

26. Welche Obliegenheiten bestehen außerdem?

Bei der Vergleichsberechnung, welche Beträge der Schuldner insgesamt während der Wohlverhaltensperiode zahlen muß, ist außerdem zu berücksichtigen, daß dem Schuldner lediglich in den ersten vier Jahren nur der pfändungsfreie Betrag verbleibt und sich der an die Gläubiger auszukehrende Betrag ab dem fünften Jahr prozentual verringert. Näheres finden Sie in diesem Kapitel bei der Frage 16 „Wie viel Geld bleibt mir während der Verfahrensdauer zum Leben?“

Die oben beschriebene Erwerbsverpflichtung zur Ausübung einer Erwerbstätigkeit ist die wichtigste, es kommen jedoch während der Wohlverhaltensperiode weitere Obliegenheiten des Schuldners hinzu,[61] nämlich:

a) Er muß Vermögen, das er von Todes wegen oder mit Rücksicht auf ein künftiges Erbrecht erwirbt, zur Hälfte des Wertes an den Treuhänder herausgeben.
b) Er muß jeden Wechsel des Wohnsitzes oder der Beschäftigungsstelle unverzüglich dem Insolvenzgericht und dem Treuhänder anzeigen. Er darf keine von der Abtretungserklärung erfaßten Bezüge und kein von dem Erbe erfaßtes Vermögen verheimlichen und muß dem Gericht und dem Treuhänder auf Verlangen Auskunft über seine Erwerbstätigkeit oder seine Bemühungen um eine solche sowie über seine Bezüge und sein Vermögen erteilen.
c) Er darf Zahlungen zur Befriedigung der Insolvenzgläubigers nur an den Treuhänder leisten und keinem Insolvenzgläubiger einen Sondervorteil verschaffen.

Zu a): Vermögen, das der Schuldner z.B. aus einem Lottogewinn oder durch Schenkungen erwirbt, kann er vollständig behalten. Bei Schenkungen muß er die Hälfte nur dann abführen, wenn diese „mit

[60] § 6 Abs. 2.
[61] § 295 Abs. 1.

Rücksicht auf ein künftiges Erbrecht" erfolgt ist. Im Streitfall muß der Gläubiger, der wegen eines angeblichen Verstoßes gegen diese Verpflichtung einen Antrag auf Versagung der Restschuldbefreiung stellt, dies nachweisen, was sicherlich nur selten möglich sein wird.

Zu b): Der Schuldner darf nicht nebenbei „schwarz" arbeiten und diese Beträge zusätzlich für sich kassieren. Wird ihm dies nachgewiesen, kann Restschuldbefreiung versagt werden.

Zu c): Dem Schuldner ist es verboten, einzelne Gläubiger zu bevorzugen. Deshalb haben alle Zahlungen an den Treuhänder zu erfolgen.

Vereinbarungen, die der Schuldner mit einzelnen Gläubigern schließt, sind gem. § 294 Abs. 1 nichtig, also unwirksam. Dies bedeutet, daß der einzelne Gläubiger den Schuldner nicht mit Aussicht auf Erfolg verklagen kann.

27. Kann ich den gescheiterten außergerichtlichen Schuldenbereinigungsplan bei Gericht erneut vorschlagen?

Das ist möglich. Es gibt keine gesetzliche Regelung, wonach der gerichtliche Plan vom gescheiterten außergerichtlichen abweichen muß. Im Einzelfall kann es sogar durchaus berechtigt und sinnvoll sein, den gescheiterten außergerichtlichen Plan unverändert einzureichen. Der Grund hierfür liegt darin, daß die außergerichtliche Schuldenbereinigung die Zustimmung ausnahmslos aller Gläubiger verlangt, während das Gericht dem Plan zustimmen kann, wenn die Mehrheit der Gläubiger zugestimmt hat.

Wenn also einzelne Gläubiger ohne erkennbaren sachlichen Grund eine Einigung verweigert haben, bestehen Chancen, daß der unverändert eingereichte Plan vor Gericht angenommen wird. Ähnliches gilt, wenn einzelne Gläubiger überhaupt nicht reagiert haben. Antworten sie auch im gerichtlichen Verfahren nicht, gilt ihr Schweigen als Zustimmung,[62] während es außergerichtlich als Ablehnung zu behandeln ist.

28. Wie werden streitige Forderungen meiner Gläubiger behandelt?

Auch streitige Forderungen können im Schuldenbereinigungsplan geregelt werden. Dafür gibt es grundsätzlich zwei verschiedene Möglichkeiten:

- Der Bestand oder die Höhe der Forderung bleibt – zunächst – weiterhin streitig und muß notfalls später im Prozeßweg geklärt werden. In diesem Fall ist ein Schuldenbereinigungsplan dergestalt möglich, daß

[62] § 307 Abs. 2.

der Gläubiger der streitigen Forderung prozentual denjenigen Anteil erhält, der im Schuldenbereinigungsplan festgelegt wird. Diese Quote wird derjenigen entsprechen, die den übrigen Gläubigern im Plan zugesagt wird.

– Im Schuldenbereinigungsplan wird die Höhe der Forderung geregelt. Damit wird ein Prozeß vermieden. Da der angenommene Plan die Wirkung eines vollstreckbaren Vergleichs hat,[63] ist der Streit mit der Annahme des Plans endgültig beigelegt.

Scheitert die gerichtliche Schuldenbereinigung und wird deshalb anschließend das gerichtliche Verbraucherinsolvenzverfahren durchgeführt, muß der Gläubiger seine Forderung beim Treuhänder anmelden.[64] Bestreitet der Treuhänder die Forderung, muß der Gläubiger auf „Feststellung zur Insolvenztabelle" klagen.[65] Zuständig ist nicht das Insolvenzgericht, sondern bei Streitwerten bis 10.000 DM das Amtsgericht – Zivilgericht – , bei dem das Insolvenzverfahren anhängig ist; bei darüber hinausgehenden Streitwerten das Landgericht, zu dessen Bezirk das Insolvenzgericht gehört.[66] Der Streitwert dieser Klage entspricht nicht der vom Gläubiger begehrten Forderung, sondern nach dem Betrag, der bei der Verteilung der Insolvenzmasse für die Forderung zu erwarten ist.[67]

Beispiel: Die behauptete Forderung beträgt 20.000 DM. Nach Durchführung des Verfahrens ist eine Quote von 10% zu erwarten. Der Streitwert des Feststellungsprozesses beträgt 2.000 DM.

Gewinnt der Gläubiger den Prozeß ganz oder teilweise, wird anschließend das Insolvenzgericht auf seinen Antrag die Tabelle entsprechend dem Urteil berichtigen.[68]

29. Gilt die Restschuldbefreiung auch, wenn ich einzelne Schulden übersehen hatte?

Ja, denn die Restschuldbefreiung wirkt gemäß § 301 Abs. 1 gegen alle Insolvenzgläubiger. Das gilt auch

– für die Gläubiger, die vom Schuldner überhaupt nicht angegeben wurden,
– für die übersehenen Ansprüche von am Verfahren beteiligten Gläubigern.

---

[63] § 308 Abs. 1 Satz 2.
[64] § 174 Abs. 1 Satz 1.
[65] § 179 Abs. 1.
[66] § 180 Abs. 1.
[67] § 128.
[68] § 183 Abs. 2.

Anders ist die Rechtslage jedoch, wenn es gar nicht zum gerichtlichen Verbraucherinsolvenzverfahren und anschließender Wohlverhaltensperiode mit Restschuldbefreiung gekommen ist, weil die Gläubiger dem **Schuldenbereinigungsplan** zugestimmt haben und sich damit der Insolvenzantrag erledigt hat. Hier wird der Schuldner wesentlich schlechter gestellt, weil alle Schulden, die im Schuldenbereinigungsplan nicht aufgeführt worden sind, bestehen bleiben. Es ist zu unterscheiden:
- Gläubiger, die im Plan überhaupt nicht genannt werden, behalten ihre Ansprüche in voller Höhe.
- Gläubiger, die im Plan genannt werden, aber mit einzelnen Ansprüchen übersehen worden waren, verlieren diese Ansprüche, weil sie vom Gericht den Insolvenzantrag mit der Aufforderung zugestellt erhalten hatten, das beigefügte vom Schuldner vorgelegte Forderungsverzeichnis innerhalb von einem auf Richtigkeit zu überprüfen und in der Liste nicht enthaltene Ansprüche dem Gericht mitzuteilen.

30. Gibt es Schulden, für die eine Restschuldbefreiung nicht möglich ist?

Das Gesetz sieht einzelne generelle Ausnahmen von der Restschuldbefreiung vor. Dies sind:
- Verbindlichkeiten aus einer vorsätzlich begangenen unerlaubten Handlung,
- Geldstrafen, Geldbußen, Ordnungsgelder und Zwangsgelder sowie solche Nebenfolgen einer Straftat oder Ordnungswidrigkeit, die zu einer Geldzahlung verpflichten.

Für andere Ansprüche des Staates, vor allem Steuerzahlungen, gilt die Restschuldbefreiung, auch für Unterhaltsansprüche, vgl. hierzu unten zu Frage 32.

Weitere Einzelheiten zu den Wirkungen der Restschuldbefreiung finden Sie in Kapitel III.D.6.

31. Sind Sondervereinbarungen mit einzelnen Gläubigern zulässig?

Möglicherweise haben Ihnen Verwandte oder Bekannte finanziell unter die Arme gegriffen, als Sie zwar noch keinen Insolvenzantrag gestellt hatten aber schon in finanziellen Schwierigkeiten waren. Die Überlegung liegt nahe, ob man Sondervereinbarungen mit diesem Personenkreis treffen darf, dem man in besonderer Weise nahe steht.

Die InsO geht davon aus, daß gleichrangige Gläubiger aus dem Vermögen des Schuldners gleichmäßig anteilig befriedigt werden. § 294 Abs. 2 verbietet deshalb Vereinbarungen des Schuldners mit den Insolvenzgläubigern. Eine Vereinbarung des Schuldners mit einzelnen Insolvenzgläubigern, durch die diesen ein Sondervorteil verschafft wird, ist deshalb nichtig (rechtsunwirksam). Wer in einer wirtschaftlichen Krise finanzielle Hilfestellung leistet, geht ein dementsprechend hohes Risiko ein und soll in der nachfolgenden Insolvenz nicht bevorzugt werden.

32. Welche Regelungen gelten für Unterhaltsansprüche?

Unterhaltsansprüche entstehen monatlich neu. Daraus folgt, daß nur die **bis zur Eröffnung** des Insolvenzverfahrens entstandenen Ansprüche **im Insolvenzverfahren** geltend gemacht werden können.

Für die Ansprüche, die **ab der Eröffnung** entstehen, gilt folgendes: Insoweit kann der Gläubiger auf das **freie** Vermögen des Schuldners zugreifen, insbesondere also auf das Arbeitseinkommen. Aber: gegenüber der Konkursordnung hat sich durch die InsO die Rechtslage für die Unterhaltsgläubiger erheblich verschlechtert, weil jetzt auch das im Verlauf des Verfahrens erzielte pfändbare Einkommen zur Insolvenzmasse gehört und damit für die Unterhaltsgläubiger nicht mehr zur Verfügung steht.[69] Unterhaltsgläubiger können jedoch nach § 850d ZPO innerhalb gewisser Grenzen auch in unpfändbares Einkommen vollstrecken; dies gilt auch im laufenden Insolvenzverfahren. Es bleibt also für Unterhaltsgläubiger die Differenz zwischen den Pfändungsfreigrenzen und dem absolut notwendigen Existenzminimum des Schuldners übrig. § 89 Abs. 2 Satz 2 InsO erlaubt es Unterhaltsgläubigern, insoweit Pfändungen in den Arbeitslohn auch während des Insolvenzverfahrens zu erwirken. Deshalb kann der Schuldner auch seinen unpfändbaren Lohnanteil an Unterhaltsgläubiger im voraus abtreten.

---

[69] § 40 InsO.

Kapitel III. Der Verfahrensablauf

Nach den Vorstellungen des Gesetzgebers sollte ein besonderes Insolvenzverfahren geschaffen werden, das den Bedürfnissen von Verbrauchern und Kleingewerbetreibenden angepaßt ist. Hiervon ist der Ablauf des Verfahrens geprägt. Er ist so gestaltet worden, daß er nicht zu einer übermäßigen Belastung des Gerichts führt. Da bisher Privatkonkurse in der gerichtlichen Praxis keine Rolle spielten, kommen auf die Amtsgerichte mit dem Verbraucherinsolvenzverfahren neue Aufgaben zu, die im wesentlichen mit dem vorhandenen Personal bewältigt werden müssen.

Der Rechtsausschuß des Deutschen Bundestages hat deshalb den Gedanken in die Tat umgesetzt, für Verbraucher ein wesentlich vereinfachtes Insolvenzverfahren einzuführen, das in seinem Ablauf weniger kompliziert und auch kostengünstiger ist als das Unternehmensinsolvenzverfahren. Insolvenzverfahren über das Vermögen derjenigen Personen, die Verbraucher oder Kleingewerbetreibende im Sinne des Neunten Teils der InsO sind, können nur als Verbraucherinsolvenzverfahren durchgeführt werden. Für den hier angesprochenen Personenkreis ist die Verfahrensart zwingend; es ist unzulässig, stattdessen ein Insolvenzverfahren nach den allgemeinen Regeln der InsO durchzuführen.[1]

Außerdem hat der Gesetzgeber erhebliche Zugangsbarrieren zum Gericht eingeführt. Man kann nämlich nicht einfach, wenn man zahlungsunfähig geworden ist, einen Verbraucherinsolvenzantrag stellen, sondern aus dem Gesetz ergibt sich der **Vorrang** einer **außergerichtlichen Einigung** zwischen dem Schuldner und seinen Gläubigern. Wenn man den Gesetzestext liest, fällt dies vielleicht nicht sofort auf. Es ergibt sich jedoch aus § 305 Abs. 1 Nr. 1, wonach mit dem Antrag an das Gericht oder unverzüglich nach dem Antrag eine Bescheinigung einer geeigneten Person oder Stelle vorzulegen ist, aus der sich ergibt, daß eine außergerichtliche Einigung mit den Gläubigern über die Schuldenbereinigung auf der Grundlage eines Plans innerhalb der letzten sechs Monate vor dem Insolvenzantrag erfolglos versucht worden ist. Im Gesetzgebungsgang herrschte offenbar die Meinung vor, daß überschuldete Verbraucher nach dem 1. 1. 1999 massenweise die Amtsgerichte stürmen würden, bepackt mit Plastiktüten oder Kartons voller ungeordne-

---

[1] Häsemeyer, Insolvenzrecht, 2. Auflage, RdNr. 29.07.

ter Mahnungen oder Vollstreckungsbescheide, und die Insolvenzgerichte mit der Bearbeitung dieser Unterlagen völlig überfordert wären.

Dem Gesetz liegt deshalb eine dreistufige Konzeption des Verbraucherinsolvenzverfahrens zugrunde:

1. außergerichtliche Schuldenbereinigung; nach deren Scheitern:
2. gerichtliches Schuldenbereinigungsverfahren; nach dessen Scheitern:
3. abgekürztes Insolvenzverfahren.

Daran schließt sich gegebenenfalls eine vierte Stufe an, nämlich die Wohlverhaltensperiode mit dem Ziel einer gesetzlichen Restschuldbefreiung auch gegen den Willen der Gläubiger.

Nach Auffassung des Gesetzgebers ist das gerichtliche Verfahren so konzipiert worden, daß es sowohl für den Schuldner als auch für den Gläubiger günstiger ist, sich außergerichtlich zu einigen. Diese Auffassung überrascht zunächst, soweit sie die Position des Gläubigers betrifft, ist aber nicht völlig von der Hand zu weisen. Denn der einzelne Gläubiger hat im außergerichtlichen Schuldenbereinigungsverfahren eine stärkere Position und Möglichkeit des Einwirkens auf den Inhalt einer Einigung, weil er ein Druckmittel hat, das ihm innerhalb des gerichtlichen Verfahrens in dieser Form nicht mehr zur Verfügung steht: Die außergerichtliche Einigung setzt das Einverständnis **aller** Gläubiger voraus, scheitert also bereits dann, wenn ein einzelner Gläubiger nicht einverstanden ist. Der Schuldner muß also versuchen, auf jeden Fall eine Regelung mit allen Gläubigern zu finden. Im gerichtlichen Verfahren kann – wie noch ausführlich dargelegt wird – auch gegen den Willen einzelner Gläubiger ein Schuldenbereinigungsplan und eine Restschuldbefreiung vom Gericht durchgesetzt werden.

Für den Schuldner ist eine außergerichtliche Einigung naheliegender Weise günstiger: Er spart sich die Mühe, Kosten und auch psychische Belastungen durch ein gerichtliches Verfahren. Wenn er sich mit seinen Gläubigern geeinigt hat – zum Beispiel auf die Zahlung eines Prozentsatzes der Schuld innerhalb eines bestimmten Zeitraums mit entsprechenden Raten – und diese Vereinbarung einhält, tritt ohne gerichtliches Verfahren und ohne öffentliche Bekanntmachung eine Befreiung von den restlichen Verbindlichkeiten ein.

A. Außergerichtliche Schuldenbereinigung

1. Pflicht zur Beratung

Der gesetzliche **Grundsatz** lautet: Ohne Versuch einer außergerichtlichen Schuldenbereinigung ist kein Verbraucherinsolvenzverfahren zulässig.

Natürlich kann man versuchen, sich ohne fremde Hilfe mit seinen Gläubigern über Ratenzahlungen und einen Teilerlaß zu einigen. Man muß nur wissen: Scheitert eine Einigung, so steht man wieder ganz am Anfang, weil man in diesem Fall einen Verbraucherinsolvenzantrag selbst dann nicht stellen darf, wenn man die Ernsthaftigkeit der Bemühungen exakt nachweisen kann, z.B. durch Vorlage der entsprechenden Korrespondenz mit seinen Gläubigern. Der Gesetzgeber ist vielmehr von der Vorstellung ausgegangen, daß der Schuldner vor einem gerichtlichen Insolvenzverfahren **verpflichtet** sein soll, sich zum Zwecke der Einigung mit seinen Gläubigern **fachkundiger Hilfe** zu bedienen, und zwar völlig unabhängig davon, ob er selbst aufgrund seiner persönlichen und individuellen Fähigkeiten und seiner beruflichen Ausbildung in der Lage wäre, adäquat mit seinen Gläubigern zu verhandeln.

2. Geeignete Personen und Stellen

Die Pflicht zur Beratung durch eine hierfür geeignete außenstehende Person oder Institution ist nicht ausdrücklich gesetzlich festgelegt, sondern ergibt sich lediglich indirekt aus § 305 Abs. 1 Nr. 1: Ein Verbraucherinsolvenzantrag ist nur zulässig, wenn der Schuldner eine Bescheinigung über einen erfolglosen Versuch der außergerichtlichen Einigung mit den Gläubigern über die Schuldenbereinigung vorlegt oder unverzüglich nachreicht.

Wer ist **„geeignete Person“** oder **„geeignete Stelle“**?

In § 305 ist diese Frage nicht beantwortet, sondern die Lösung des Problems ist den Ländern übertragen worden. Die Länder können bestimmen, welche Person oder Stelle als geeignet anzusehen sind. Um diese Frage zu regeln, ist von den Ländern ein Mustertext für ein Landes-Gesetz zur Ausführung der Insolvenzordnung **(AGInsO)** ausgearbeitet worden.

a) Geeignete Personen. Es ist davon auszugehen, daß inhaltlich nahezu gleichlautende Vorschriften in den Bundesländern in Kraft treten. Danach gilt folgende Regelung:

Geeignete Person: Es wird kein Verfahren in den Bundesländern geben, einzelne Personen, die sich hierum bewerben, als geeignet anzuerkennen. Die Länder machen also im Musterentwurf eines Landes-Gesetzes von der Ermächtigung des Bundesgesetzgebers keinen Gebrauch, im einzelnen zu bestimmen, welche Personen als geeignet anzusehen sind. Nach der Begründung des Gesetzentwurfs besteht hierfür aus Quantitätsgründen kein Bedarf.

Vielmehr gehen die Landesausführungsgesetze davon aus, daß bestimmte Berufsgruppen für die Beratung kraft ihrer Berufsausübung geeignet sind. Dazu gehören in erster Linie die Angehörigen rechtsberatender Berufe, also **Rechtsanwälte**, aber auch Steuerberater. Rechtsanwälte sind auf jeden Fall befugt, Bescheinigungen nach § 305 InsO auszustellen. Bedient man sich der Hilfe einer Person seines Vertrauens, die keiner dieser Berufsgruppen angehört, so entscheidet das Insolvenzgericht im Einzelfall, ob diese Person ebenso geeignet erscheint wie Rechtsanwälte, eine außergerichtliche Schuldenbereinigung durchzuführen. Dies wird selten zu bejahen sein; denn die Beratung des Schuldners und der Versuch einer Einigung mit den Gläubigern wird in aller Regel eine Rechtsberatung mit sich bringen. Nach dem Rechtsberatungsgesetz ist eine gewerbliche Rechtsberatung aber den Angehörigen entsprechender Berufsgruppen vorbehalten. Es kann also nicht etwa ein Jurist, ein Sozialarbeiter oder ein Gerichtsvollzieher[2] nebenbei Verbraucher in der Schuldenbereinigung vertreten, ohne Gefahr zu laufen, sich in Konflikt mit dem Gesetz zu bringen. Eine Ausnahme gilt nur für Einzelfälle einer Beratung z.B. im Freundeskreis oder unter Verwandten. Wer als Schuldner die Bescheinigung einer Person vorlegt, die weder Rechtsanwalt noch Steuerberater ist, sondern aus dem Bekannten- oder Verwandtenkreis stammt, muß dem Gericht im einzelnen darlegen, daß diese Person über eine gleichwertige Qualifikation verfügt.

Unterscheide:
- Angehörige rechtsberatender Berufe sind wegen ihres Berufs stets geeignet zur außergerichtlichen Schuldenbereinigung.
- Bei anderen Personen entscheidet das Insolvenzgericht im Einzelfall.

---

2 Zur Berufsgruppe der Gerichtsvollzieher vgl. den nachfolgenden Absatz.

> *Hinweis*:
> Es steht den einzelnen Bundesländern frei, entgegen dem Mustergesetz doch ein Zulassungsverfahren für „geeignete Personen" einzuführen.

Die Begründung des Rechtsausschusses zu § 305 erwähnt als geeignete Stellen für die Schuldnerberatung die Gütestellen im Sinne des § 794 Abs. 1 Nr. 1 ZPO und die Schiedsstellen („Vergleichsbehörde" im Sinne des § 380 StPO). Diese Stellen haben sich aber schon in der Vergangenheit mit den Problemen überschuldeter Haushalte kaum befaßt und sind deshalb wohl in der Regel zu einer qualifizierten Beratung nicht in der Lage. Uhlenbruck[3], Arnold[4] und ihnen im Ansatz folgend Vallender[5], alle bezeichnenderweise in Veröffentlichungen der Gerichtsvollzieherzeitung, halten die Gerichtsvollzieher für besonders geeignet, zwischen Gläubigern und Schuldnern eine außergerichtliche Schuldenregulierung zustande zu bringen. Denn der Gerichtsvollzieher kenne auf Grund vorangegangener Vollstreckungsmaßnahmen die persönlichen und wirtschaftlichen Verhältnisse und könne beurteilen, ob der Schuldner redlich bemüht ist, die Schuld zu verringern, oder ob es sich um einen böswilligen Schuldner handele. Auch könne er übersehen, zu welchen Leistungen der Schuldner in der Lage ist, und so angemessene und realistische Tilgungsvorschläge zu machen. Dem ist entgegenzuhalten[6], daß das erforderliche Vertrauensverhältnis zwischen Schuldner und Gerichtsvollzieher häufig fehlen wird. Hinzu kommt, daß Gerichtsvollzieher sowieso schon seit Jahren zu den bundesweit am meisten arbeitsbelasteten Beamten gehören und zusätzlich ab 1. 1. 1999 die Aufgabe haben, den Schuldnern die Eidesstattliche Versicherung abzunehmen.[7] Außerdem ist es mit der Kenntnis der Lebensverhältnisse des Schuldners nicht getan, sondern die Ausarbeitung des Schuldenbereinigungsplans und die notwendige Korrespondenz mit den Gläubigern erfordern einen erheblichen Büroaufwand sowie wirtschaftliche und rechtliche Kenntnisse, im Idealfall kombiniert mit Kenntnissen aus dem sozialen Bereich; bei manchen Schuldnern dürfte es sogar be-

[3] DGVZ 1992, 33, 37.
[4] DGVZ 1996, 129, 132.
[5] DGVZ 1997, 53, 54.
[6] Ebenso Bindemann, Handbuch Verbraucherkonkurs RdNr. 36.
[7] Hierfür waren bisher Rechtspfleger der Zwangsvollstreckungsabteilungen der Amtsgerichts zuständig; durch diese gesetzliche Neuregelung sollen personelle Ressourcen bei den Rechtspflegern für die Bearbeitung der Insolvenzverfahren frei werden, ohne daß zugleich erkennbar ist, wie die korrespondierende Mehrbelastung der Gerichtsvollzieher abgefangen werden soll.

sonders wichtig sein, wenn der Berater vor allem über Kenntnisse und Erfahrungen im sozialen Berufsfeld verfügt.

Das baden-württembergische Gesetz zur Ausführung der InsO legt im Gegensatz zu anderen Landesausführungsgesetzen fest, welche Berufsgruppen als geeignet gelten. Nach § 1 des Gesetzes vom 16. 7. 1998 sind dies Rechtsanwälte, Notare, Steuerberater, Wirtschaftsprüfer, vereidigte Buchprüfer sowie Erlaubnisinhaber nach dem Rechtsberatungsgesetz, die Mitglied einer Rechtsanwaltskammer sind.

> *Nochmals zur Klarstellung*: Ob eine Person, die dem Schuldner das Scheitern des außergerichtlichen Einigungversuchs bescheinigt, für die Schuldnerberatung und den Versuch einer Schuldenbereinigung geeignet war, entscheidet im konkreten Fall das Gericht. Bei Rechtsanwälten und anderen Angehörigen rechtsberatender Berufe ist davon auszugehen, daß die Gerichte die Geeignetheit stets bejahen.

b) Anerkennung geeigneter Stellen. Geeignete Stelle: Anders sieht die Situation aus, wenn sich der Schuldner nicht von einer einzelnen Person, sondern einer Institution wie zum Beispiel einer Schuldnerberatungsstelle hat beraten lassen. § 305 Abs. 1 Satz 1 lautet im letzten Halbsatz: „Die Länder können bestimmen, welche Personen oder Stellen als geeignet anzusehen sind“. Von dieser Ermächtigung macht der Musterentwurf für ein Landesgesetz zur Ausführung der Insolvenzordnung (AGInsO) Gebrauch. Die meisten Länder haben dies umgesetzt; dort gibt es für Institutionen die Möglichkeit, ihre Anerkennung behördlich zu beantragen. Das Verfahren ist in § 5 des Musterentwurfs im einzelnen geregelt.[8] Danach steht es den Ländern frei, welches Ministerium oder welche von diesem Ministerium bestimmte Behörde für die Anerkennung zuständig ist. Für denjenigen, der sich an eine Stelle für eine außergerichtliche Schuldenbereinigung wendet, spielen die Einzelheiten dieses Verfahrens keine Rolle. Deshalb wird hierauf nicht im einzelnen eingegangen, sondern nur kurz skizziert, welche Anforde-

---

[8] Die Länder haben sich in ihren Ausführungsgesetzen in sehr unterschiedlichem Umfang an den Musterentwurf gehalten. Teilweise ist kein behördliches Anerkennungsverfahren vorgesehen, so daß in solchen Fällen das Insolvenzgericht die Geeignetheit der die Bescheinigung nach § 305 Abs. 1 Nr. 1 ausstellenden Stelle prüfen muß. Teilweise sind kommunale Schuldnerberatungsstellen bereits durch das Landesausführungsgesetz – vorläufig oder endgültig – zugelassen worden. Die Mindestanforderungen für eine Zulassung sind unterschiedlich geregelt.

rungen von den Behörden überprüft werden. Eine Stelle kann nach § 3 anerkannt werden, wenn

1. sie von einer zuverlässigen Person geleitet wird, die auch die Zuverlässigkeit der einzelnen Mitarbeiter gewährleistet,
2. sie auf Dauer angelegt ist,
3. in ihr mindestens eine Person mit ausreichender praktischer Erfahrung in der Schuldnerberatung tätig ist,
4. sie über zeitgemäße (in manchen Ländern: „ausreichende") technische, organisatorische und räumliche Voraussetzungen für ordnungsgemäße Schuldnerberatung verfügt.

Erwartet wird nach obiger Ziffer 3 eine mindestens dreijährige bisherige Tätigkeit. Nicht in allen Ausführungsgesetzen wird diese Frist ausdrücklich genannt. Der Leiter der Stelle muß einer Ausbildung im Bereich Diplom-Sozialarbeiter/Sozialpädagoge/Bankkaufmann/Betriebswirt/Ökonom/Ökotrophologe oder eine Ausbildung im gehobenen Verwaltungs- oder Justizdienst oder auch eine juristische Ausbildung nachweisen. Danach kommen vor allem die **Schuldnerberatungsstellen** für eine Genehmigung in Betracht, die von den Gemeinden und Landkreisen, aber auch von Wohlfahrtsverbänden und Kirchen eingerichtet worden sind.

Da die Anerkennung von der zuständigen Behörde schriftlich erfolgt, kann mit dem Antrag auf Verbraucherinsolvenzantrag dem Gericht gegenüber ohne Schwierigkeiten nachgewiesen werden, daß die vorgeschriebene Bescheinigung über den gescheiterten Einigungversuch von einer geeigneten Stelle ausgestellt worden ist. Hierzu ist in der Anlage 2 zum amtlichen Antragsformular unter Ziffer 2 das Datum des Anerkennungsbescheids nebst Aktenzeichen der anerkennenden Behörde anzugeben.

Das amtliche Antragsformular sieht vor, daß nicht der Schuldner selbst, sondern die geeignete Stelle die erforderlichen Angaben zum Nachweis ihrer Anerkennung macht. Die Anlage 2 ist die Bescheinigung über das Scheitern des außergerichtlichen Einigungversuchs. Diese Bescheinigung ist einschließlich den dort in Ziff. 1 und 2 abgefragten Informationen über die bescheinigende Stelle von dieser auszufüllen, außerdem auf Seite 3 unter Ziff. 10 von der verantwortlichen Personen zu unterzeichnen.

Nur für Bundesländer mit einer im Landesausführungsgesetz zur InsO vorgesehenen Anerkennung als „geeignete Stelle":

Wichtig: Geeignet sind **nur** solche Stellen, die anerkannt worden sind. Wenn Sie sich also beispielsweise an eine gewerbliche Institution wenden, um eine außergerichtliche Einigung zu versuchen, lassen Sie sich unbedingt die behördliche Bescheinigung über die Anerkennung in Kopie übergeben; lassen Sie sich nicht darauf ein, daß Ihnen gesagt wird, die Anerkennung sei beantragt und man erfülle die Kriterien und deshalb müsse das Gericht bei einem Insolvenzantrag die Bescheinigung anerkennen. Im Gegensatz zu den geeigneten Personen wird das Gericht eine Bescheinigung einer angeblich geeigneten Stelle unter keinen Umständen anerkennen, wenn nicht die Anerkennung durch die zuständige Behörde nachgewiesen wird. Durch diese gesetzliche Regelung sollen die Gerichte von komplizierten Überprüfungen vor allem gewerblicher Schuldnerberater entlastet werden.

Merke: Nur als geeignet anerkannte Stellen dürfen Bescheinigungen über einen gescheiterten Einigungsversuch ausstellen.

Wie schon erwähnt, ist der außergerichtliche Einigungsversuch oft mit einer **Rechtsberatung** verbunden. Man denke zum Beispiel daran, daß Lohnabtretungen, Konsumentenkreditverträge oder Bürgschaftserklärungen daraufhin überprüft werden müssen, ob sie einer gerichtlichen Prüfung standhalten oder voraussichtlich für unwirksam gehalten werden. Eine solche Rechtsberatung ist z.B. Sozialarbeitern oder Angehörigen kaufmännischer Berufe nicht erlaubt. Als geeignet anerkannte Stellen werden deshalb, wenn in ihnen kein Rechtsanwalt tätig ist, eine Kooperation mit einer Anwaltskanzlei benötigen und dort die Rechtsberatung vornehmen lassen. Insoweit existiert ein allerdings nicht verabschiedeter Gesetzentwurf, wonach die Besorgung von Rechtsangelegenheiten von Schuldnern durch eine nach Landesrecht als geeignet im Sinne von § 305 Abs. 1 Nr. 1 anerkannte Stelle im Rahmen ihres Aufgabenbereichs zugelassen wird. Falls diese Änderung des Rechtsberatungsgesetzes in Kraft treten sollte, wird keine Kooperation mit einem Rechtsanwalt erforderlich sein. In den Landesausführungsgesetzen zur InsO konnte dieses drängende Problem nicht geregelt werden, weil die Gesetzgebungskompetenz hierfür beim Bund liegt.

Im Zeitpunkt der Fertigstellung des Manuskripts war zwischen Bundesregierung und Bundesrat streitig, ob die Erlaubnis zur Rechtsberatung nur für die außergerichtliche (so der Regierungsentwurf in BR-Drucksache 501/98) oder (so der Gegenvorschlag des Bundesrats) auch für die gerichtliche Besorgung von Rechtsangelegenheiten in der Phase des gerichtlichen Schuldenbereinigungsplans gelten soll. Die Begründung des Gesetzentwurfs vertritt die Auffassung, daß die Erlaubnis zur außergerichtlichen Rechtsberatung lediglich klarstellende Bedeutung hat und verhindern soll, daß diese Personen oder die Angehörigen dieser Stellen bei ihrer Beratungstätigkeit wegen Verstößen gegen das Rechtsberatungsgesetz belangt werden. Schuldnerberatungsstellen, die im Rahmen der Beratung von Verbrauchern zur Aufstellung eines außergerichtlichen Schuldenbereinigungsplans auch rechtsberatend tätig sind, befinden sich damit auf gesichertem rechtlichem Boden, gleichgültig wie die genaue Formulierung der Gesetzesänderung lauten wird. Eine Vertretung der Verbraucher im gerichtlichen Verfahren durch Mitarbeiter solcher Stellen, die nicht Rechtsanwälte sind, wird dagegen nur in Frage kommen, falls sich die Vorstellungen des Bundesrats bezüglich einer weitergehenden Gesetzesänderung noch durchsetzen sollten.

B. Gerichtliche Schuldenbereinigung

Scheitert der Versuch einer außergerichtlichen Einigung, muß das gerichtliche Verbraucherinsolvenzverfahren durchgeführt werden, wenn eine Restschuldbefreiung erreicht werden soll.

Im Gegensatz zur Rechtslage bei juristischen Personen gibt es **keine** rechtliche Verpflichtung, bei Überschuldung oder Zahlungsunfähigkeit einen Antrag zu stellen. Es gibt auch keine Strafvorschrift, die dies fordert.

> *Merke*: Verbraucher sind gesetzlich nicht verpflichtet, bei Zahlungsunfähigkeit oder Überschuldung einen Insolvenzantrag zu stellen.

Wer allerdings in Kenntnis seiner Zahlungsunfähigkeit noch Waren bestellt oder sonstige Leistungen gegen Rechnung entgegennimmt, macht sich nach § 263 StGB wegen Betrugs strafbar.

Der Insolvenzantrag des Verbrauchers oder jeder anderen natürlichen Person macht in der Regel nur Sinn, wenn als Ziel die Restschuldbefreiung angestrebt werden soll. Zulässig ist trotzdem ein Verbraucherinsolvenzverfahren auch ohne Restschuldbefreiung. Im amtlichen Formular muß man deshalb gleich auf Seite 1 unter Ziffer II[9] angeben, ob ein Antrag auf Erteilung von Restschuldbefreiung gestellt oder Restschuldbefreiung nicht beantragt werden soll.

[9] Vgl. unten Kapitel B.2.b).

1. Zugelassener Personenkreis

a) Ausschließliche Verfahrensart. Das Verbraucherinsolvenzverfahren ist nach dem Neunten Teil der InsO ausschließlich für Personen vorgesehen, die unselbständig sind oder nur eine geringfügige selbständige Tätigkeit (Schlagwort: „Verbraucher") ausüben. Das Verfahren soll für diesen Personenkreis besonders geeignet sein, weil es auf Personen mit keinem oder nur geringem Vermögen und einem überschaubaren Gläubigerkreis zugeschnitten ist und auch kostengünstiger gestaltet werden kann als das Normalverfahren. Der Treuhänder hat geringere Befugnisse als der Insolvenzverwalter, Gläubiger müssen in weiten Bereichen ihre Rechte selbst wahrnehmen statt sich auf den Verwalter zu verlassen.

Gehört ein Schuldner zu diesem Personenkreis, so steht ihm ausschließlich diese Verfahrensart zur Verfügung. Weder kann ein allgemeines Insolvenzverfahren gegen einen Verbraucher durchgeführt werden noch ist es möglich, das Verbraucherinsolvenzverfahren auf nicht nur geringfügig wirtschaftlich selbständige Personen anzuwenden. Aus dieser Ausschließlichkeit der Verfahrensart ergeben sich unmittelbar nach Eingang eines Antrags beim Insolvenzgericht prozessuale Fragen der Zulässigkeit des Antrags, der Möglichkeit oder Verpflichtung zur Entscheidung über die Zulässigkeit und der Rechtsmittel gegen die Entscheidung.

b) Antragsberechtigung. Antragsberechtigt im Verbraucherinsolvenzverfahren sind zunächst alle Personen, die am Erwerbsleben überhaupt nicht teilnehmen, wie z. B. Rentner, Arbeitslose, Sozialhilfeempfänger. Die zweite Personengruppe ist die der unselbständig Berufstätigen, also der Arbeitnehmer. Ihnen wird man diejenigen gleichstellen müssen, die nicht weisungsgebunden in leitender Stellung einer Gesellschaft tätig und daher nicht Arbeitnehmer sind. Andererseits ist bei einem Gesellschafter-Geschäftsführer einer Personengesellschaft die Unternehmereigenschaft zu bejahen; gleiches wird gelten bei einer Person, die als Alleingesellschafter oder zumindest dominierender Mitgesellschafter einer Kapitalgesellschaft sich selbst zum Geschäftsführer oder Vorstand bestellt,[10] weil der BGH bei diesen Personenkreisen die Unternehmereigenschaft ebenfalls bejaht.[11]

Wer gewerblich oder freiberuflich tätig ist, kann „Verbraucher" im Sinne des Neunten Teils der InsO sein, wenn seine Tätigkeit geringfügig ist.

---

[10] Ebenso Häsemeyer RdNr. 29.14.

[11] NJW 1980, 2254; vgl. auch NJW-RR 1991, 746; NJW 1998, 312.

Dieses Kriterium ist nach § 304 Abs. 2 insbesondere dann zu bejahen, wenn sie nach Art und Umfang einen in kaufmännischer Weise eingerichteten Geschäftsbetrieb nicht erfordert. Die gesetzliche Regel knüpft offenkundig an die Definition des Minderkaufmanns im damaligen § 4 Abs. 1 HGB, am 1. 7. 1998 außer Kraft getreten, an. Eine ähnliche Formulierung findet sich jetzt in der Neufassung des § 1 Abs. 2 HGB als Definition des Begriffs des Handelsgewerbes. Sie führt dazu, daß das Insolvenzgericht bei einem Insolvenzantrag – gleich ob von einem Gläubiger oder einem Schuldner gestellt – gegen eine natürliche selbständig tätige Person sofort diese Frage prüfen muß.

Ob ein **früher** nicht nur geringfügig wirtschaftlich **tätig gewesener Unternehmer** nach Aufgabe seines Geschäftsbetriebs einen Antrag auf Durchführung des Verbraucherinsolvenzverfahrens stellen kann oder ob für ihn das Regelinsolvenzverfahren gilt, wird in der InsO nicht ausdrücklich erwähnt. § 304 spricht in der Gegenwartsform, was dafür spricht, ausschließlich auf den Zeitpunkt der Antragstellung abzuheben. Auch das amtliche Antragsformular geht in Anlage 1 davon aus, daß es nur um die gegenwärtige Beteiligung am Erwerbsleben geht und nicht darum, ob die Schulden aus einer selbständigen wirtschaftlichen Tätigkeit erheblichen Umfangs resultieren. Andererseits lautet die Überschrift des Neunten Teils der InsO „Verbraucherinsolvenzverfahren und sonstige Kleinverfahren", was in mehrfacher Hinsicht einer äußerst mißlungene Formulierung darstellt, da im Neunten Teil nur das Verbraucherinsolvenzverfahren und kein weiteres „Kleinverfahren" geregelt wird und da mit der Überschrift der Eindruck erweckt wird, bei Verbraucherinsolvenzverfahren handele es sich definitionsgemäß um ein Kleinverfahren. Ein Unternehmer, der einen illiquide gewordenen vollkaufmännischen Geschäftsbetrieb vollständig schließt, sich arbeitslos meldet und anschließend einen Antrag auf Durchführung eines Verbraucherinsolvenzverfahrens stellt, überläßt möglicherweise dem Insolvenzverfahren Probleme, die auf ein Normalverfahren und nicht auf das Verbraucherverfahren zugeschnitten sind. Trotz dieser Bedenken spricht Überwiegendes dafür, auf das formale Kriterium der Selbständigkeit im Zeitpunkt der Antragstellung abzustellen[12] und nicht auf das Kriterium, ob die Verbindlichkeiten aus einer wirtschaftlichen Tätigkeit herrühren, weil der Gesetzestext für eine solche korrigierende Auslegung nichts hergibt.

Ein Insolvenzantrag eines Schuldners, der ausdrücklich das **Regelverfahren** für sich in Anspruch nehmen will, ist **unzulässig**, wenn der Schuldner Verbraucher ist. Denn die gewählte Verfahrensart steht nicht zur Verfügung.[13] Das Insolvenzgericht wird auf eine Antragsänderung

---

[12] Ebenso Scholz DB 1996, 765.

[13] Ebenso Häsemeyer RdNr. 29.17.

mit Fristsetzung drängen und nach fruchtlosem Fristablauf den Antrag durch Beschluß verwerfen. Etwas anderes wird nur gelten, wenn der Schuldner die Verfahrensart nicht ausdrücklich fordert, jedoch die Formalien des Antrags auf Durchführung des Verbraucherinsolvenzverfahrens (vorweg durchgeführtes außergerichtlichen Schuldenbereinigungsverfahren) offenkundig nicht beachtet hat. In diesem Fall wird davon auszugehen sein, daß der Schuldner die für seine Person gesetzlich vorgesehene Verfahrensart wählen will; er muß insbesondere in leicht vorstellbaren Grenzfällen bei eigener selbständiger beruflicher Tätigkeit die Möglichkeit haben, **ohne eigene Erklärung zur Verfahrensart** einen Insolvenzantrag zu stellen; ansonsten könnte es passieren, daß sein Antrag auf Durchführung des Verbraucherinsolvenzverfahrens wegen selbständiger Tätigkeit verworfen wird und sein späterer Antrag auf Durchführung des Regelinsolvenzverfahrens erneut verworfen wird, weil er Verbraucher sei, da eine Bindungswirkung einer Entscheidung für einen Folgeantrag im Gesetz nicht vorgesehen ist und durch Richterwechsel, Wohnortwechsel des Schuldners oder auch aus Gründen des Geschäftsverteilungsplans des zuständigen Insolvenzgerichts für den zweiten Antrag nicht mehr der gleiche Richter zuständig sein mag. In diesem Fall ruht, wenn der Schuldner als Verbraucher einzustufen ist, nach §§ 305 Abs. 3, 306 Abs. 1 der Antrag zum Zwecke der Beibringung der fehlenden Bescheinigung über einen außergerichtlichen Einigungsversuch; nach dem Eingang der Bescheinigung ruht es für die Dauer des gerichtlichen Schuldenbereinigungsverfahrens.

Ähnliches muß auch bei einem Gläubigerantrag gelten. Auch hier ist denkbar, daß ausdrücklich die Durchführung eines Verbraucherinsolvenzverfahrens bzw. eines Regelinsolvenzverfahrens beantragt wird. Umgekehrt ist es möglich, daß die Verfahrensart im Antrag keine Erwähnung findet. Auch hier muß des Insolvenzgericht sich zunächst über die Verfahrensart schlüssig werden, bevor das Verfahren sinnvoll weiterbetrieben werden kann.

c) Vorabentscheidung. Bei zweifelhafter Sachlage sollte das Insolvenzgericht im Beschlußwege vorweg eine mit Gründen versehene Entscheidung über die einzuhaltende Verfahrensart erlassen. Dies dient einerseits der Rechtssicherheit der Verfahrensbeteiligten, die möglicherweise anderer Auffassung als das Gericht sind oder zumindest Zweifel bezüglich des weiteren Verfahrensgangs haben. Insoweit enthält die InsO eine **Regelungslücke**, als sie hierfür eine Vorabentscheidung nicht vorsieht, mithin auch kein Rechtsmittel gegen eine solche Entscheidung. Gemäß § 6 Abs. 1 unterliegen Entscheidungen des Insolvenzgerichts nur in den Fällen einem Rechtsmittel, in denen die InsO die sofortige Beschwerde vorsieht. Nach § 6 ist gegen eine Vorabentscheidung über den Verfahrensgang ein Rechtsbehelf unzulässig. Ob dieses Ergebnis rechtspolitisch tragbar ist, muß bezweifelt werden. Gegebenenfalls wäre ein Rechtsmittel erst gegen einen Beschluß über die Ersetzung der Zustimmung einzelner Gläubiger nach § 309 Abs. 2 Satz 2 zulässig, aber nur für denjenigen Gläubiger, dessen fehlende Zustimmung zum Schuldenbereinigungsplan ersetzt worden ist. Wird der Schuldenbereinigungsplan von einer Mehrheit der Gläubiger endgültig abgelehnt und das Insolvenzverfahren eröffnet, so sieht § 34 Abs. 2 eine Beschwerde des Schuldners vor, nicht jedoch ein Rechtsmittel der Gläubiger.[14] Zulässigkeitsvoraussetzung ist allerdings die formelle Beschwer des Rechtsmittelführers. Diese ist nach der Rechtsprechung zur Konkursordnung in der Regel zu verneinen, wenn eine natürliche Personen als Schuldner selbst Konkursantrag gestellt hat und nicht geltend macht, der Insolvenzgrund sei nachträglich weggefallen.[15] In großzügiger Auslegung des § 34 und der Rechtsregeln der formellen Beschwer wird man die sofortige Beschwerde des Schuldners auch bei einem Eigenantrag für zulässig halten müssen, wenn er ein Verbraucherinsolvenzverfahren erreichen wollte, aber das Insolvenzgericht das Normalverfahren eröffnet. Denn der Schuldner ist insoweit beschwert, als nun ein komplizierteres und kostenträchtigeres Verfahren auf ihn zukommt als wenn das Verbraucherinsolvenzverfahren durchgeführt würde. Weitergehend verlangt Häsemeyer[16] aus rechtspolitischer Sicht mit Recht förmliche gerichtliche Entscheidungen über die Zulässigkeitsvoraussetzungen und die Zulassung von Rechtsbehelfen gegen alle Entscheidungen des Gerichts zur Bestimmung der Verfahrensart, weil die Folgen des allgemeinen und des besonderen Insolvenzverfahrens höchst unterschiedlich sind und der Gesetzgeber die Problematik offensichtlich nicht erkannt hat.

Der Wortlaut des § 304 Abs. 1 spricht dafür, entsprechend dem amtlichen Antragsformular für die Frage, ob ein Verbraucherinsolvenzverfahren oder ein normales Insolvenzverfahren durchzuführen ist, auf die aktuelle Berufstätigkeit abzustellen und nicht darauf, ob die der Zahlungsunfähigkeit zugrundeliegenden Verbindlichkeiten aus einer gewerblichen Tätigkeit resultieren oder aus der Privatsphäre. § 304 Abs. 1 stellt ausschließlich auf die Person des Schuldners und nicht auf die Art seiner Verbindlichkeiten ab. Hiervon kann zur Vermeidung von Unsicherheiten nicht abgewichen werden, so daß der frühere Kaufmann, wenn er seinen Geschäftsbetrieb eingestellt hat, wegen seiner Verbindlichkeiten anschließend das Verbraucherinsolvenzverfahren

---

[14] Ebenso nach früherem Recht § 109 KO.

[15] Vgl. Kilger/Karsten Schmidt § 109 KO Anm. 3.

[16] (FN 1), RdNr. 29.16 bis 29.18.

und nicht das Regelinsolvenzverfahren durchzuführen hat.[17] Umgekehrt bedeutet dies, daß der Kaufmann, dessen Geschäftsbetrieb nicht eingestellt ist, auch dann kein Verbraucherinsolvenzverfahren beantragen kann, wenn seine Verbindlichkeiten ausschließlich privater und nicht geschäftlicher Natur sind. Dieses Ergebnis ist sachlich gerechtfertigt, weil Pläne zur Reorganisation des am Wirtschaftsleben teilnehmenden Unternehmens auch dann sinnvoll durchgeführt werden können, wenn die Verbindlichkeiten des Inhabers aus privaten Geschäften resultieren. Hier wäre ein Verbraucherinsolvenzverfahren ungeeignet. Auch die vorgeschriebene außergerichtliche Schuldnerberatung kommt mangels entsprechender Sachkompetenz für Firmeninsolvenzen sinnvollerweise nicht in Betracht. Die zeitpunktbezogene Abgrenzung für die Wahl der richtigen Verfahrensart schafft auch eine größere Rechtssicherheit als eine notwendigerweise schwieriger aufzuklärende Abgrenzung danach, ob die Verbindlichkeiten vorwiegend aus seiner früheren gewerblichen Tätigkeit resultieren oder nicht. Da das außergerichtliche Schuldenbereinigungsverfahren nur im Verbraucherinsolvenzverfahren vorweg durchzuführen ist, muß eine möglichst eindeutige Abgrenzung schon im Vorfeld des geplanten Insolvenzverfahrens gelten.

2. Der Eröffnungsantrag

Die Durchführung des Insolvenzverfahrens ist nur möglich, wenn sachliche und formelle Voraussetzungen erfüllt werden. Sachliche Voraussetzung ist das Vorliegen eines materiellen Insolvenzgrundes; formelle Voraussetzung ist ein Eröffnungsantrag.[18] Dieses Kapitel befaßt sich mit den materiellen und formellen Voraussetzungen für ein Verbraucherinsolvenzverfahren.

a) Insolvenzgründe. Ein Eröffnungsantrag[19] setzt nach § 16 voraus, daß ein Eröffnungsgrund[20] gegeben ist. Die InsO kennt drei Eröffnungsgründe, nämlich

1. Zahlungsunfähigkeit[21]
2. drohende Zahlungsunfähigkeit[22] und
3. Überschuldung[23]

---

[17] Vgl. oben Kap. B.1.b).

[18] §§ 13ff.

[19] Also einen Antrag, das Verbraucherinsolvenzverfahren durchzuführen.

[20] „Insolvenzgrund" und „Eröffnungsgrund" sind synonym verwendete Begriffe.

[21] § 17.

[22] § 18.

[23] § 19.

Nicht alle gesetzlichen Eröffnungsgründe gelten in jeder Verfahrensart. Vielmehr ist zu differenzieren, ob es sich um einen eigenen Antrag des Schuldners oder um einen Antrag eines Gläubigers gegen den Schuldner handelt. Außerdem ist zu differenzieren, ob vom Insolvenzverfahren eine natürliche Person oder eine juristische Person betroffen ist.

Für Verbraucherinsolvenzverfahren, die nach § 304 Abs. 1 ausschließlich natürliche Personen betreffen, gilt:

- Der Insolvenzgrund der Zahlungsunfähigkeit gilt sowohl beim Antrag des Schuldners als auch beim Antrag eines Gläubigers;
- Der Insolvenzgrund der **drohenden** Zahlungsunfähigkeit gilt **nur** beim **Antrag des Schuldners**.

Den Insolvenzgrund der Überschuldung gibt es nur bei juristischen Personen; er spielt also im Verbraucherinsolvenzverfahren keine Rolle und wird deshalb hier nicht näher behandelt. § 17 Abs. 2 definiert die **Zahlungsunfähigkeit**: Der Schuldner ist zahlungsunfähig, wenn er nicht in der Lage ist, die fälligen Zahlungspflichten zu erfüllen. Die gesetzliche Definition wirft eine Reihe von Fragen auf, die mit folgenden Schlagworten zu umreißen sind:

- Abgrenzung der Zahlungsunfähigkeit von einer insolvenzrechtlich unbeachtlichen vorübergehenden Liquiditätslücke **(Zahlungsstockung)**;
- **Wesentlichkeit** der Forderung (betragsmäßige Bagatellgrenze).

Das Gesetz verzichtet bewußt auf die Festlegung von Bagatellgrenzen sowohl zeitlicher als auch betragsmäßiger Art.

Zur Zahlungsstockung ein **Beispiel** zur Erläuterung: Arbeitnehmer Franz Maier muß aus einem Verbraucherkredit eine Rate von 600 DM am zwanzigsten jeden Monats überweisen. Am 20. März ist er hierzu nicht in der Lage, weil seine Bank bis zum Eingang des nächsten Monatslohns am Monatsende keine weiteren Überweisungsaufträge mehr ausführt. Am 1. April ist er jedoch zur Zahlung wieder in der Lage. Die gleiche Situation wird sich möglicherweise in den nächsten Monaten wiederholen, weil Maier aus seinem laufenden Einkommen nicht in der Lage ist, neben seinen unabdingbaren monatlichen Ausgaben mehr als die jeweils zuvor fällig gewordene Rate aus diesem Verbraucherkredit abzubezahlen. Stellt man nach § 17 Abs. 2 ohne zeitraumbezogene Komponente zum Stichtag der Fälligkeit der jeweiligen Raten die Zahlungsunfähigkeit fest, so verlagert man speziell bei Verbrauchern den Zeitpunkt, zu dem die Insolvenz eintritt, sehr weit nach vorne. Sein Gläubiger könnte jeweils am 21. jeden Monats einen Insolvenzantrag stellen. Auch wenn er dies vernünftigerweise nicht tut, sondern mit gerichtlichen Maßnahmen zuwartet, kann die so streng definierte Zahlungsunfähigkeit gegebenenfalls für den Schuldner wesentliche Nachteile mit sich bringen, wenn er in einem späteren Zeitpunkt tatsächlich überhaupt nicht mehr zur Begleichung der monatlichen Verbindlichkeiten in der Lage sein sollte. Denn dann müßte man ihm wohl vorwerfen, er habe ohne Aussicht auf Besserung seiner wirtschaftlichen Lage die Eröffnung des Insolvenzverfahrens verzögert. Dies stellt gem. § 290 Abs. 1 Nr. 4 einen zwingenden Grund dar, ihm gerichtlich die beantragte Restschuldbefreiung zu versagen.

Der Begriff der Zahlungsunfähigkeit in § 17 Abs. 2 Satz 1 weicht von der Definition ab, die der BGH[24] formuliert hat; Zahlungsunfähigkeit ist nach der BGH-Rechtsprechung zu § 102 KO das auf dem Mangel an Zahlungsmitteln beruhende, voraussichtlich dauernde Unvermögen des Schuldners, seine sofort zu erfüllenden Geldschulden noch im wesentlichen zu berichtigen. Die Gläubiger müssen diese Forderungen ernsthaft einfordern. Im Gesetzestext der InsO fehlt das Merkmal der *dauernden* Unfähigkeit zur Erfüllung der Verbindlichkeiten. Außerdem ist die ernsthafte Einforderung durch die Fälligkeit ersetzt. Hier ist der Gesetzgeber bewußt von der bisherigen Rechtsprechung abgewichen. Aus der Begründung des Regierungsentwurfs folgt, daß der Gesetzgeber den Begriff der Zahlungsunfähigkeit nicht so stark einengen wollte wie dies bisher durch die Rechtsprechung geschehen ist. Eine über Wochen oder gar Monate dauernde Illiquidität solle nicht zur rechtlich unerheblichen Zahlungsstockung erklärt werden; eine solche Auslegung würde das Ziel einer rechtzeitigen Verfahrenseröffnung erheblich gefährden. Der Gesetzgeber ist von der wohl nicht ganz realistischen Annahme ausgegangen, daß ein Schuldner, der nur für einige Wochen illiquide ist, sich durch einen Bankkredit ohne weiteres neue flüssige Mittel beschaffen kann. Nur wenn der Schuldner hierzu in der Lage ist, soll er noch zahlungsfähig sein.

Die InsO enthält in mehrfacher Hinsicht ein zeitliche **Vorverlagerung** des materiellen Insolvenzgrundes der Zahlungsunfähigkeit[25] gegenüber der früheren Rechtslage:
- Dauer: das Merkmal fällt weg;
- Fälligkeit: keine ernsthafte Einforderung durch Gläubiger erforderlich;
- Wesentlichkeit: das Merkmal entfällt.

---

[24] NJW 1992, 1960; vgl. im einzelnen: Kilger/Karsten Schmidt, § 102 KO Anm. 2 a) sowie § 30 KO Anm. 5.

[25] Vgl. im einzelnen: Burger/Schellberg KTS 1995, 563.

Ob diese Abweichungen der gesetzlichen Formulierung von der bisherigen Rechtsprechung eine große praktische Bedeutung für Verbraucherinsolvenzverfahren erlangen und eine Änderung der Rechtsprechung mit sich bringen werden, erscheint zweifelhaft. Denn die gerichtliche Praxis zeigt, daß in aller Regel keine verfrühten, sondern eher verspätete Insolvenzanträge gestellt werden. Eine Bedeutung der Rechtsänderung kann allenfalls im Einzelfall festzustellen sein, wenn Gläubiger „Druck-Anträge“ stellen, also Insolvenzanträge nur in der Absicht, den Schuldner zur Zahlung unter dem Druck des anhängigen Insolvenzverfahrens zu veranlassen.

Wesentlichkeit der Forderung: Der Gesetzestext des § 17 Abs. 2 Satz 1 enthält auch nicht die in der oben zitierten BGH-Definition enthaltene Einschränkung, daß es sich um einen wesentlichen Teil der Verbindlichkeiten handeln muß, der nicht beglichen werden kann. Auch dies ist nach der Begründung zum Regierungsentwurf der InsO absichtlich in Abweichung von der BGH-Rechtsprechung erfolgt, um den bisherigen Tendenzen zu einer übermäßig einschränkenden Auslegung des Begriffs der Zahlungsunfähigkeit entgegenzuwirken. Trotzdem werden auch nach der InsO wie bisher nach der Konkursordnung ganz geringfügige Liquiditätslücken außer Betracht bleiben müssen. Zahlungsunfähigkeit ist erst anzunehmen, wenn der Schuldner einen bestimmten – von der Rechtsprechung noch zu entwickelnden – Bruchteil der Gesamtsumme seiner Verbindlichkeiten nicht mehr erfüllen kann. Auch dieser Unterschied zwischen bisheriger Rechtsprechung und neuem Gesetzeswortlaut wird voraussichtlich keinen wesentlichen Einfluß auf die Abwicklung von Verbraucherinsolvenzverfahren haben. Denn weder die Gläubiger noch der Schuldner werden wegen äußerst geringfügiger Beträge einen zeitaufwendigen und kostenträchtigen Insolvenzantrag stellen.

Die **gerichtliche Feststellung**, daß Zahlungsunfähigkeit des Schuldners zu bejahen ist, erfolgt in der Praxis in aller Regel anhand einer gesetzlichen Vermutungsregelung, die in § 17 Abs. 2 Satz 2 sinngemäß aus § 102 Abs. 2 KO entnommen worden ist. Danach besteht eine widerlegbare Vermutung für den Eintritt der Zahlungsunfähigkeit, wenn der Schuldner seine Zahlungen eingestellt hat.

Zahlungseinstellung bedeutet, daß der Schuldner seine Zahlungsunfähigkeit nach außen kundtut.[26] Dies geschieht üblicherweise dadurch, daß der Schuldner einem wesentlichen Gläubiger bei Fälligkeit einer Forderung mitteilt, er könne wegen Zahlungsunfähigkeit den offenen

---

[26] Es gibt also keine Zahlungseinstellung ohne Zahlungsunfähigkeit, wohl aber eine Zahlungsunfähigkeit ohne Zahlungseinstellung; vgl. Kilger/Karsten Schmidt, § 102 KO Anm. 3.

Betrag nicht mehr ausgleichen.[27] Die bloße Weigerung einer Zahlung ist deshalb keine Zahlungseinstellung im Sinne des Gesetzes. Wenn der Schuldner mit der Begründung seiner Zahlungsunfähigkeit Zahlungen gegenüber seinen Gläubigern ablehnt, wird nach dem Gesetz bis zum Beweis des Gegenteils vermutet, daß er tatsächlich zahlungsunfähig ist, so daß dieser materielle Insolvenzgrund vorliegt.

Drohende Zahlungsunfähigkeit: Nach § 18 ist materieller Eröffnungsgrund beim Antrag des Schuldners auch die drohende Zahlungsunfähigkeit. Diese liegt dann vor, wenn der Schuldner voraussichtlich nicht in der Lage sein wird, die bestehenden Zahlungspflichten im Zeitpunkt der Fälligkeit zu erfüllen.[28] Dieser Insolvenzgrund ist gegenüber der früheren Rechtslage nach der Konkursordnung neu. Er soll die Möglichkeit schaffen, bei einer sich deutlich abzeichnenden Insolvenz bereits vor ihrem Eintritt sich in den Schutz des Insolvenzverfahrens zu begeben.

> Insolvenzanträge wegen drohender Zahlungsunfähigkeit kann nur der Schuldner stellen, jedoch kein Gläubiger.

Beispiel: Meyer hat einen PKW gekauft, und zwar finanziert durch einen Ratenkredit bei der XY-Verbraucherbank. Dieses Fahrzeug fährt er in stark angetrunkenem Zustand zu Schrott, weshalb die Vollkaskoversicherung für den Schaden nicht aufkommt. Der Kreditvertrag sieht vor, daß am Ende der Laufzeit eine Schlußrate von 5000 DM zu bezahlen ist. Er kann zwar die jeweils laufenden Raten noch aufbringen, nicht aber diese letzte Rate, was er schon einige Monate im voraus erkennt. Er weiß also in einem Zeitpunkt, in dem er noch nicht zahlungsunfähig ist, daß er im Zeitpunkt der Fälligkeit der letzten Rate zahlungsunfähig sein wird.[29] Dies ist die Situation der drohenden Zahlungsunfähigkeit. Meyer könnte einen Insolvenzantrag stellen, nicht aber die XY-Verbraucherbank.

Es muß also eine **Prognose** angestellt werden, bei der die Entwicklung der Finanzlage des Schuldners bis zum erwarteten Zeitpunkt des Eintritts der Zahlungsunfähigkeit zu berücksichtigen ist. Wenn ein Schuldner seinen Insolvenzantrag hierauf stützt, werden die Gerichte voraussichtlich einen Finanzplan verlangen,[30] aus dem sich die voraus-

---

[27] BGH ZIP 1985, 363.

[28] § 18 Abs. 2.

[29] Wäre das Fahrzeug verfügbar, könnte er die Schlußrate notfalls durch den Erlös aus dem Verkauf decken, so daß kein Insolvenzgrund vorläge.

[30] So zutreffend die amtliche Begründung zum Regierungsentwurf des § 18.

sichtliche Entwicklung der Einnahmen und notwendigen Ausgaben unter Berücksichtigung der Fälligkeiten der einzelnen Verbindlichkeiten ergibt. Stellt man die Einnahmen und Zahlungen gegenüber, so errechnet sich aus der Saldierung von Einnahmen und Ausgaben der Zeitpunkt, an dem die Zahlungsunfähigkeit voraussichtlich eintritt.

Eine Prognose enthält natürlich stets Unsicherheitsfaktoren. Eine absolute Gewißheit im Sinne eines Beweises kann vom Antragsteller nicht verlangt werden. Vielmehr ergibt sich aus der Formulierung „voraussichtlich" in § 18 Abs. 2, daß eine Abwägung der Wahrscheinlichkeit stattzufinden hat, ob die jeweils fälligen Verbindlichkeiten die Einnahmen übersteigen werden oder ob dies mit überwiegender Wahrscheinlichkeit nicht der Fall ist.

Die Aufstellung und Erläuterung des Finanzplans und die nähere Begründung der drohenden Zahlungsunfähigkeit wird zum Aufgabenbereich der geeigneten Person oder Stelle gehören, die beim Versuch der außergerichtlichen Schuldenbereinigung mitgewirkt hat.

Das **amtliche Antragsformular** sieht nicht vor, daß der Schuldner bei seinem Insolvenzantrag angibt, ob er sich auf die bereits eingetretene oder auf die drohende Zahlungsunfähigkeit als materiellem Insolvenzgrund stützt. Dies ist überraschend, weil sowohl beim Antrag des Schuldners als auch des Gläubigers der materielle Insolvenzgrund anzugeben ist. Das Antragsformular enthält auf Seite 1 eine Bezugnahme auf Zahlungspflichten, die bereits fällig sind oder in absehbarer Zeit fällig werden und die der Schuldner nicht in der Lage ist zu erfüllen.[31] Mit der ersten Alternative – die bereits fälligen Zahlungspflichten – ist die bereits eingetretene Zahlungsunfähigkeit gemeint, weil zum Ausdruck kommt, daß im Zeitpunkt der Antragstellung Verbindlichkeiten nicht mehr bedient werden können. Mit der zweiten Alternative – „in absehbarer Zeit fällig werden" – haben die Formularverfasser vermutlich den materiellen Insolvenzgrund der drohenden Zahlungsunfähigkeit umschreiben wollen. Unklar ist, warum im Formulartext vom Wortlaut des Gesetzes abgewichen wird. Nach dem Wortlaut des § 18 Abs. 2 ist drohende Zahlungsunfähigkeit zu bejahen, wenn der Schuldner voraussichtlich nicht in der Lage sein wird, die bestehenden Zahlungspflichten in Zeitpunkt der Fälligkeit zu erfüllen. Der Text des amtlichem Antragsformulars schränkt dies ein mit dem Zeitfaktor „in absehbarer Zeit", ohne daß hierfür ein sachlicher Grund ersichtlich ist oder eine Erläuterung gegeben wird, nach welchen Maßstäben dieser Zeitfaktor zu bemessen ist. Bei der drohenden Zahlungsunfähigkeit

[31] Unter Ziffer I. heißt es wörtlich: „. . . bin ich nicht in der Lage, meine bestehenden Zahlungspflichten, die bereits fällig sind oder in absehbarer Zeit fällig werden, zu erfüllen."

geht es um Zahlungsverpflichtungen, die im Zeitpunkt der Antragstellung bereits bestehen, aber noch nicht fällig sind, sondern erst zu einem späteren Zeitpunkt fällig werden. Bei Verbrauchern wird es in aller Regel nicht wie im Geschäftsverkehr um später fällig werdende Verbindlichkeiten z.B. aus einem Wechsel gehen, sondern um Geschäfte des täglichen Lebens wie Abzahlungskäufe und Zahlungsverpflichtungen aus Verbraucherkrediten oder Leasingverträgen. Hier ist stets absehbar, nämlich aus dem Vertrag ersichtlich, wann welche Beträge fällig werden. Wenn ein Verbraucher beispielsweise einen Leasingvertrag mit einer sehr hohen Schlußrate nach 36 Monaten abschließt, sind Fälligkeit und Betrag der Schlußrate schon von Anfang an absehbar. Es ist deshalb davon auszugehen, daß das Formular an dieser Stelle[32] vom Wortlaut des Gesetzes abweicht, ohne daß hierdurch eine inhaltliche Abweichung zum Ausdruck kommen sollte. Eine Anpassung des Formulartextes an den Wortlaut des Gesetzes sollte baldmöglichst erfolgen.

b) Eröffnungsantrag

> *Hinweis*: Die nachfolgende Darstellung orientiert sich am amtlichen Antragsformular

§§ 13 und 27 InsO verwenden ebenso wie die Konkursordnung den Begriff der Eröffnung des Verfahrens. Damit ist die Durchführung des Insolvenzverfahrens nach Prüfung der Verfahrensvoraussetzungen gemeint.

> *Formulierung im Antragsformular (Seite 1)*:
>
> **I. Eröffnungsantrag**
>
> Ich stelle den Antrag, über mein Vermögen das Insolvenzverfahren zu eröffnen. Nach meinen Vermögens- und Einkommensverhältnissen bin ich nicht in der Lage, meine bestehenden Zahlungspflichten, die bereits fällig sind[33] oder in absehbarer Zeit[34] fällig werden,[35] zu erfüllen.

---

[32] Wie übrigens an einer Reihe anderer Stellen auch.

[33] Hiermit ist die Zahlungsunfähigkeit gemeint.

[34] Der Wortlaut unterscheidet sich hier vom Gesetzestext; nach § 18 kommt es nicht auf einen Zeitfaktor an, sondern nur auf die überwiegende Wahrscheinlichkeit der Prognose; vgl. im einzelnen das vorangegangene Kapitel B.2.a) am Ende.

[35] Hiermit ist die drohende Zahlungsunfähigkeit gemeint.

Formelle Voraussetzung für ein Insolvenzverfahren ist, wie oben bereits dargelegt,[36] ein Eröffnungsantrag. Das Insolvenzgericht leitet also nicht von Amts wegen Verfahren gegen Personen oder Firmen ein, von deren Zahlungsunfähigkeit es erfährt. Dies entspricht der früheren Rechtslage nach der Konkursordnung[37], Vergleichsordnung[38] und Gesamtvollstreckungsordnung[39].

Antragsberechtigt sind:
- Der Schuldner,
- die Gläubiger.

Nicht antragsberechtigt sind:
- Staatliche Behörden, z.B. die Staatsanwaltschaften, auch wenn sie vom Eintreten der Insolvenz Kenntnis erlangen,
- Schuldnerberatungsstellen.[40]

Eigenantrag des Schuldners: Weder § 13, der allgemein den Eröffnungsantrag regelt, noch § 305 speziell zum Verbraucherinsolvenzverfahren enthält Regelungen über die Form, die einzuhalten ist. Es gelten daher nach § 4 die Vorschriften der Zivilprozeßordnung über die für Anträge einzuhaltende Form. Da die Insolvenzgerichte bei den Amtsgerichten und nicht bei den Landgerichten eingerichtet sind, ist damit eindeutig, daß **kein Anwaltszwang** besteht.[41]

Anträge sind **schriftlich** einzureichen. Nach gefestigter Rechtsprechung ist es auch zulässig, Anträge per Telefax einzureichen, wenn das Telefax unterzeichnet ist. Ob Anträge zulässig sind, die vom PC aus per Faxmodem oder mit einer ähnlichen Technologie – evtl. mit eingescannter Unterschrift – abgesandt worden sind, ist bisher ungeklärt. Während das Bundessozialgericht dies für zulässig hält[42] und ebenso das BVerwG für bestimmte Verfahren,[43] ist das OLG Karlsruhe für den Bereich des Zivilprozesses jedenfalls bei Anwaltszwang gegenteiliger Auffassung.[44] Eine Entscheidung des Bundesgerichtshofs steht aus.

---

[36] Vgl. oben Anfang des Kapitels B.2.

[37] § 103 Abs. 1 KO.

[38] § 2 VerglO.

[39] § 2 GesO.

[40] Das schließt nicht aus, daß der Schuldner eine Vollmacht erteilt.

[41] Vgl. § 78 ZPO.

[42] NJW 1997, 1254.

[43] NJW 1995, 2121.

[44] OLGR Karlsruhe 1998, 93. Maßgebliches Kriterium dafür, ob eine Zulässigkeit bejaht werden kann, ist die Frage, ob die Urheberschaft des Absenders und sein Wille, das PC-Fax als Schriftstück an das Gericht in Verkehr zu brin-

Da mit dem Eigenantrag des Schuldners auf Durchführung des Verbraucherinsolvenzverfahrens sowieso umfangreiche Unterlagen vorgelegt werden sollen, siehe in diesem Kapitel weiter unten, empfiehlt sich eine elektronische Antragstellung nicht, so daß die Frage hier nicht näher untersucht werden soll. Sicher ist, daß der Antrag per Fax, das unterzeichnet sein muß, gestellt werden darf. Im Einzelfall kann dies von Bedeutung sein, wenn die Frist von sechs Monaten ab gescheitertem außergerichtlichem Einigungsversuch[45] abzulaufen droht. In einem solchen Fall sind die Anlagen nachzusenden.

Die **Schuldnerberatungsstellen** werden allerdings voraussichtlich in mehr oder weniger großem Umfang die Anlagen zum Insolvenzantrag elektronisch aufbereiten und von der Justiz gebeten werden, die Daten in elektronischer Form per Diskette an das Insolvenzgericht weiterzureichen. Wenn die technischen Voraussetzungen geschaffen sind, wird damit eine Arbeitserleichterung bei den Insolvenzgerichten vor allem deshalb eintreten, weil die vom Schuldner vorzulegenden Listen der Gläubiger und der einzelnen Forderungen direkt und ohne großen personellen Aufwand übernommen werden können. Diese Möglichkeit gilt jedoch nur für die Anlagen zum Insolvenzantrag, nicht jedoch für den Antrag selbst. Nach § 305 Abs. 1 Satz 1 hat der Schuldner mit dem Antrag eine Reihe von Anlagen „vorzulegen". Die Form der Vorlage ist nicht geregelt, so daß die Anlagen auch in elektronischer Form nach Absprache mit dem Insolvenzgericht eingereicht werden können, wenn beim Gericht die technischen Möglichkeiten vorhanden sind, die Anlagen weiterzuverarbeiten. Dies gilt nicht für den Eröffnungsantrag, für den die allgemeinen gesetzlichen Vorschriften über die Schriftform mit eigenhändiger Unterzeichnung gelten. Durch eine elektronischer Form kann die Schriftform nur dann ersetzt werden, wenn dies gesetzlich ausdrücklich zugelassen ist;[46] eine entsprechende Regelung fehlt in der InsO.

Hilfe durch die Rechtsantragsstellen: Bei allen Amtsgerichten ist eine Rechtsantragsstelle eingerichtet. Dort können gemäß § 496 ZPO Anträge, für die kein Anwaltszwang gilt, „zu **Protokoll** der Geschäftsstelle" erklärt werden. Zuständig für die Aufnahme von Anträgen ist die Rechtsantragsstelle jedes Amtsgerichts, also nicht nur des Gerichts, bei dem das Verfahren läuft oder eingeleitet werden soll.

---

gen, hinreichend sicher festgestellt werden kann, vgl. OLG Köln CR 1998, 337 sowie zusammenfassend Hennecke NJW 1998, 2194.

[45] § 305 Abs. 1 Nr. 1.

[46] Z.B. im elektronischen Mahnverfahren nach § 690 Abs. 3 ZPO. Auch das Signaturgesetz (SigG) vom 22.7. 1997 (Art. 3 des IuKDG) schafft keine Möglichkeit, das Schriftformerfordernis in prozeßrechtlichen Vorschriften zu ersetzen.

Ob auch Anträge von Verbrauchern auf Durchführung des Insolvenzverfahrens dort zu Protokoll erklärt werden können, ist streitig, aber zu bejahen. Dafür spricht zunächst, daß herkömmlicherweise die Rechtsantragsstellen für alle an die Amtsgerichte gerichteten Anträge zuständig sind, die schriftlich oder zu Protokoll der Geschäftsstelle gestellt werden können. In Landesjustizverwaltungen[47] wird jedoch die Auffassung vertreten, daß Insolvenzanträge des Schuldners dort nicht protokolliert werden müssen, weil § 496 ZPO sich auf Anträge beziehe, die an den Gegner zuzustellen sind, und weil § 305 Abs. 1 davon spreche, daß der Schuldner mit dem Antrag näher bezeichnete Unterlagen vorzulegen habe. Vorlegen könne man mit dem Antrag aber nur Unterlagen, wenn auch der Antrag schriftlich vorgelegt werde. Diese formalistische Betrachtungsweise ist abzulehnen. Sie beruht erkennbar auf dem Bemühen, möglichst die mit der Protokollierung der Anträge verbundene Belastung der dort tätigen Beamten zu vermeiden, findet aber im Gesetz keine genügende Stütze.[48] § 305 erwähnt Unterlagen, die der Natur der Sache nach nicht auf der Rechtsantragsstelle erstellt, sondern dorthin mitzubringen sind. Ein wesentlicher Unterschied zur Protokollierung anderer Anträge unter Beifügung von Unterlagen, wie sie von den Rechtsantragsstellen vorgenommen werden, die der einzelne Rechtssuchende mitgebracht hat, besteht nicht. Auch ist es nicht zwingend erforderlich, die Unterlagen gleichzeitig mit dem Antrag vorzulegen; diese könne vielmehr nachgereicht werden. Auch nach altem Recht sind Eigenanträge des Schuldners auf Eröffnung des Konkursverfahrens aufgenommen worden, ohne daß die Justizverwaltungen oder die Rechtsprechung dies beanstandet hätten. Hinzu kommt, daß bestimmte Anlagen wie z. B. das Gläubigerverzeichnis in elektronischer Form per Diskette vorgelegt werden sollen, wenn die technischen Voraussetzungen gegeben sind, während der Antrag selbst auf Diskette nicht eingereicht werden kann; die Form von Antrag und Anlagen können also nach der Intention des Gesetzgebers unterschiedlich sein.

c) Antrag auf Restschuldbefreiung. Mit dem Antrag auf Durchführung des Verbraucherinsolvenzverfahrens ist nicht zugleich „automa-

---

[47] Speziell von Nordrhein-Westfalen bekannt. Zum Zeitpunkt des Abschlusses des Manuskripts befindet sich ein Vorschlag des Bundesrats im Gesetzgebungsverfahren (im Rahmen eines geplanten Gesetzes zur Änderung des EGInsO und anderer Gesetze), wonach die Schriftform des Antrags eingeführt werden soll. Dadurch würde eine Antragstellung zu Protokoll der Geschäftsstelle ausgeschlossen werden.

[48] Häsemeyer (FN 1) RdNr. 26.14 geht ohne Begründung von der Zulässigkeit der Antragstellung zu Protokoll der Geschäftsstelle als ganz selbstverständlich aus.

tisch" die Restschuldbefreiung beantragt. Vielmehr verlangt § 287 hierfür einen gesonderten Antrag. Dieser kann sofort mit dem Insolvenzantrag gestellt, aber auch später nachgeholt werden, allerdings nur bis zum Prüfungstermin.[49]

Das amtliche Antragsformular sieht dies unter Ziffer II auf Seite 1 vor:

Formulierung im Antragsformular Seite 1:

II. Erklärung zur Restschuldbefreiung

☒ Ich stelle den **Antrag** auf Erteilung von Restschuldbefreiung (§ 287 InsO)

☐ Restschuldbefreiung soll **nicht beantragt** werden.

Es macht in der Regel wenig Sinn, als Verbraucher einen Insolvenzantrag zunächst ohne Antrag auf Restschuldbefreiung zu stellen. Man vermittelt damit den Gläubigern den Eindruck, als wolle man die Restschuldbefreiung gar nicht erreichen. Dann entfällt jedoch für die Gläubiger nahezu jeglicher Anreiz, sich auf eine Einigung über eine Schuldenbereinigung einzulassen; denn das praktisch einzige Druckmittel, das gegen die Gläubiger zur Verfügung steht, besteht darin, daß im Falle des Scheiterns einer Einigung die Restschuldbefreiung durch gerichtliche Anordnung „droht".

Vergißt man, im Formular den Antrag auf Restschuldbefreiung anzukreuzen, besteht außerdem die Gefahr, daß dies später in Vergessenheit gerät, und es verstreicht der Prüfungstermin ohne Antrag. Die Folge wäre: Es ist keine Restschuldbefreiung mehr möglich.

Den Antrag nicht zu stellen, wird nur sinnvoll sein, wenn von vornherein keine realistischen Aussichten auf Restschuldbefreiung bestehen, weil ein gesetzlicher Versagungsgrund vorliegt,[50] und wenn zugleich eine realistische Chance gesehen wird, mit Hilfe des Gerichts eine Einigung mit den Gläubigern über einen Schuldenbereinigungsplan zu erreichen. Hierbei ist zu bedenken, daß das Gericht die fehlende Zustimmung einzelner Gläubiger ersetzen und den eingereichten Schuldenbereinigungsplan damit in Kraft setzen kann – völlig unabhängig davon, ob ein Restschuldbefreiungsverfahren möglich ist.

[49] § 287 Abs. 2 Satz 2 spricht zwar vom Berichtstermin; diesen gibt es jedoch im Verbraucherinsolvenzverfahren nicht. Seine Funktion wird nach § 312 Abs. 1 vom Prüfungstermin wahrgenommen.

[50] Z.B. weil in den letzten 10 Jahren schon einmal Restschuldbefreiung erteilt worden ist, § 290 Abs. 1 Nr. 3; vgl. hierzu im einzelnen unten Kapitel C.8.

Wird Restschuldbefreiung beantragt, ist die Anlage 3 (Zusatzerklärungen zum Antrag auf Restschuldbefreiung) hinzuzufügen. Die Einzelheiten werden im nachfolgenden Kapitel d) ab Seite 21 erläutert.

d) Anlagen. Gemäß § 305 Abs. 1 hat der Schuldner mit dem Antrag auf Eröffnung des Insolvenzverfahrens oder unverzüglich nach diesem Antrag eine Reihe von Anlagen vorzulegen. Im amtlichen Antragsformular sind diese auf Seite 1 unter Ziffer III aufgeführt, wobei ein Teil der im Formular vorgesehenen Anlagen zwingend vorgeschrieben ist, während weitere Anlagen vorgelegt werden können aber nicht müssen. Die auf jeden Fall vorzulegenden Anlagen sind im Formular dadurch gekennzeichnet, daß sie bereits angekreuzt sind:

Aus Seite 1 des Antragsformulars:

III. Anlagen:

☒	Personalbogen	(Anlage 1)
☒	Bescheinigung über das Scheitern des außergerichtlichen Einigungsversuchs	(Anlage 2)
☐	Zusatzerklärungen zum Antrag auf Restschuldbefreiung	(Anlage 3)
☒	Vermögensverzeichnis mit den dort genannten Ergänzungsblättern	(Anlage 4)
☒	Gläubiger- und Forderungsverzeichnis	(Anlage 5)
☒	Schuldenbereinigungsplan	(Anlage 6)
☐	Chronologischer Zahlungsplan	(Anlage 6 A)
☐	Sonstige:	

Anlage 1: *Personalbogen*

Der Personalbogen sieht ausführliche Angaben zur Person des Schuldners vor. Neben dem gegenwärtigen Familiennamen und dem Geburtsnamen sind die früher geführten Namen anzugeben. Dies ermöglicht dem Insolvenzgericht, bei entsprechendem Anlaß auch anhand von anderen Namen als dem gegenwärtigen nach gerichtlichen Verfahren oder nach im Grundbuch eingetragenem Vermögen zu suchen.

Die Angaben zum Familienstand sind erforderlich, weil im Schuldenregulierungsplan auf die familiären Verhältnisse und vor allem auf Unterhaltspflichten Rücksicht genommen werden muß. Auch wird hiermit für die Gläubiger beispielsweise bei Unterhaltspflichten des Schuldners gegenüber einem geschiedenen Ehepartner eine realistische Einschätzung des zu erwartenden pfändbaren Einkommensanteils ermöglicht.

Ausführlich fragt das Formular nach einer Beteiligung am Erwerbsleben, unterteilt nach selbständiger und unselbständiger Arbeit. Selbständige müssen zusätzlich die Anlage 4 D („Ergänzungsblatt Erwerbsgeschäft, selbständige Tätigkeit der Schuldnerin oder des Schuldners") ausfüllen. Es fällt auf, daß im Personalbogen nach dem erlernten und nach dem gegenwärtig ausgeübten Beruf gefragt wird, außerdem nach der (gegenwärtigen) Beteiligung am Erwerbsleben. Das Formular berücksichtigt nicht, ob Verbindlichkeiten aus einem früheren Geschäftsbetrieb, der vor Antragstellung eingestellt worden ist, bei einem möglicherweise jetzt arbeitslosen Antragsteller bestehen. Damit übergeht es die Problematik, ob ein Schuldner einen Verbraucherinsolvenzantrag stellen kann, wenn die Verbindlichkeiten aus einem früheren kaufmännisch geführten Geschäftsbetrieb resultieren, der Antragsteller selbst aber nicht mehr Kaufmann ist, weil er den Geschäftsbetrieb eingestellt und die Eintragung im Handelsregister gelöscht hat.

Im Ergebnis geht die Anlage 1 von einer zutreffenden Einschätzung der Rechtslage aus, weil es nach richtiger Rechtsansicht für die Frage der zu wählenden Verfahrensart ausschließlich auf den Zeitpunkt der Antragstellung ankommt, vgl. im einzelnen die Ausführungen oben Kapitel 1.b) ab Seite 7.

Anlage 2: *Bescheinigung über das Scheitern des außergerichtlichen Einigungsversuches*

Wie bereits ausführlich dargelegt, ist ein Antrag des Schuldners auf Durchführung des Verbraucherinsolvenzverfahrens ohne eine Bescheinigung über das Scheitern des außergerichtlichen Einigungsversuchs unzulässig. Die Bescheinigung ist deshalb dem Antrag beizufügen; sie ist aber nicht vom Schuldner sondern von der bescheinigenden Person oder Stelle auszufüllen.

> *Auszug aus Anlage 2*:
>
> **Bescheinigung über das Scheitern des außergerichtlichen Einigungsversuches** (§ 305 Abs. 1 Nr. 1 InsO)
>
> Die Bescheinigung ist von der Stelle oder Person auszufüllen, die im außergerichtlichen Schuldenbereinigungsverfahren tätig war.

In der Bescheinigung sind die Hauptursachen des Vermögensverfalls und die Geschichte der Verschuldung darzustellen, anschließend der Gang des gescheiterten außergerichtlichen Einigungsversuchs. Aus der Bescheinigung muß sich ergeben, daß nicht bloß telefonische Verhandlungen mit den Gläubigern stattgefunden haben, sondern ein **Plan** zur Schuldenbereinigung ausgearbeitet worden war. Anzugeben ist, wie viele Gläubiger dem Plan zugestimmt haben und mit welchen Summenanteilen ihrer Forderungen. Der gescheiterte Plan sollte im Regelfall mit vorgelegt werden. In der Bescheinigung sind zur Verdeutlichung die Unterschiede des gescheiterten zum bei Gericht eingereichten Plan darzustellen.

Zulässig ist es jedoch auch, den gescheiterten außergerichtlichen Plan unverändert erneut vorzuschlagen. Dies macht dann Sinn, wenn nur eine Minderheit der Gläubiger abgelehnt hat, ohne hierfür erkennbar triftige Gründe gehabt zu haben.

Anzugeben ist zusätzlich unter Ziffer 7, wann der Einigungsversuch endgültig gescheitert ist. Dieses Datum ist maßgeblich zur Beurteilung der Zulässigkeit des Antrags, da der erfolglose Versuch einer außergerichtlichen Schuldenbereinigung innerhalb der letzten sechs Monate durchgeführt worden sein muß. Für die Frist kommt es nicht auf das Datum der Bescheinigung, sondern auf das endgültige Scheitern des Einigungsversuchs an. Denn nach § 305 Abs. 1 Nr. 1 soll keine längere als eine halbjährige Frist zwischen dem erfolglosen Einigungsversuch und dem Antrag liegen; scheiterte der Einigungsversuch länger als sechs Monate vor dem Antrag, so gab es innerhalb der Halbjahresfrist keinen erfolglosen Einigungsversuch, weshalb der Insolvenzantrag unzulässig ist. Das Datum der Bescheinigung kann daher nicht maßgeblich sein, sondern nur das im Formular unter Ziff. 7 angegebene Datum des endgültigen Scheiterns.

Unter Ziff. 3 sind zunächst die Hauptursachen des Vermögensverfalls darzustellen. Diese Frage ist insbesondere dann wichtig, wenn mit dem Insolvenzantrag auch ein Antrag auf Restschuldbefreiung gestellt wird.[51] Denn Restschuldbefreiung ist nach § 1 Satz 2 nur dem „redlichen" Schuldner zu gewähren. Dies wird insbesondere in § 290 Abs. 1 Nr. 4 konkretisiert. Auf Antrag eines Insolvenzgläubigers ist Restschuldbefreiung u. a. dann zu versagen, wenn der Schuldner im letzten Jahr vor dem Insolvenzantrag oder danach vorsätzlich oder grob fahrlässig die Befriedigung der Insolvenzgläubiger beeinträchtigt hat; dies kann geschehen dadurch, daß er

- unangemessene Verbindlichkeiten begründet oder
- Vermögen verschwendet oder
- ohne Aussicht auf eine Besserung seiner wirtschaftlichen Lage die Eröffnung des Insolvenzverfahrens verzögert hat.

Aus der Schilderung zu Ziff. 3 a der Anlage 2 sollte sich deshalb ergeben, daß diese Voraussetzungen nicht vorliegen.

Unter Ziff. 3 b soll die Geschichte der Verschuldung kurz geschildert werden. Dies zielt in die gleiche Richtung, nämlich auf die Möglichkeit der Beurteilung, ob der Antrag von einem redlichen Schuldner gestellt worden ist, aber auch bereits auf die dann unter Ziff. 4 ausdrücklich gestellte Frage, seit wann der Schuldner zahlungsunfähig ist. Hier ist vor allem wichtig, ob dies vor dem 1. 1. 1997 war, weil sich in diesem Fall die Dauer der Lohnabtretung von sieben auf fünf Jahre verkürzt, wenn ein entsprechender zusätzlicher Antrag gestellt wird.[52]

---

[51] Vgl. hierzu nachfolgend die Ausführungen zu Anlage 3.

[52] Dieser Antrag mit Erläuterungen ist in Anlage 3 vorgesehen.

Unter Ziff. 5 ist der Inhalt des gescheiterten außergerichtlichen Schuldenbereinigungsplans darzustellen. Stattdessen kann der Plan in Kopie beigefügt werden. Der Sinn dieser Ziffer liegt vor allem darin, daß der Richter[53] sich anhand des gescheiterten außergerichtlichen und des bei Gericht eingereichten Plans darüber eine Meinung bilden kann, wo die Schwierigkeiten bei der Realisierung des Plans voraussichtlich liegen und an welchen Stellen er möglicherweise auf eine Änderung drängen soll, um die Zustimmung der Gläubiger zu erreichen.

Unter Ziff. 6 ist der Ablauf des gescheiterten außergerichtlichen Einigungsversuchs im einzelnen darzustellen. Dies ermöglicht die Prüfung, ob die Person oder Stelle, die die Bescheinigung ausstellt, genügend ernsthaft eine außergerichtliche Einigung mit den Gläubigern über die Schuldenbereinigung auf der Grundlage eines Plans versucht hat, wie dies als Zulässigkeitsvoraussetzung des Verbraucherinsolvenzantrags in § 305 Abs. 1 Nr. 1 vorgeschrieben ist.

Unter Ziff. 6 ist das Datum anzugeben, an dem der Einigungsversuch außergerichtlich endgültig gescheitert ist. Dieses Datum darf nicht länger als sechs Monate vor dem Eingangsdatum des Insolvenzantrags liegen.[54]

Unter Ziff. 8 sind die Gründe des Scheiterns anzugeben. Außerdem soll dargelegt werden, an welchen Gläubigern die Einigung gescheitert ist. Im Anschluß daran ist auszurechnen und darzustellen, wie hoch der prozentuale Anteil der zustimmenden Gläubiger nach Köpfen und nach Forderungssummen lag. Der Prozentsatz ist für das Insolvenzgericht wichtig für die Beurteilung, ob eine Ersetzung der Zustimmung der ablehnenden Gläubiger nach § 309 überhaupt möglich ist. Wenn ein Teil der Gläubiger auch gegenüber dem bei Gericht eingereichten Schuldenbereinigungsplan Einwendungen erhebt, kann das Gericht die Zustimmung durch Beschluß ersetzen. Dies ist aber nur dann möglich, wenn einerseits mehr als die Hälfte der Gläubiger nach Köpfen und andererseits die Summe der Ansprüche der zustimmenden Gläubiger mehr als die Hälfte der Summe der Ansprüche aller benannten Gläubiger ausmacht.[55]

8. c)	Anteil der zustimmenden Gläubiger/innen an der Gesamtheit nach Köpfen	Gläub. von Gläub.
d)	Anteil der zustimmenden Gläubiger/innen an der Gesamtheit nach Summen	DM/EURO von DM/EURO

[53] Zuständig ist der Richter, nicht der Rechtspfleger: § 18 Abs. 1 Nr. 1 RPflG.
[54] § 305 Abs. 1 Nr. 1.
[55] § 309 Abs. 1.

Das Formular sieht hier die wahlweise Angabe der Beträge in DM und EURO vor.[56] Nach dem Sinn dieses Formularteils, nämlich einen direkten Vergleich der Gesamtbeträge und der Anteile der zustimmenden Gläubiger zu ermöglichen, wird man verlangen können, daß in der Übergangszeit der parallelen Geltung von DM und EURO die Beträge einheitlich in der gleichen Währung angegeben werden.

Zum besseren Verständnis für das Insolvenzgericht fordert Ziff. 9 eine kurze Darstellung der wesentlichen Unterschiede des gescheiterten außergerichtlichen vom jetzt vorgelegten Schuldenbereinigungsplan. Anschließend muß die Bescheinigung von der Person, die sie ausgestellt hat, bzw. von einer verantwortlichen Personen der bescheinigenden Stelle unterzeichnet werden.

***Anlage 3**: Zusatzerklärungen zum Antrag auf Restschuldbefreiung*

Diese Anlage ist im Gegensatz zu Anlage 2[57] nicht von der bescheinigenden Stelle oder Person, sondern vom Schuldner selbst auszufüllen, weil Erklärungen bzw. Anträge darin enthalten sind.

Wenn Restschuldbefreiung beantragt wird, müssen Zusatzerklärungen gemäß Anlage 3 des Formulars abgegeben werden. Hierbei geht es um die gesetzlich zwingend vorgeschriebene Abtretung der pfändbaren Lohnforderungen für sieben Jahre. Wird eine Abkürzung der Dauer auf fünf Jahre beantragt, muß dies im hinteren Teil dieser Anlage zusätzlich erklärt und begründet werden. Außerdem ist anzugeben, ob der Lohn schon abgetreten worden ist, z. B. an ein Kreditinstitut.

Nachfolgend wird der obere Teil der Anlage 3 wiedergegeben.

Anlage 3 zum Eröffnungsantrag:

Antragsteller(in):	**Anlage 3 zum Eröffnungsantrag**

Zusatzerklärungen zum Antrag auf Restschuldbefreiung

(nur beifügen, falls Antrag auf Erteilung der Restschuldbefreiung gestellt wird)

Ich habe auf dem Hauptblatt einen Antrag auf Erteilung der Restschuldbefreiung gestellt. Dieser Antrag ist mit dem Antrag auf Eröffnung des Insolvenzverfahrens verbunden.

Abtretungserklärung nach § 287 Absatz 2 Satz 1 InsO

(lesen Sie hierzu die Erläuterungen auf der Rückseite)

Für den Fall der gerichtlichen Ankündigung der Restschuldbefreiung trete ich meine pfändbaren Forderungen auf Bezüge aus einem Dienstverhältnis oder an deren Stelle tretende laufende Bezüge für die Zeit von 7 Jahren nach Beendigung des Insolvenzverfahrens an einen vom Gericht zu bestimmenden Treuhänder ab.

---

[56] Dies wird allerdings in den zahlreichen Anlagen zum Antragsformular nicht durchgängig praktiziert, was ein Redaktionsversehen sein dürfte.

[57] Siehe hierzu die Erläuterungen ab Seite 68.

Wird eine Abkürzung der Dauer der Lohnabtretung auf fünf Jahre beantragt, ist dies im nachfolgenden Formularteil anzukreuzen und zu begründen:

Anlage 3 zum Eröffnungsantrag, unterer Teil:

Erklärung über die Zahlungsunfähigkeit vor dem 1. Januar 1997
(§ 287 Absatz 2 Satz 1 InsO, Art. 107 EG InsO)
(nur ankreuzen und ergänzen, falls zutreffend)

☐ Ich war bereits vor dem 1.Januar 1997 zahlungsunfähig. Deshalb beantrage ich, bei der gerichtlichen Ankündigung der Restschuldbefreiung und der Bestimmung des Treuhänders (§ 291 InsO) festzustellen, daß sich die Laufzeit der Abtretung nach § 287 Absatz 2 Satz 1 InsO von 7 auf 5 Jahre verkürzt.

Für die Tatsache, daß ich bereits vor dem 1. Januar 1997 zahlungsunfähig war, lege ich folgende Beweismittel vor:

☐ Kopie der Niederschrift über die abgegebene Eidesstattliche Versicherung (Offenbarungsversicherung) und des Vermögensverzeichnisses
☐ Bescheinigung des zuständigen Gerichtsvollziehers über einen erfolglosen Vollstreckungsversuch
☐ Sonstige *(bitte näher erläutern)*

Die Einzelheiten der nur scheinbar eindeutigen Regelung über eine mögliche Verkürzung der Laufzeit der Lohnabtretung werden unten Kapitel D.2 ausführlich erläutert.

Um die Frage richtig beurteilen zu können, mit welchen Zahlungen die Gläubiger während der Dauer der Lohnabtretung rechnen können, muß bekannt sein, ob der Schuldner seine Ansprüche auf Arbeitslohn u. ä. beispielsweise an ein Kreditinstitut abgetreten hat. Die Problematik beschränkt sich allerdings nicht auf Lohnabtretungen, weshalb in § 114 Abs. 1 eine weitergehende Formulierung verwendet wird, nämlich „Bezüge aus einem Dienstverhältnis oder an deren Stelle tretende laufende Bezüge". Diese Formulierung umfaßt[58]

- jede Art von Arbeitseinkommen, Dienst- und Versorgungsbezüge der Beamten, Arbeits- und Dienstlöhne, Arbeitsentgelt für Strafgefangene,
- Ruhegelder und ähnliche fortlaufende Einkünfte, die nach dem Ausscheiden aus dem Dienst- oder Arbeitsverhältnis gewährt werden, sonstige Vergütungen für Dienstleistungen aller Art, die die Erwerbstätigkeit des Zahlungsempfängers vollständig oder zu einem wesentlichen Teil in Anspruch nehmen,
- Bezüge, die ein Arbeitnehmer zum Ausgleich für Wettbewerbsbeschränkungen für die Zeit nach Beendigung seines Dienstverhältnisses beanspruchen kann,
- Hinterbliebenenbezüge, die wegen des früheren Dienst- oder Arbeitsverhältnisses gezahlt werden,

[58] Wortlaut entnommen aus den „Erläuterungen des Gerichts zur Abtretungserklärung" im amtlichen Antragsformular.

- Renten, die aufgrund von Versicherungsverträgen gewährt werden, wenn diese Verträge zur Versorgung des Versicherungsnehmers oder seiner unterhaltsberechtigten Angehörigen geschlossen worden sind,
- Renten und sonstige laufende Geldleistungen der Sozialversicherungsträger oder der Bundesanstalt für Arbeit im Falle des Ruhestands, der teilweisen oder vollständigen Erwerbsunfähigkeit oder der Arbeitslosigkeit,
- alle sonstigen, den genannten Bezügen rechtlich oder wirtschaftlich gleichstehenden Bezüge.

In diesen Fällen geht der pfändbare Anteil seines Einkommens, wenn und soweit die Abtretung auch nach dem Insolvenzantrag wirksam bleibt, an diesen Gläubiger, so daß die übrigen Gläubiger leer ausgehen.

Bei der Frage, ob Lohnabtretungen an Kreditgeber auch im Insolvenzverfahren wirksam bleiben, hatte der Gesetzgeber eine politische Gratwanderung zu beschreiten. Auf der einen Seite soll das Gesetz dem redlichen Schuldner[59] die Möglichkeit geben, nach Durchführung des Insolvenzverfahrens Restschuldbefreiung zu erreichen. Das Gesetz muß deshalb die rechtlichen Grundlagen dafür schaffen, daß dies im Regelfall auch eintreffen kann. Auf der anderen Seite wurde erkannt, daß die Lohnabtretung bei privaten Kreditnehmern ein absolut gängiges Sicherungsmittel darstellt. Es bestand deshalb die Befürchtung, daß die Möglichkeit für Verbraucher ohne Grundbesitz, Kredit von ihrer Bank zu erhalten, zu stark eingeschränkt würde, falls Lohnabtretungen nach Eröffnung eines Verbraucherinsolvenzverfahrens unwirksam würden, weil die Kreditwirtschaft wegen der Entwertung dieses Sicherungsmittels kaum noch Verbraucherkredite auf dieser Basis gewähren würde. Tastet der Gesetzgeber dagegen die Wirksamkeit der Abtretungen auch in der Insolvenz des Verbrauchers nicht an, so wird man in aller Regel realistischerweise davon ausgehen müssen, daß nur der so gesicherte Gläubiger Zahlungen innerhalb der Wohlverhaltensperiode erhält, während die übrigen nicht gesicherten Gläubiger vollständig oder zumindest nahezu vollständig mit ihren Ansprüchen ausfallen.

1. Während der Gültigkeit der Lohnabtretung an das Kreditinstitut:
   - Kreditinstitut erhält den gesamten pfändbaren Lohnanteil,
   - die übrigen Gläubiger erhalten nichts.
2. Bei Unwirksamkeit der Lohnabtretung an das Kreditinstitut:
   - Pfändbarer Lohnanteil wird anteilig auf alle Gläubiger verteilt,
   - Kreditinstitut wird den übrigen Gläubigern gleichgestellt.

---

[59] § 1 Satz 2.

Diese Rechtsfolge würde aber dem Gedanken der Restschuldbefreiung widersprechen, weil das Verfahren davon ausgeht, daß der Schuldner während einer längeren Zeitspanne bestimmte Zahlungen an die nicht gesicherten Gläubiger leistet. Die Mehrheit von CDU/CSU und FDP im Bundestag war der Auffassung, daß ein Zeitraum von drei Jahren ab Eröffnung des Insolvenzverfahrens die Möglichkeit von Verbrauchern, einen über eine Lohnabtretung gesicherten Kredit zu erhalten, nicht zu stark einschränkt und auch die Interessen der nicht gesicherten Gläubiger hinreichend wahrt. Die SPD-Fraktionen war der Auffassung, daß die Wirksamkeit von Lohnabtretungen ab Eröffnung des Insolvenzverfahrens auf ein Jahr beschränkt werden solle: Sollte die Beschränkung der Wirksamkeit von Abtretungen zu einer Verhinderung allzu risikoreicher Kredite führen, so wäre dies nur erwünscht. Sie konnte sich hiermit jedoch nicht durchsetzen.

Nach § 114 Abs. 1 sind Lohnabtretungen wirksam für 3 Jahre, gerechnet allerdings nicht ab dem Datum des Insolvenzantrags, sondern erst ab dem wesentlich später liegenden ersten Kalendermonat nach Eröffnung des Insolvenzverfahrens. Die Eröffnung erfolgt erst, wenn der gerichtliche Schuldenbereinigungsversuch nach dem Insolvenzantrag scheitert. Hierfür sieht das Gesetz einem Zeitraum von maximal 3 Monaten vor, wobei aber eine Überschreitung z. B. wegen der Schwierigkeiten der Verhandlungen oder der Überlastung der Gerichte keine rechtlichen Konsequenzen hat.[60]

Wenn Restschuldbefreiung beantragt wird, sind in der Anlage 4 unter IX detaillierte Angaben über das laufende Einkommen aus nichtselbständiger Arbeit und sonstigen Dienstverhältnisses bzw. aus Renten oder Versorgungsbezügen zu machen.

War Zahlungsunfähigkeit bereits vor dem 1. 1. 1997 eingetreten[61] und ist deshalb die Dauer der Wohlverhaltensperiode sieben statt fünf Jahre, verkürzt sich parallel dazu die Dauer der Wirksamkeit der Lohnabtretung von drei auf zwei Jahre.[62] Damit wird erreicht, daß die ungesicherten Gläubiger für die Dauer von drei Jahren mit Zahlungen des Schuldners rechnen können.

Anlage 4: *Vermögensverzeichnis des Schuldners*

Die Anlage 4 mit insgesamt 8 Ergänzungsblättern stellt auf 20 Seiten zahlreiche Fragen zu den Vermögensverhältnissen des Schuldners. Bedenkt man, daß Verbraucher, die einen Insolvenzantrag stellen, in aller Regel so gut wie kein Vermögen und kaum ein pfändbares Einkommen

---

[60] § 306 Abs. 1.

[61] Bezüglich der Einzelheiten der Berechnung vgl. die Ausführungen in Kapitel D.2 im Rahmen der Erörterung der Dauer der Wohlverhaltensperiode.

[62] Art. 107 EGInsO.

haben, kann man sich kaum von dem Eindruck befreien, daß die Verfasser des amtlichen Formulars geprägt waren von einem erstaunlichen Ausmaß an Mißtrauen gegenüber den Schuldnern, die durch den Zwang zur Beantwortung ins einzelne gehender Fragen zu vollständigen Angaben gezwungen oder gar davon abgehalten werden sollen, einen Insolvenzantrag zu stellen. Der Schuldner darf auch nicht etwa bestimmte Fragenkomplexe pauschal durch Nichtausfüllen verneinen, sondern muß bei jeder Frage, wenn diese nicht zutrifft, das dafür vorgesehene Kästchen „nein" ankreuzen. Es ist auch nicht vorgesehen, das Ausfüllen dadurch zu erleichtern, daß – um nur ein Beispiel herauszugreifen – die Frage nach Forderungen aus Versicherungsverträgen insgesamt pauschal mit „nein" beantwortet wird, sondern für jede dort aufgeführte Versicherungssparte müssen die dazu gestellten Fragen einzeln beantwortet werden. Hierdurch provoziert das Formular nicht nur Fehler und Unvollständigkeiten der damit überforderten Schuldner, sondern produziert zunächst bei den Schuldnerberatungsstellen[63] und dann bei den Insolvenzgerichten einen erheblichen Aufwand, dessen Ertrag man stark bezweifeln muß.

Hinweis für Schuldner: In diesem Zusammenhang darf nicht übersehen werden, daß das Nichtbeantworten eines Teils der im Formular gestellten Fragen streng genommen eine unvollständige Abgabe des in § 305 Abs. 1 Nr. 3 geforderten Vermögensverzeichnisses darstellt. Das Insolvenzgericht hat in diesem Fall gemäß § 305 Abs. 3 die Amtspflicht, den Schuldner hierauf aufmerksam zu machen und ihn aufzufordern, das Fehlende unverzüglich zu ergänzen. Kommt der Schuldner dieser Aufforderung nicht binnen eines Monats nach, so gilt sein Antrag auf Eröffnung des Verfahrens als **zurückgenommen**. Legt man diese Vorschrift strikt aus, kann dies dazu führen, daß das bloße Nichtankreuzen eines der zahlreichen Kästchen mit „nein" dazu führt, daß der Insolvenzantrag nach Fristablauf als zurückgenommen behandelt und nicht mehr weiterbearbeitet wird. Außerdem: wer auch nur eine der zahlreichen Fragen falsch beantwortet, läuft Gefahr, daß Restschuldbefreiung **abgelehnt** wird. Denn richtige Angaben zu den Vermögensverhältnissen gehören zu den Obliegenheiten des Schuldners. Nach § 296 versagt das Insolvenzgericht die Restschuldbefreiung bei Verletzung einer Obliegenheit. Der Schuldner muß beweisen, daß ihn kein Verschulden trifft; dies wird schwierig sein, weil er sich schon vor dem Insolvenzantrag beim Schuldenberater und danach beim Gericht erkundigen kann, wenn Unklarheiten bestehen. Selbst eine erteilte Restschuldbefreiung kann widerrufen werden, wenn sich nachträglich eine vorsätzliche Obliegenheitsverletzung herausstellt.[64]

---

[63] Und den sonstigen geeigneten Stellen und Personen gemäß § 305 Abs. 1 Nr. 1.

[64] § 303 Abs. 1.

Neben den ersten neun Seiten Vermögensverzeichnis, die auf jeden Fall immer auszufüllen sind, müssen maximal acht weitere Ergänzungsblätter ausgefüllt werden. Unter IV des Vermögensverzeichnisses ist für jedes dieser Ergänzungsblätter getrennt anzugeben, ob der Schuldner über dort gesondert aufgeführte Vermögensgegenstände verfügt. Hierbei handelt es sich um:

1. Grundstücke und Eigentumswohnungen gemäß Ergänzungsblatt 4 A;
2. Ansprüche aus Lebensversicherungen/Sterbekassen gemäß Ergänzungsblatt 4 B;
3. Wertpapiere, Schuldbuchforderungen, sonstige Darlehensforderungen und ähnliche Geldanlagen gemäß Ergänzungsblatt 4 C;
4. Gegenstände im Zusammenhang mit einem Erwerbsgeschäft oder einer anderen selbständigen wirtschaftlichen Tätigkeit des Schuldners gemäß Ergänzungsblatt 4 D;
5. Aktien, Genußrechte und sonstige Beteiligungen an Kapitalgesellschaften (AG, GmbH, KGaA) gemäß Ergänzungsblatt 4 E;
6. Beteiligungen an Personengesellschaften (Offene Handelsgesellschaft, Kommanditgesellschaft, Partnerschaftsgesellschaft u. ä.) gemäß Ergänzungsblatt 4 E;
7. Beteiligung als stiller Gesellschafter gemäß Ergänzungsblatt 4 E;
8. Beteiligung an Genossenschaften gemäß Ergänzungsblatt 4 E.

Nicht erwähnt wird im Antragsformular, ob das Ergänzungsblatt 4 F über regelmäßig wiederkehrende Zahlungsverpflichtungen auszufüllen ist. Dies wird zu bejahen sein, weil die Angaben erforderlich sind, um ein vollständiges Bild der finanziellen Situation des Schuldners zu ermöglichen. Geht es im Vermögensverzeichnis gemäß Anlage 4 ansonsten – wie der Name schon sagt – um die Feststellung eines eventuell vorhandenen Vermögens des Schuldners, befaßt sich das Ergänzungsblatt 4 F systemwidrig mit seinen Verpflichtungen, die ansonsten in Anlage 5 im einzelnen aufzuführen sind. Anzugeben sind:

1. Unterhaltszahlungen[65];
2. Wohnkosten;
3. sonstige regelmäßig wiederkehrende Zahlungsverpflichtungen, besondere Belastungen.

Diese Verpflichtungen sind gegebenenfalls näher zu begründen und durch weitere Anlagen (Verträge, Urteile, Unterhaltsvergleiche, möglicherweise auch Einzahlungsbelege) zu belegen.

---

[65] Gemeint sind nur Zahlungen aufgrund einer rechtlichen Verpflichtung, nicht dagegen freiwillige Unterhaltszahlungen. Die Anhebung der Pfändungsgrenzen für Arbeitseinkommen wegen Unterhaltszahlungen ist gemäß § 850c Abs. 1 Satz 2 ZPO davon abhängig, daß eine entsprechende gesetzliche Verpflichtung besteht.

***Anlage 5**: Gläubiger- und Forderungsverzeichnis*

Anlage 5 zum Eröffnungsantrag, oberer Teil:

Antragsteller(in):	**Anlage 5 zum Eröffnungsantrag**
Gläubiger- und Forderungsverzeichnis Verzeichnis der Gläubiger und Verzeichnis der gegen den Schuldner gerichteten Forderungen § 305 Abs. 1 Nr. 3 InsO Für jeden Gläubiger / jede Gläubigerin ist ein besonderes Blatt nach dem folgenden Muster auszufüllen.	

Nach § 305 Abs. 1 Nr. 3 muß dem Insolvenzantrag ein Verzeichnis der Gläubiger und ein Verzeichnis der gegen den Schuldner gerichteten Forderungen beigefügt werden. Anlage 5 ist so aufgebaut, daß auf einer Seite zunächst der Gläubiger genau zu bezeichnen ist, gegebenenfalls einschließlich seines Rechtsanwalts, und danach die Forderungen, aufgeschlüsselt nach Hauptforderung, Zinsen und Kosten sowie Forderungsgrund, Entstehungszeitpunkt und Fälligkeiten. Falls ein Schuldtitel wie z. B. ein Vollstreckungsbescheid oder Urteil besteht, ist dies zusätzlich zu vermerken. Für jeden Gläubiger ist die entsprechende Seite des amtlichen Formulars zu kopieren und dann auszufüllen. Das Formular enthält Platz für zwei Forderungen des jeweiligen Gläubigers.

Was geschehen soll, wenn ein Gläubiger mehr als zwei Forderungen gegen den Schuldner hat, verrät das amtliche Formular dem Schuldner nicht, obwohl dies z. B. bei Versandhäusern häufig der Fall sein wird, weil es eine ganze Anzahl von nicht bezahlten Bestellungen gibt. Da die Bezeichnung des Gläubigers im oberen Teil der Anlage 5 vom Gericht verwendet wird, um dies in die Liste der zu informierenden Gläubiger zu übernehmen, empfiehlt es sich bei einer Vielzahl von Forderungen eines einzelnen Gläubigers nicht, mehrfach die Anlage 5 vollständig auszufüllen; Anlage 5 sieht vor, daß eine lfd. Nummer vergeben wird; gemeint ist damit nicht eine Numerierung der Kopien dieses Formulars, sondern eine Numerierung der Gläubiger. Bei einem Gläubiger mit mehr als zwei Forderungen geben Sie deshalb auf den kopierten weiteren Blättern nur die lfd. Nr. dieses Gläubigers an.

Ausschnitt aus Anlage 5:

Lfd. Nr.:	Genaue Bezeichnung des Gläubigers/der Gläubigerin

So vermeiden Sie einerseits unsinnige Schreibarbeit und erleichtern andererseits dem Personal des Insolvenzgerichts die Feststellung, daß es sich bei den mehrfach eingereichten Anlagen um ein und denselben Gläubiger handelt.

Die lfd. Nr. benötigen Sie in Anlage 6 (Schuldenbereinigungsplan) noch mehrfach, weil sie zur Bezeichnung des jeweiligen Gläubigers, an den bestimmte Beträge nach dem Plan zu zahlen sind, verwendet wird.

Die Gesamthöhe aller Forderungen des jeweiligen Gläubigers muß der Gesamtübersicht im Allgemeinen Teil des Schuldenbereinigungsplans, die als Anlage 6 einzureichen ist, entsprechen.

Im Gegensatz zu Anlage 4 fehlt in Anlage 5 ein Hinweis darauf, ob die Beträge in DM und/oder EURO anzugeben sind. Schreiben Sie sinnvollerweise die richtige Währung zu den Zahlenangaben, um Mißverständnisse und Rückfragen zu vermeiden, insbesondere wenn im Zeitpunkt der Antragstellung die Einführung des EURO bereits einige Zeit zurückliegt.

Anlage 6: *Schuldenbereinigungsplan*

Nach § 305 Abs. 1 Nr. 4 hat der Schuldner mit dem Insolvenzantrag einen Schuldenbereinigungsplan vorzulegen; dieser kann alle Regelungen enthalten, die unter Berücksichtigung der Gläubigerinteressen sowie der Vermögens-, Einkommens- und Familienverhältnisse des Schuldners geeignet sind, zu einer angemessenen Schuldenbereinigung zu führen; in den Plan ist aufzunehmen, ob und inwieweit Bürgschaften, Pfandrechte und andere Sicherheiten der Gläubiger vom Plan berührt werden sollen.

Die gesetzliche Vorgabe setzt das Antragsformular in Anlage 6 um; diese wiederum besteht aus zwei Teilen, nämlich dem Allgemeinen und dem Besonderen Teil.

Anlage 6 (AT) zum Eröffnungsantrag, Ausschnitt

Schuldenbereinigungsplan

§ 305 Abs. 1 Nr. 4 InsO

Allgemeiner Teil

Neben diesem Allgemeinen Teil besteht der Schuldenbereinigungsplan aus dem Besonderen Teil. Dort sind für jeden einzelnen Gläubiger/jede einzelne Gläubigerin die angebotenen besonderen Regelungen zur angemessenen Bereinigung der Schulden dargestellt.

Schuldenbereinigungsplan Allgemeiner Teil:

Im Allgemeinen Teil ist eine Gesamtübersicht über die vorgeschlagene Schuldenbereinigung vorzunehmen. Jeder in Anlage 5 aufgeführte Gläubiger ist mit der dort verwendeten lfd. Nr. zu wiederholen. Die Gesamthöhe der Forderungen des Gläubigers ist der Gesamthöhe der im Plan vorgesehenen Tilgung gegenüberzustellen, der besseren Übersichtlichkeit wegen zusätzlich die sich daraus ergebende prozentuale Quote der vorgeschlagenen Zahlungen. Außerdem ist anzugeben, wann die letzte Zahlung an den jeweiligen Gläubiger erfolgen soll. Der Allgemeine Teil ist also konzipiert als Übersicht über den Plan, während im anschließenden Besonderen Teil der einzelne Gläubiger mit jeder auf ihn entfallenden Zahlung darzustellen ist.

Ähnlich dem Personalbogen in Anlage 1[66] sind nochmals im einzelnen die persönlichen Daten des Schuldners wie zum Beispiel der Name und die Adresse aufzuführen. Es fällt auf, daß einige Angaben zur Person hier entgegen dem Personalbogen nicht gefragt werden: Im Personalbogen wird neben dem aktuellen Familiennamen und dem Geburtsnamen zusätzlich nach früheren Namen sowie nach der Telefonnummer gefragt, was hier fehlt; gleiches gilt für den Geburtsort, während das Geburtsdatum auch hier im Allgemeinen Teil des Schuldenbereinigungsplans anzugeben ist. Einen Sinn ergibt diese Gestaltung des amtlichen Formulars nur, wenn man davon ausgeht, daß die Insolvenzgerichte den Allgemeinen Teil des Schuldenbereinigungsplans an die Gläubiger versenden, nicht aber den Personalbogen in Anlage 1 mit seinen weitergehenden Informationen über personenbezogene Daten des Schuldners. Eine solche Handhabung dürfte sich bei den Insolvenzgerichten voraussichtlich durchsetzen, weil § 307 Abs. 1 im einzelnen aufführt, welche Unterlagen den Gläubigern nach Eingang eines Insolvenzantrags des Schuldners zuzustellen sind:

- das Vermögensverzeichnis,
- das Gläubigerverzeichnis,
- das Forderungsverzeichnis sowie
- der Schuldenbereinigungsplan.

Den persönlichen Daten des Schuldners folgt eine Gesamtübersicht, in der für jeden Gläubiger eine Zeile vorgesehen ist, siehe nachfolgendes Beispiel:

Gesamtübersicht über die vorgeschlagene Schuldenbereinigung					
Lfd. Nr.[2]	Gläubiger/in (Kurzbezeichnung)	Gesamthöhe der Forderungen dieses Gläubigers / dieser Gläubigerin	Gesamthöhe des Tilgungsangebots im Besonderen Teil des Plans	Quote der Befriedigung des Gläubigers / der Gläubigerin (%)	Endzeitpunkt der vorgeschlagenen Tilgung

Tragen Sie in dieser Tabelle, die im amtlichen Formular Platz für insgesamt 13 Gläubiger zur Verfügung stellt, mit der Numerierung aus

[66] Vgl. hierzu im einzelnen Seite 67.

Anlage 5 zeilenweise je Gläubiger die Gesamtbeträge ein. Sinnvollerweise geschieht dies erst nach dem Ausfüllen des nachfolgend beschriebenen Besonderen Teils, weil dort die einzelnen Zahlungen für jeden Gläubiger detailliert auf jeweils einem Blatt pro Gläubiger aufzuführen sind mit anschließender Zusammenfassung (Gesamtsumme und Quote), die wiederum in den Allgemeinen Teil zu übertragen ist.

Durch diese auf den ersten Blick sehr kompliziert erscheinende und fehleranfällige Struktur der formularmäßigen Aufbereitung des Schuldenbereinigungsplans wird erreicht, daß jeder Gläubiger die für ihn erforderlichen Informationen erhält, aber nicht mehr an Informationen über den Schuldner und über die anderen Gläubiger als unbedingt erforderlich: Die Seite mit dem Allgemeinen Teil wird vom Insolvenzgericht gemäß § 307 Abs. 1 jedem Gläubiger zugestellt; aus dem Besonderen Teil hat den einzelnen Gläubiger nur die Seite zu interessieren, die seine Forderungen betrifft. Das Insolvenzgericht stellt dem einzelnen Gläubiger also nur die ihn betreffende Seite des Besonderen Teils zu. Einzelinformationen über die übrigen Gläubiger werden damit nicht erteilt, sondern nur zusammenfassende Informationen über die Gesamthöhe der Verbindlichkeiten. Diese Information ist unbedingt erforderlich, weil sich hieraus entnehmen läßt, ob der Plan zu einer angemessenen Schuldenbereinigung führt und keine unangemessene Bevorzugung oder Benachteiligung einzelner Gläubiger zu erwarten ist. Die im amtlichen Formular vorgesehene Aufteilung des Schuldenbereinigungsplans in einen Allgemeinen und einen Besonderen Teil macht alles in allem zwar das Ausfüllen des Formulars arbeitsintensiver, ist aber aus Datenschutz-Gesichtspunkten heraus zu begrüßen.

Schuldenbereinigungsplan Besonderer Teil:
Im Besonderen Teil wird dem einzelnen Gläubiger eine vom Schuldner für angemessen gehaltene Regelung zur endgültigen Schuldenbereinigung angeboten.

Anlage 6 (BT) zum Eröffnungsantrag, Ausschnitt aus Seite 2

Schuldenbereinigungsplan – Besonderer Teil
§ 305 Abs. 1 Nr. 4 InsO

Für jeden Gläubiger/jede Gläubigerin ist im Besonderen Teil ein gesondertes Blatt nach dem folgenden Muster anzulegen. Die Gesamtheit dieser Blätter bildet den Besonderen Teil. Der vollständige Schuldenbereinigungsplan besteht aus dem Allgemeinen und dem Besonderen Teil.

Wie in Anlage 5 ist für den einzelnen Gläubiger die dort bereits verwendete lfd. Nr. mit genauer Bezeichnung anzugeben:

Lfd. Nr.:	Genaue Bezeichnung des Gläubigers/der Gläubigerin

Ebenso wie in Anlage 5 und in Anlage 6 (AT) ist anschließend zum dritten Mal die Gesamtsumme der Forderungen dieses Gläubigers einzutragen. Entscheidend ist der nachfolgend wiedergegebene Kasten mit dem detaillierten Angebot zur Tilgung dieser Forderungen:

Angebot zur Tilgung dieser Forderungen			
Zahlungstermin(e), -fristen	Betrag pro Termin/Frist	Zahlungstermin(e), -fristen	Betrag pro Termin/Frist
Gesamtsumme der angebotenen Zahlungen an diesen Gläubiger/diese Gläubigerin			
Verhältnis der angebotenen Zahlungen zu den gesamten Forderungen des Gläubigers/der Gläubigerin (Prozentsatz, Quote)			%

Vor allem bei Verbraucherkrediten wird von den Banken häufig eine Bürgschaft des Ehepartners, Lebensgefährten oder eines nahen Angehörigen verlangt. Von größter Bedeutung ist in einem solchen Fall, ob diese **Sicherheit des Gläubigers** bestehen bleibt oder wegfällt, wenn der Schuldenbereinigungsplan angenommen wird. Für den Schuldner und seine Familie ist es äußerst wichtig zu erreichen, daß mit einer Erfüllung des Plans die gesamte Familie aus den Schulden entlassen wird.

Die gesetzliche Regelung für den Fall, daß im Plan nichts anderes festgelegt wird[67], entspricht inhaltlich der Wirkung der Restschuldbefreiung nach abgelehntem Schuldenbereinigungsplan und erfolgreichem Durchlaufen der Wohlverhaltensperiode:[68] Ähnlich der früheren Rechtslage nach der Vergleichsordnung[69] und bei einem Zwangsvergleich nach der Konkursordnung[70] bleiben die **Sicherungsrechte** und

67 § 254.
68 § 301.
69 § 82 VerglO.
70 § 193 Satz 2 KO.

damit die Forderungen des Gläubigers **gegen Bürgen** und sonstige Mitschuldner unverändert bestehen.[71] Lediglich der Schuldner ist von seinen Verbindlichkeiten befreit, auch von den Rückgriffsansprüchen des Bürgen,[72] der vom Gläubiger aus der Bürgschaft in Anspruch genommen worden ist. Notfalls müssen auch die Sicherungsgeber ihrerseits jeweils einen Verbraucherinsolvenzantrag stellen.

Beim Schuldenbereinigungsplan gilt auch insoweit der Grundsatz der **Vertragsfreiheit**: Es steht dem Schuldner frei, seinen Gläubigern eine Regelung vorzuschlagen, die dazu führt, daß eine Bürgschaft oder Mitschulderklärung mit der Erfüllung des Plans wirkungslos wird. Das amtliche Antragsformular fragt auf Seite 3 der Anlage 6 ausdrücklich, welche Regelungen bezüglich der Sicherheiten des Gläubigers gelten sollen. Dies entspricht § 305 Abs. 1 Nr. 4, wonach in den Plan aufzunehmen ist, ob und inwieweit Bürgschaften, Pfandrechte und andere Sicherheiten der Gläubiger vom Plan berührt werden sollen.

> *Schuldenbereinigungsplan BT, aus Seite 3*:
>
> **Sicherheiten des Gläubigers/der Gläubigerin**
>
> Für die Sicherheiten des Gläubigers/der Gläubigerin (z. B. Sicherungsabtretungen, Bürgschaften, vereinbarte oder durch Zwangsvollstreckung erlangte Pfandrechte) sollen folgende Regelungen gelten:

Füllen Sie als Schuldner, wenn ein Angehöriger für Sie gebürgt oder sich sonstwie mitverpflichtet oder wenn der Gläubiger bereits bei Ihnen gepfändet hatte, unbedingt diesen Kasten dahingehend aus, daß **Sicherheiten mit der Erfüllung** des Schuldenbereinigungsplans ersatzlos **wegfallen**. Den betreffenden Gläubiger werden Sie allerdings davon überzeugen müssen, daß er dadurch nicht schlechter gestellt wird als er gestellt wäre, wenn der Plan scheitert und nach der Wohlverhaltensperiode Restschuldbefreiung erteilt wird. Das wird nicht immer leicht sein, weil – wie oben erwähnt – in diesem Fall gemäß § 301 Abs. 2 Satz 1 die Haftung des Bürgen fortbesteht. Man sollte deshalb überlegen, ob es möglich ist, eventuell mit Hilfe des Bürgen im Plan höhere Beträge oder eine schnellere Zahlungsweise anzubieten als dies aus dem eigenen

---

[71] Anders nach allgemeinem Zivilrecht, weil der Bürge wegen der allgemeinen Akzessorietät der Bürgschaftsschuld von der Hauptschuld die dem Hauptschuldner zustehenden Einwendungen – auch zur Höhe und zur Fälligkeit – gegenüber dem Gläubiger geltend machen kann, §§ 765, 768 BGB.

[72] § 744 BGB.

pfändbaren Einkommen möglich wäre. Mit anderen Worten: irgendwie sollte den Gläubigern die Annahme des Plans als die auch für sie bessere Alternative gegenüber dem gesetzlichen Restschuldbefreiungsverfahren in plausibler Weise dargestellt werden. Auch sollte im Formular an dieser Stelle erwähnt werden, daß im Falle der Ablehnung durch den gesicherten Gläubiger der Bürge seinerseits, sobald er in Anspruch genommen wird, einen Verbraucherinsolvenzantrag mit Restschuldbefreiung beantragen wird. Wenn die Zahlungsfähigkeit des Bürgen nicht hinreichend gesichert ist, wird dies möglicherweise ein Anlaß für das Kreditinstitut sein, sich mit dem Wegfall der Bürgenhaftung nach Erfüllung des Schuldenbereinigungsplans einverstanden zu erklären.[73]

Im nächsten Kasten des Formulars sind Vorschläge für den Fall von wesentlichen **Veränderungen der** persönlichen und wirtschaftlichen **Verhältnisse** der Schuldners während der Dauer der Planerfüllung zu machen.

Schuldenbereinigungsplan BT, aus Seite 3:

Ergänzende Regelungen für den Fall einer wesentlichen Veränderung meiner Vermögens-, Einkommens- oder Familienverhältnisse:

Die Frage steht vor dem Hintergrund der **lebensfremden gesetzlichen Regelung**, daß der von den Gläubigern angenommene und vom Insolvenzgericht bestätigte Schuldenbereinigungsplan nachträglich nicht mehr an veränderte Umstände angepaßt werden kann. Dies ergibt sich aus § 309 Abs. 1 Satz 2 Nr. 2. Danach kann das Insolvenzgericht Einwendungen eines Gläubigers gegen den Schuldenbereinigungsplan nicht durch seine Zustimmung ersetzen, wenn dieser Gläubiger durch den Plan wirtschaftlich schlechter gestellt wird, als er bei Durchführung des Verfahrens über die Anträge auf Eröffnung des Insolvenzverfahrens und Erteilung von Restschuldbefreiung stünde; hierbei ist im Zweifel zugrunde zu legen, daß die Einkommens-, Vermögens- und Familienverhältnisse des Schuldners zum Zeitpunkt des Antrags während der gesamten Dauer des Verfahrens maßgeblich bleiben.

Bedenkt man, daß allein die Wohlverhaltensperiode des Schuldners beim Scheitern des gerichtlichen Einigungsversuchs im Regelfall sie-

[73] Insbesondere nach der neueren Rechtsprechung des BGH zur Unwirksamkeit von Bürgschaftserklärungen von einkommensschwachen Personen bei deren krasser finanzieller Überforderung (NJW 1998, 894; NJW 1998, 597; NJW 1997, 3372; NJW 1997, 1980; NJW 1997, 1003).

ben, minimal aber fünf Jahre beträgt und bereits zuvor während des gerichtlichen Insolvenzverfahrens der pfändbare Lohnanteil an die Gläubiger fließt und deshalb die Laufzeit von Schuldenbereinigungsplänen in der Regel sechs bis acht Jahre betragen wird, so ist die Annahme realitätsfern, daß in diesen langen Jahren keine Veränderungen der persönlichen und damit auch wirtschaftlichen Verhältnisse des Schuldners eintreten werden. Schuldner, die einen Verbraucherinsolvenzantrag stellen, werden in der Regel keinen gesicherten Arbeitsplatz mit unverändertem Lohnanspruch für etliche Jahre haben. Arbeitsplatzverlust, Kurzarbeit, Krankheit, familiäre Veränderungen wie Heirat, Familienzuwachs oder Scheidung seien nur als Beispiele dafür aufgezählt, welche Ursachen für eine nachträgliche nicht konkret aber abstrakt vorhersehbare Verschlechterung der Vermögensverhältnisse des Schuldners auftreten können. Nach Erfahrungen der Schuldnerberater ist meist spätestens nach zwei Jahren mit auftretenden Problemen wegen solcher Veränderungen zu rechnen.[74]

Das Problem war im Gesetzgebungsverfahren nicht unentdeckt geblieben, wie sich aus einem SPD-Antrag zu einem weiteren Paragraphen ergibt. Danach war vorgesehen, daß der Schuldner die Abänderung des „Entschuldungsplanes" verlangen kann, wenn Umstände eintreten, die über die im Schuldenbereinigungsplan berücksichtigten veränderten Verhältnisse hinausgehen; andererseits sollte jeder Gläubiger die Abänderung des Schuldenbereinigungsplans verlangen können, wenn zugunsten der Gläubiger solche Umstände eintreten.

Dieser Antrag ist von der Bundestagsmehrheit der Regierungsfraktionen abgelehnt worden, um eine übermäßige Belastung der Gerichte durch Abänderungsanträge der Beteiligten zu vermeiden. Damit besteht in einer Vielzahl von Fällen die Gefahr, daß der von den Gläubigern angenommene und gerichtlich festgestellte Plan nachträglich scheitert, weil der Schuldner ihn wegen eingetretener wirtschaftlicher Veränderungen nicht mehr erfüllen kann. Der Schuldenbereinigungsplan hat gemäß § 308 Abs. 1 Satz 2 die **Wirkung eines Vergleichs** im Sinne des § 794 Abs. 1 Nr. 1 ZPO, ist also **vollstreckbar**, wenn die vereinbarten Raten nicht pünktlich und vollständig bezahlt werden. Viele Gläubiger werden darauf bestehen, daß im Schuldenbereinigungsplan eine Klausel enthalten ist, wie sie bei gerichtlichen Ratenzahlungsvergleichen üblich ist, wonach der gesamte Restbetrag der Forderung fällig wird, wenn der Schuldner mit einer Rate für einen bestimmten Zeitraum in Verzug gerät (sog. **Verfallklausel**). Damit ist das spätere **Scheitern** eines Großteils der Pläne **vorprogrammiert**, wenn nicht möglichst umfassende Anpassungsklauseln in ihn aufgenommen werden.

---

[74] Vgl. Kohte, ZIP 1994, 184, 186.

Schuldnerberatungsstellen sowie die übrigen in der vorgerichtlichen Beratung tätigen Personen und Stellen werden deshalb versuchen, in den Plan eine Generalklausel aufzunehmen, wonach der Schuldner eine Abänderung des Schuldenbereinigungsplans erreichen kann. Hierbei ist daran zu denken, daß zunächst generell festgelegt wird, daß dem Schuldner bei sich verändernden wirtschaftlichen Verhältnissen auf jeden Fall ein sich an § 850c ZPO orientierender Betrag verbleiben muß[75] und sich gegebenenfalls die Höhe der Raten entsprechend reduziert, ohne daß dadurch der Schuldner in Verzug gerät und der Vergleich vollstreckt werden könnte. Umgekehrt sollte, um den Plan auch insoweit für alle Beteiligten angemessen zu gestalten, auch eine Anpassung zugunsten der Gläubiger in den Fällen vorgesehen werden, die im oben zitierten Gesetzentwurf erwähnt sind. Schwierig ist allerdings, eine sachgerechte Regelung zu finden, wer im Streitfall darüber entscheiden soll, ob die Voraussetzungen für eine Anpassung des Schuldenbereinigungsplans gegeben sind oder nicht. Ein gerichtliches Verfahren zur Klärung dieser Frage ist in der InsO nicht vorgesehen.

Am Ende des Schuldenbereinigungsplans Besonderer Teil ist noch Platz dafür vorgesehen, einzelne vorgeschlagene Regelungen näher zu begründen oder zu erläutern:

Schuldenbereinigungsplan BT, aus Seite 3: **Begründung und Erläuterungen zur vorgeschlagenen Schuldenbereinigung**:

Anlage 6 A: *Chronologischer Zahlungsplan*

Als letzte vorgedruckte Anlage ist ein chronologischer Zahlungsplan vorgesehen. Dort sollen in tabellarischer Form für die gesamte Laufzeit des Plans alle Zahlungstermine aufgeführt werden mit Vermerken, welchem Gläubiger am jeweiligen Termin welcher Betrag zu überweisen ist, sowie die Höhe der jeweiligen Gesamtzahlungen des Schuldners im Monat. Die Vorlage dieses chronologischen Zahlungsplans ist, wie sich aus Seite 1 des Antragsformulars[76] ergibt, nicht zwingend vorgeschrieben, sondern dient nur der besseren Übersichtlichkeit und auch der Eigenkontrolle der monatlichen Belastungen durch die Planerfüllung.

e) Versicherung der Richtigkeit. Gem. § 305 Abs. 1 Nr. 3 hat der Schuldner

– dem Vermögensverzeichnis,

---

[75] Bzw. ein nach § 850f ZPO bemessener Betrag, wenn dieser höher liegt.

[76] Vgl. die Wiedergabe Seite 67 und Seite 148.

– dem Verzeichnis der Gläubiger und
– dem Verzeichnis der Forderungen

die Erklärung beizufügen, daß die Angaben richtig und vollständig sind. Das Antragsformular dreht diesen Wortlaut sozusagen ins Gegenteil um, indem es dem Antrag und der nach § 305 geforderten Erklärung die Verzeichnisse als Anlagen beigefügt, jedoch nicht den Verzeichnissen weitere Erklärungen über deren Richtigkeit und Vollständigkeit. Der Antragsvordruck enthält direkt oberhalb der Unterschrift des Schuldners die Versicherung, daß die in den beigefügten Anlagen enthaltenen Angaben und Erklärungen vollständig sind:

> *Aus dem Antrag (Seite 1)*:
>
> **IV. Versicherung (§ 305 Absatz 1 Nr. 3 InsO)**:
>
> Die Richtigkeit und Vollständigkeit der in den beigefügten Anlagen enthaltenen Angaben und Erklärungen versichere ich.
>
> Mir ist bekannt, daß mir die Restschuldbefreiung versagt werden kann, wenn ich vorsätzlich oder grob fahrlässig unrichtige oder unvollständige Angaben gemacht habe (§ 290 Abs. 1 Nr. 6 InsO).

Fehlen der Versicherung: Wenn der Schuldner die Richtigkeit und Vollständigkeit der Verzeichnisse nicht versichert, ist der Eröffnungsantrag unvollständig. In diesem Fall fordert ihn das Insolvenzgericht auf, die Erklärung zu ergänzen.[77] Kommt der Schuldner dieser Auffassung nicht binnen eines Monats nach, so gilt sein Antrag als zurückgenommen,[78] wird also nicht weiterbearbeitet.

Unrichtige Versicherung: Die gesetzlich vorgesehene Sanktion, wenn der Schuldner zwar die Erklärung abgibt, diese jedoch falsch ist, muß zwangsläufig eine andere sein, weil die Unrichtigkeit bzw. Unvollständigkeit sich oft erst im nachhinein feststellen läßt, während das Fehlen eines Teils der gesetzlich vorgeschriebenen Erklärungen sich von vornherein aus dem Antrag und seinen Anlagen ergibt, so daß in diesem Fall das Gericht sofort beanstanden kann. Die Sanktion bei unrichtigen oder unvollständigen Angabe besteht darin, daß Restschuldbefreiung nach einem Scheitern des Schuldenbereinigungsverfahrens abgelehnt werden kann.[79] Dies setzt in formeller Hinsicht den Antrag eines Insolvenzgläubigers voraus; in materieller Hinsicht muß festgestellt werden, daß die An-

[77] § 305 Abs. 3 Satz 1.

[78] § 305 Abs. 3 Satz 2.

[79] § 290 Abs. 1 Nr. 6; zur Versagung der Restschuldbefreiung vgl. auch Kapitel D.7.

gaben unrichtig oder unvollständig waren und daß der Schuldner vorsätzlich oder grob fahrlässig gehandelt hat. Der antragstellende Gläubiger muß nicht nur die Tatsache der Unrichtigkeit bzw. Unvollständigkeit mit seinem Antrag dem Gericht gegenüber darlegen und glaubhaft machen, sondern auch die Umstände, die für einen Vorsatz oder eine grobe Fahrlässigkeit des Schuldners sprechen. Von Amts wegen ohne einen entsprechenden Antrag eines Gläubigers wird dieser Grund für die Versagung der Restschuldbefreiung vom Gericht auch dann nicht geprüft, wenn sich die Gründe aus den Akten eindeutig ergeben.[80]

f) Der „Null-Plan". Ob der als Anlage beizufügende Schuldenbereinigungsplan bei einem mittellosen Schuldner vorsehen darf, daß die Gläubiger keinerlei Zahlungen erhalten sollen, oder ob ein solcher „Null-Plan"[81] unzulässig ist, wird in der Literatur kontrovers diskutiert. Zulässigkeitsvoraussetzung für einen Antrag auf Durchführung des Verbraucherinsolvenzverfahrens ist gemäß § 305 Abs. 1 Nr. 4 die Vorlage eines Plans, der alle Regelungen enthalten kann, die unter Berücksichtigung des Gläubigerinteressen zu einer angemessenen Schuldenbereinigung führen. Aus der Erwähnung der Gläubigerinteressen einerseits und der angemessenen Bereinigung der Schulden andererseits wird teilweise geschlossen, daß ein Plan ohne irgendeine Leistung zugunsten der Gläubiger unzulässig sei und damit auch ein Insolvenzantrag, dem ein solcher Plan beigefügt ist.[82] Für diese Auffassung wird weiter argumentiert, ohne Zurverfügungstellung gewisser Mindestbeträge sei ein Insolvenzverfahren überhaupt nicht durchzuführen. Die Restschuldbefreiung könne nach § 1 nicht als eigenständiges Ziel eines Insolvenzverfahrens ohne Rücksicht auf die Befriedigung der Gläubiger verfolgt werden. Ein Verfahren mit dem alleinigen Zweck, den Gläubigern ihre Rechte – unter Umständen auch gegen ihren Willen – zu entziehen, wäre mit Art. 14 GG unvereinbar. Der mittellose Schuldner sei Vollstreckungsversuchen seiner Gläubiger nicht schutzlos ausgesetzt.[83]

Die Gegenposition, die die Zulässigkeit von Null-Plänen bejaht, geht von der Privatautonomie[84] aus und verweist darauf, daß es einem Gläubiger freisteht, seinem Schuldner dessen Verbindlichkeiten zu erlassen.[85]

---

[80] § 290 Abs. 2.

[81] Der Begriff wird im Gesetz nicht verwendet, hat sich jedoch in der Diskussion des Problemkreises eingebürgert.

[82] Arnold DGVZ 1996, 129, 133 f.

[83] Arnold a. a. O. Seite 134.

[84] Zum Gesichtspunkt der Privatautonomie vgl. auch Häsemeyer RdNr. 29.25, sowie Schmidt-Räntsch MDR 1994, 323 f.

[85] Ausführlich: Heyer JZ 1996, 314; ders., Verbraucherinsolvenzverfahren und Restschuldbefreiung, Seite 19–21; Vallender ZIP 1996, 2058, 2061; Foth Die Justiz 1997, 41, 43.

Zusätzlich wird mit dem in § 1 Satz 2 aufgeführten Verfahrensziel der Restschuldbefreiung für redliche Schuldner argumentiert und damit, daß sich bei der Prüfung der Zulässigkeit des Antrags die Frage noch gar nicht stellt, ob im Falle einer Ablehnung des Plans durch einzelne Gläubiger das Insolvenzgericht deren fehlende Zustimmung gemäß § 309 ersetzen kann. Außerdem sprechen sozialpolitische Gründe für diese Auffassung, damit nicht die Ärmsten der Armen von der Restschuldbefreiung ausgeschlossen werden. Wer einen „Null-Plan" für unzulässig hält, wird die bisher – soweit ersichtlich – unbeantwortet gebliebene Frage schlüssig klären müssen, ab welchem Prozentsatz bzw. Geldbetrag ein Schuldenbereinigungsplan zulässig wird: ab 1 Pfennig oder 1 DM pro Monat, ab 1 % Quote? Gesetzestext und Gesetzesmaterialien geben hierzu nichts her.[86]

Bis diese Frage durch die Rechtsprechung geklärt ist, wird eine nicht unerhebliche Zeit mit einer großen Unsicherheit auch bei denjenigen Personen und Stellen, die gemäß § 305 Abs. 1 Nr. 1 die Pläne für die Schuldner ausarbeiten, unvermeidlich sein. Es ist mit divergierenden Entscheidungen der Insolvenzgerichte zu rechnen. Vallender weist mit Recht darauf hin, daß mit einer erheblichen Zunahme von Anträgen auf **Prozeßkostenhilfe** zu rechnen ist, wenn sich die Zulässigkeit des „Null-Plans" durchsetzen sollte.[87]

Hat ein Schuldner wegen Arbeitslosigkeit im Zeitpunkt der Ausarbeitung des außergerichtlichen und dann des gerichtlichen Schuldenbereinigungsplans kein pfändbares Einkommen, ist es aber immerhin denkbar, daß er wieder einen Arbeitsplatz finden wird, so erscheint es sinnvoll, einen **flexiblen** Null-Plan[88] auszuarbeiten, der sich an die Gesetzeslage des Restschuldbefreiungsverfahrens nach gescheiterter Schuldenbereinigung anlehnt: Den Gläubigern wird für sieben bzw. fünf Jahre zuzüglich einem zusätzlichem Jahr[89] der pfändbare Einkommensteil im Plan angeboten.[90] Wegen der damit gegebenen Möglichkeit von Zahlungen wird die Verneinung der Zulässigkeit kaum zu begründen sein. Auch eine Ersetzung der Zustimmung einzelner ablehnender Gläubiger nach § 309 erscheint möglich, da bei einer solchen Konstruktion die Gläubiger gleichmäßig beteiligt werden und auch nicht wirtschaftlich schlechter gestellt sind als bei Durchführung des Verfahrens.

---

[86] Zur Restschuldbefreiung und Masselosigkeit vgl. auch Pape Rpfleger 1997, 237.

[87] Vallender ZIP 1996, 2061.

[88] Zutreffend Bindemann, Verbraucherkonkurs, RdNr. 6.

[89] Zum Ausgleich der Zeitspanne, die das vereinfachte Verbraucherinsolvenzverfahren in Anspruch nehmen mag.

[90] Abzüglich der Teilbeträge, die der Treuhänder im Restschuldbefreiungsverfahren gemäß § 292 Abs. 1 an den Schuldner wieder abführen muß.

3. Gerichtliches Schuldenbereinigungsverfahren

Mit dem Antrag auf Durchführung des Verbraucherinsolvenzverfahrens wird zunächst das gerichtliche Schuldenbereinigungsverfahren eingeleitet. Das dreistufige Konzept der InsO sieht für Anträge von Verbrauchern vor, daß das gerichtliche Insolvenzverfahren nur dann durchzuführen ist, wenn der im vorangegangenen Kapitel näher erläuterte Schuldenbereinigungsplan scheitert. Vorrang hat die Einigung mit den Gläubigern; darauf zielt das gerichtliche Schuldenbereinigungsverfahren ab.

a) Fehlende Unterlagen. Reicht ein Schuldner einen Verbraucherinsolvenzverfahren mit dem lapidaren Hinweis ein, er sei zahlungsunfähig, habe seine Zahlungen eingestellt und beantrage daher die Eröffnung des Insolvenzverfahrens, so ist dieser Antrag im Gegensatz zur früheren Rechtslage nach der Konkursordnung **unzulässig**. Das Insolvenzgericht ist nicht gehalten, für den Schuldner die oben ausführlich dargestellten Voraussetzungen für eine Verfahrensdurchführung zu schaffen. Zwar gilt der Amtsermittlungsgrundsatz.[91] Dieser hatte zu erheblichen Belastungen der Konkursgerichte geführt. Nach § 305 Abs. 3 stellt das Insolvenzgericht fest, welche der im vorangegangenen Kapitel ausführlich dargestellten Erklärungen und Unterlagen fehlen, und fordert den Schuldner auf, das Fehlende unverzüglich zu ergänzen. Kommt der Schuldner dieser Aufforderung nicht nach, riskiert er zwar nicht die zwangsweise Vorführung oder gar Verhaftung, jedoch sieht die InsO hierfür eine wesentlich elegantere Sanktion vor: Nach einem Monat gilt sein Antrag als zurückgenommen. Das Insolvenzgericht wird keinerlei weitere Aktivitäten unternehmen, außer dem Schuldner eine Kostenrechnung zu übersenden. Auf diese Weise werden unvorbereitet gestellte Insolvenzanträge bei den Gerichten mit geringstmöglichem Aufwand bearbeitet. Ein erheblicher Schaden entsteht dem Schuldner dadurch nicht, da es ihm freisteht, erneut einen Antrag zu stellen, wenn er die formalen Voraussetzungen geschaffen hat. Eine Sperrfrist für einen neuen Antrag sieht das Gesetz nicht vor.

b) Gerichtskosten für den Antrag. Mit dem Insolvenzantrag werden Gerichtskosten fällig, nämlich **eine halbe Gerichtsgebühr** gemäß Nr. 1400 des Kostenverzeichnisses Anlage 1 zum Gerichtskostengesetz.[92] Kostenschuldner ist gemäß § 50 GKG der Antragsteller, auch bezüglich der entstandenen Auslagen des Gerichts wie z. B. der im Einzelfall recht erheblichen Zustellkosten. Dies gilt auch dann, wenn der Antrag gemäß § 305 Abs. 3 Satz 2 als zurückgenommen gilt.

---

[91] § 5 Abs. 1 InsO; früher: § 75 KO.

[92] Änderungen des GKG gemäß Art. 29 EGInsO.

Die Höhe der Gerichtsgebühren richtet sich gemäß § 37 GKG nach dem Wert der Insolvenzmasse zur Zeit der Beendigung des Verfahrens. Da die Insolvenzmasse zum Zeitpunkt der Antragstellung nicht bekannt ist, muß das Gericht eine Schätzung anhand der vorgelegten Unterlagen vornehmen. Hat der Schuldner entsprechend seiner gesetzlichen Verpflichtung einen Insolvenzplan vorgelegt, kann die Höhe der angekündigten Zahlungen ein Anhaltspunkt hierfür sein. Allerdings ist es möglich, daß der Insolvenzplan Zahlungen aus unpfändbarem Einkommen bzw. Vermögen wie zum Beispiel aus dem Vermögen eines Angehörigen vorsieht, um den Gläubigern einen Anreiz zu bieten, dem Plan zuzustimmen. Hierauf wird der Schuldner in seinem Schuldenbereinigungsplan ausdrücklich hinweisen, und zwar sinnvollerweise im letzten Kasten auf Seite 3 des Besonderen Teils „Begründung und Erläuterungen zur vorgeschlagenen Schuldenbereinigung".[93] Zahlungen aus Fremdmitteln erhöhen den Wert der Insolvenzmasse nicht, da diese in § 35 definiert wird als das gesamte Vermögen, das dem Schuldner zur Zeit der Eröffnung des Verfahrens gehört und das er während des Verfahrens erlangt, und da Zahlungen an Gläubiger aus Fremdmitteln vom Schuldner nicht erlangt werden. Ebenso gehören unpfändbare Gegenstände – auch der unpfändbare Anteil am erzielten Einkommen des Schuldners – nicht zur Insolvenzmasse.[94]

Gemäß § 11 Abs. 2 GKG in Verbindung mit Anlage 2 hierzu ergibt sich der zu zahlende Betrag einer halben Gebühr für Insolvenzmassen bis 100.000 DM wie folgt (alle Beträge in DM):

Insolvenzmasse bis	**1/2 Gebühr**	**Insolvenzmasse bis**	**1/2 Gebühr**
600	25,00	16.000	162,50
1.200	35,00	18.000	177,50
1.800	45,00	20.000	192,50
2.400	55,00	25.000	215,00
3.000	65,00	30.000	237,50
4.000	72,50	35.000	260,00
5.000	80,00	40.000	282,50
6.000	87,50	45.000	305,00
7.000	95,00	50.000	327,50
8.000	102,50	60.000	357,50
9.000	110,00	70.000	387,50
10.000	117,50	80.000	417,50
12.000	132,50	90.000	447,50
14.000	147,50	100.000	477,50

[93] Vgl. Seite 85 und Seite 178.

[94] § 36 Abs. 1.

Beispiel: Verfügt der Schuldner über einen unpfändbaren Lohnanteil von monatlich 200 DM, so ist bei einer Laufzeit der Wohlverhaltensperiode und des Schuldenbereinigungsplans von 60 Monaten von einer geschätzten Masse in Höhe von 12.000 DM auszugehen, so daß die sofort fälligen Gerichtskosten ohne Auslagen 132,50 DM betragen. Möglicherweise werden die Insolvenzgerichte etwa zwölf weitere Monatsbeträge hinzurechnen, weil davon auszugehen ist, daß nach einer Ablehnung des gerichtlichen Schuldenbereinigungsplans das sich anschließende vereinfachte Verbraucherinsolvenzverfahren mindestens so lange dauern wird und dieser Zeitraum zur gesetzlich vorgeschriebenen Dauer der Wohlverhaltensperiode von 60 bzw. 72 Monaten hinzukommt.

Zur Frage einer Prozeßkostenhilfe bzw. Insolvenzkostenhilfe für das Verbraucherinsolvenzverfahren vgl. weiter unten Kapitel C.1.b). Im Zeitpunkt des Antragseingangs besteht in aller Regel kein Entscheidungsbedarf für das Insolvenzgericht, wenn ein Schuldner Prozeßkostenhilfe beantragt, weil zwar eine halbe Gebühr fällig ist, aber weder die InsO noch das GKG eine Vorschußpflicht bezüglich dieser Gebühr vorsieht, so daß das gerichtliche Schuldenbereinigungsverfahren auch ohne Einzahlung der Gebühr durchgeführt werden kann (vgl. §§ 61, 65 GKG). Die Prüfung der Eröffnungsvoraussetzungen durch das Insolvenzgericht erfolgt daher, worauf Bork (ZIP 1998, 1209, 1215) mit Recht hinweist, unabhängig davon, ob der Schuldner zur Deckung der Gerichtskosten in der Lage ist.

c) Ruhen des Verfahrens. Über den Antrag auf Eröffnung des Verbraucherinsolvenzverfahrens wird erst entschieden, wenn feststeht, daß der eingereichte Schuldenbereinigungsplan endgültig gescheitert ist. Das Insolvenzverfahren erübrigt sich, wenn der Plan zustande kommt, weil dieser wie ein gerichtlicher Vergleich wirkt und das Verfahren beendet. Gemäß § 308 Abs. 2 gelten in diesem Fall die Anträge auf Eröffnung des Insolvenzverfahrens und auf Erteilung von Restschuldbefreiung als zurückgenommen. Gesetzestechnisch wird der Vorrang des gerichtlichen Schuldenbereinigungsverfahrens dadurch bewirkt, daß der Antrag auf Eröffnung des Insolvenzverfahrens bis zur Entscheidung über den Plan ruht.[95]

Die Dauer des Ruhens soll eng begrenzt bleiben. § 306 Abs. 1 Satz 2 sieht deshalb in einer Sollvorschrift eine Dauer von nicht mehr als drei Monaten vor, allerdings ohne gesetzliche Sanktion bei Überschreitung der Frist. Angesichts der zu erwartenden Überlastung vieler Insolvenzgerichte ist anzunehmen, daß die Frist häufig überschritten wird, schon allein weil die vom Schuldner in Anlage 5 (Gläubiger- und Forderungs-

[95] § 306 Abs. 1 Satz 1.

verzeichnis)[96] angegebenen Gläubiger nicht zeitgerecht angeschrieben und über den Inhalt des vom Schuldner vorgeschlagenen Schuldenbereinigungsplans informiert werden können.

d) Sicherungsmaßnahmen des Gerichts. Obwohl der Antrag auf Eröffnung des Insolvenzverfahrens zunächst ruht, kann das Gericht gemäß § 306 Abs. 2 diejenigen vorläufigen Sicherungsmaßnahmen ergreifen, die im laufenden Insolvenzeröffnungsverfahren gemäß § 21 zur Vermeidung für die Gläubiger nachteiliger Veränderungen in der Vermögenslage des Schuldners möglich sind. Im einzelnen sind dies:
- die Bestellung eines vorläufigen **Treuhänders**,[97]
- die Verhängung eines allgemeinen **Verfügungsverbots**,
- die Untersagung oder **einstweilige Einstellung** von Maßnahmen der Zwangsvollstreckung gegen die Schuldner, soweit nicht unbewegliche Gegenstände[98] betroffen sind.

Die Bestellung eines **vorläufigen Verwalters** (Treuhänders) dürfte im Verbraucherinsolvenzverfahren voraussichtlich keine wesentliche Rolle spielen, sondern ist auf Unternehmensinsolvenzen zugeschnitten. Im Falle einer gleichzeitigen Verhängung eines Veräußerungsverbots muß der Verwalter gemäß § 22 das Vermögen des Schuldner sichern und übernimmt hierzu sofort die Verwaltungs- und Verfügungsbefugnis über dessen Vermögen. Dies ist in aller Regel bei einem Schuldenbereinigungsplan nicht angezeigt und kommt im Verbraucherinsolvenzverfahren deshalb regelmäßig erst in Betracht, wenn der Plan endgültig gescheitert ist. Bestellt das Gericht einen vorläufigen Treuhänder, ohne zugleich ein allgemeines Verfügungsverbot zu verhängen, so ist dessen Rechtsstellung gesetzlich nicht festgelegt, weil eine dem § 22 entsprechende Regelung in der InsO fehlt; in diesem Fall gehört es zu den Amtspflichten des Insolvenzgerichts, die Aufgaben des vorläufigen Treuhänders im einzelnen durch Beschluß festzulegen.

Die Verhängung eines **allgemeinen Verfügungsverbots** wird dagegen oft sinnvoll sein und im wohlverstandenen Interesse des Schuldners liegen. Denn sie kann verhindern, daß einzelne Gläubiger während des Ruhens des Verfahrens **Lohnpfändungen** oder bei Kleingewerbetreibenden Pfändungen des Geschäftskontos vornehmen.

Hat der Schuldner wertvolle pfändbare Gegenstände in seinem Eigentum, die von einzelnen Gläubigern bereits gepfändet sind, kann die

---

[96] Vgl. hierzu im einzelnen Seite 77 und Seite 175.

[97] Dieser ersetzt im Verbraucherinsolvenzverfahren den in § 21 erwähnten Insolvenzverwalter.

[98] Grundstücke, auf die nach § 1 ZVG das Zwangsversteigerungsgesetz anwendbar ist.

Versteigerung durch die einstweilige Einstellung der Zwangsvollstreckung vorläufig verhindert werden.

Zwangsversteigerung von Grundvermögen: § 21 nimmt Eigentum an Immobilien ausdrücklich von der Ermächtigung zur Einstellung der Zwangsvollstreckung aus. Die Verhängung eines allgemeinen Verfügungsverbots durch das Insolvenzgericht wirkt sich nach dem durch das Zwangsversteigerungs-Änderungsgesetz vom 18.2. 1998 neu eingeführten § 28 Abs.2 ZVG auf die Möglichkeit aus, die Zwangsvollstreckung durch Beschluß des Vollstreckungsgerichts einzustellen, vgl. hierzu näher unten Kapitel C.6.

e) Anhörung der Gläubiger. Liegt der Antrag des Schuldners mit den gesetzlich vorgeschriebenen Anlagen vor, stellt das Insolvenzgericht nach § 307 Abs.1 den Gläubigern das Vermögensverzeichnis (Anlage 4[99] mit Ergänzungsblättern), das Gläubiger- und das Forderungsverzeichnis (zusammengefaßt als Anlage 5[100]) sowie den Schuldenbereinigungsplan[101] zu. Zugleich fordert es die Gläubiger auf, binnen einer Notfrist von einem Monat

- zu den Verzeichnissen und
- zu dem Schuldenbereinigungsplan

Stellung zu nehmen. Für den Begriff der Notfrist gelten über § 4 die Vorschriften der ZPO, insbesondere die Möglichkeit, gemäß § 233 ZPO bei unverschuldeter Fristversäumung **Wiedereinsetzung** in den vorigen Stand zu beantragen. Dies ist von besonderer Wichtigkeit, weil der Gläubiger innerhalb der Monatsfrist nicht nur seine Zustimmung oder Ablehnung zum eingereichten Plan erklären soll, sondern vor allem auch die Richtigkeit der vom Schuldner vorgelegten Forderungsaufstellung zu überprüfen und Fehler dem Gericht mitzuteilen hat. Das Wiedereinsetzungsgesuch ist gemäß § 234 ZPO binnen zwei Wochen zu stellen, gerechnet ab dem Datum der Behebung des Hindernisses; zugleich ist, was häufig übersehen wird, gemäß § 236 Abs.2 Satz 2 die versäumte Handlung nachzuholen, also die geforderte Stellungnahme abzugeben. Nur Wiedereinsetzung zu beantragen und auf eine Entscheidung zu warten ist also verfehlt. Das Wiedereinsetzungsgesuch ist mangels Nachholung der versäumten Prozeßhandlung vom Gericht zurückzuweisen.

Ein Gläubiger, dem die Unterlagen zugestellt worden sind und der binnen der Monatsfrist keine Einwendungen gegen die Richtigkeit des Forderungsverzeichnisses erhebt, erleidet gemäß § 308 Abs.3 Satz 2 erhebliche Rechtsverluste: Seine im Forderungsverzeichnis nicht ver-

---

[99] Vgl. Seite 24.

[100] Vgl. Seite 26.

[101] Anlage 6 – Schuldenbereinigungsplan AT und aus dem BT den Teil, der den jeweiligen Gläubiger betrifft; vgl. hierzu im einzelnen Seite 78 und Seite 176 ff.

merkten **Ansprüche erlöschen**. Dies bezieht sich sogar auf Forderungen, die erst zwischen Einreichung des Forderungsverzeichnisses und dem Ablauf der Frist entstanden waren. Geht innerhalb der Monatsfrist keine Stellungnahme des Gläubigers zum Schuldenbereinigungsplan ein, so gilt sein **Schweigen** gemäß § 307 Abs. 2 Satz 1 als **Einverständnis** mit dem Plan.

Wegen dieser in doppelter Hinsicht besonders einschneidenden Bedeutung der Monatsfrist muß das Insolvenzgericht den Gläubiger hierüber bei der Zustellung informieren. Für die Belehrung über die Rechtsfolgen seines Schweigens verwenden die Gerichte je nach technischer Ausstattung Formulare bzw. EDV-Textbausteine.

Hat es der Schuldner aus welchen Gründen auch immer versäumt, einen Gläubiger in das Verzeichnis und den Schuldenbereinigungsplan aufzunehmen, so erfährt dieser Gläubiger allenfalls durch Zufall irgendwann vom eingeleiteten Verbraucherinsolvenzverfahren. Kann er sich am Schuldenbereinigungsverfahren nicht mehr beteiligen, nimmt er mit seiner Forderung nicht am Planverfahren teil. Die Folge ist, daß dieser Gläubiger nach Wirksamwerden des Plans seine volle Forderung ungekürzt gegen die Schuldner geltend machen kann,[102] also nicht nur mit der für die Forderungen der anderen Gläubiger geltenden Quote. Diese gesetzliche Sanktion wird faktisch einen starken Druck auf Schuldner ausüben, keinen Gläubiger bei seiner Aufstellung zu „vergessen“. Scheitert der Plan und wird das Verfahren bis zum Ablauf der Wohlverhaltensperiode durchgeführt, so tritt die Restschuldbefreiung auch bezüglich der Ansprüche derjenigen Gläubiger ein, die am Verfahren nicht beteiligt waren, vgl. § 301 Abs. 1 und unten Kap. D.6.

f) Nachbesserungen durch den Schuldner. Erheben Gläubiger innerhalb der Monatsfrist **Einwendungen** gegen den Schuldenbereinigungsplan, ist dem Schuldner gemäß § 307 Abs. 3 Gelegenheit zu geben, den Plan binnen einer vom Gericht zu bestimmenden Frist zu ändern oder zu ergänzen, wenn dies aufgrund der Stellungnahme eines Gläubigers erforderlich oder zur Förderung einer einverständlichen Schuldenbereinigung sinnvoll erscheint. Das Insolvenzgericht ist also nicht verpflichtet, in jedem Fall den Schuldner über Einwendungen zu informieren und ihm Gelegenheit zur Nachbesserung seines Schuldenbereinigungsplans zu geben, sondern hat einen **Ermessensspielraum** für die weitere Verfahrensweise. Diesen wird es dahin ausschöpfen, daß es zunächst anhand der Zahl der Einwendungen erhebenden Gläubiger und deren Forderungshöhe einerseits und dem Gewicht der gegen den Plan vorgebrachten Argumente andererseits abwägt, ob eine schriftliche Nachbesserungs-Auf-

---

[102] § 308 Abs. 3 Satz 1.

forderung an den Schuldner sinnvoll erscheint. Die dem Schuldner eingeräumte Frist für die Nachbesserung wird nach Ermessen bestimmt.

g) Erörterungstermin. Gesetzlich nicht vorgeschrieben, aber oft sinnvoll wird es sein, einen **Erörterungstermin** beim **Insolvenzrichter**[103] zu bestimmen, um in Anwesenheit der Beteiligten eine Einigung zu versuchen. Denn die Erfahrung aus zahllosen Zivilprozessen zeigt, daß durch den Eindruck einer mündlichen Verhandlung vor dem zuständigen Gericht häufig zuvor mißlungene Einigungsversuche doch noch zu einem zunächst unerwarteten einvernehmlichen Ende führen. Das im Gesetz vorgesehene schriftliche Verfahren des womöglich mehrfachen Übersendens immer wieder abgeänderter Pläne mit der damit verbundenen Aufforderung, hierzu Stellung zu nehmen, ist sicherlich völlig ungeeignet, eine Einigung zwischen dem Schuldner und seinen Gläubigern in schwierigen Fällen herbeizuführen. Die InsO hat allerdings gegenüber der ZPO die Schwäche, daß es keine Sanktion vorsieht, wenn ein Gläubiger zum Verhandlungstermin nicht erscheint sondern seine Einwendungen nur schriftlich geltend macht. Das Fernbleiben eines Gläubigers im Termin kann weder als Zustimmung zu einem abgeänderten Plan noch als seine Ablehnung gewertet werden. Ändert der Schuldner den Plan, muß dieser den im Termin nicht anwesenden Gläubigern erneut zugestellt werden mit der Aufforderung, sich hierzu binnen einer erneuten Notfrist von einem Monat zu äußern.[104]

Ob die Insolvenzrichter von der Möglichkeit, über den Schuldenbereinigungsplan mündlich mit den Gläubigern zu verhandeln, in erheblichem Umfang Gebrauch machen werden, muß die praktische Entwicklung zeigen. Es werden sich aller Wahrscheinlichkeit nach erhebliche regionale Unterschiede in der praktischen Handhabung durch die Gerichte ergeben. Dies hat im wesentlichen auch mit dem Geschäftsverteilungsplan des jeweiligen Insolvenzgerichts zu tun: Je mehr Zeit der Insolvenzrichter pro von ihm zu bearbeitendem Verbraucherinsolvenzantrag zur Verfügung hat, um so eher wird er dazu neigen, einen – notwendigerweise relativ zeitaufwendigen – Termin anzusetzen. Hat er die Zeit nicht,[105] so wird er häufiger geneigt sein, schnellstmöglich schriftlich zu entscheiden und entweder die Zustimmung widersprechender Gläubiger zu ersetzen oder das Verfahren zu eröffnen. Ab der Verfahrenseröffnung ist nicht mehr der Richter son-

---

[103] Für das Verfahren über den Schuldenbereinigungsplan nach §§ 305 – 310 ist der Richter gemäß § 18 Abs. 1 Nr. 1 RPflG zuständig.

[104] § 307 Abs. 3 Satz 3, Abs. 1 Satz 1.

[105] Womit zu rechnen ist, wenn beim jeweiligen Insolvenzgericht keine zusätzlichen Richterstellen geschaffen worden sind, um die zusätzliche Belastung durch die InsO aufzufangen.

dern der Rechtspfleger für die weiteren Verfahrensabschnitte zuständig.[106] Viel wird also davon abhängen, wie sich die Arbeitsbelastung der im jeweiligen Gericht faktisch zur Verfügung stehenden Richter- und Rechtspflegerstellen zueinander verhält und wie die gerichtsinterne Zusammenarbeit funktioniert.

h) Zustimmung der Gläubiger. Die **Annahme** des ursprünglichen oder eines geänderten Schuldenbereinigungsplans setzt die Zustimmung der Gläubiger voraus. Diese kann erteilt werden

- durch ausdrückliche Erklärung, daß dem Vorschlag zugestimmt wird,
- gemäß § 307 Abs. 2 Satz 1 durch Nichtbeantwortung der gerichtlichen Aufforderung, binnen eines Monats zum Schuldenbereinigungsplan Stellung zu nehmen; der Gesetzeswortlaut spricht hier entgegen §§ 308 und 309 vom Einverständnis statt von einer Zustimmung, ohne daß jedoch ein sachlicher Unterschied darin zu erkennen ist.

Erhebt kein Gläubiger Einwendungen gegen den Schuldenbereinigungsplan, so gilt dieser gemäß § 308 Abs. 1 als angenommen. Die Gesetzeskonstruktion geht davon aus, daß der Schuldner das Angebot zum Abschluß einer Vereinbarung macht, das die Gläubiger ausdrücklich oder konkludent durch Schweigen annehmen. Der angenommene Plan hat die **Wirkung eines Vergleichs** nach § 794 Abs. 1 Nr. 1 ZPO, ist also bei Nichteinhaltung des in ihm enthaltenen Zahlungsplans ein Vollstreckungstitel. Die Wirksamkeit hängt nicht von einer gerichtlichen Bestätigung ab, weil Schuldner und Gläubiger im Rahmen ihrer Privatautonomie handeln und frei sind, ob und gegebenenfalls mit welchem Inhalt sie sich über die gegenseitigen Rechte und Pflichten einigen. Vorgesehen ist deshalb nur ein der Klarstellung dienender deklaratorischer Beschluß des Insolvenzgerichts, der feststellt, daß der Plan angenommen ist.[107]

i) Rechtsbehelfe. Ein **Rechtsmittel** gegen diesen Beschluß ist nicht vorgesehen. Die InsO enthält an dieser Stelle eine Regelungslücke, weil es kein Verfahren für den nicht nur theoretisch denkbaren Fall eines

---

[106] Vgl. § 18 Abs. 1 RPflG; der Richter ist allerdings für die streitigen Entscheidungen zur Restschuldbefreiung zuständig. Inwieweit die bei den Insolvenzgerichten tätigen Rechtspfleger in der Lage sein werden, die Arbeitsbelastung durch die Verbraucherinsolvenzverfahren zu bewältigen, ist eine der ungeklärten Fragen. Einige Länder haben zusätzliche Stellen – wenn auch nicht im wünschenswerten Umfang – vorgesehen. Eine Entlastung der Rechtspfleger der Zwangsvollstreckungsabteilungen der Amtsgerichte tritt allerdings ab 1. 1. 1999 dadurch ein, daß die Gerichtsvollzieher gemäß § 899 ZPO in der Neufassung der Zweiten Zwangsvollstreckungsnovelle vom 17. Dez. 1997 (BGBl. I 3039) für die Abnahme der eidesstattlichen Versicherungen der Schuldner ab dem Zeitpunkt des Inkrafttretens der InsO zuständig werden.

[107] § 308 Abs. 1 Satz 1 Halbsatz 2.

Streits darüber vorsieht, ob tatsächlich die Zustimmung aller Gläubiger vorliegt. Man denke beispielsweise an die Situation, daß ein Brief eines Gläubigers an das Insolvenzgericht mit Ausführungen zum eingereichten Plan vom Richter als Zustimmung interpretiert wird, während der Gläubiger den Brief als Ablehnung verstanden wissen will. Wer die Praxis in Mahngerichten beobachtet mit den dort trotz scheinbar einfach gelagerter Verfahrenssituation häufig auftretenden Zweifelsfragen, ob ein vom Antragsgegner eingehendes Schriftstück als Widerspruch gegen den Mahnbescheid aufzufassen ist oder nicht, wird sich leicht vorstellen können, daß ein Richter einen Brief eines Gläubigers, in dem dieser auf den Schuldner „schimpft", nur als Unmutsäußerung ansieht und nicht als Ablehnung des vorgeschlagenen Schuldenbereinigungsplans. Auch ist denkbar, daß ein Gläubiger nachträglich den rechtzeitigen Eingang seines ablehnenden Schreibens bei Gericht behauptet, während der gerichtliche Eingangsstempel ein späteres Datum aufweist oder so schlecht lesbar ist, daß Zweifel bestehen mögen. In diesem Fällen helfen die Regeln über die Wiedereinsetzung in den vorigen Stand nach § 233 ZPO gegen die Versäumung der Notfrist des § 307 Abs. 1 S. 1 nicht, weil die Rechtzeitigkeit behauptet wird und nicht ein Wiedereinsetzungsgrund. Da das Insolvenzgericht mit dem deklaratorischen Beschluß über die Annahme des Plans das Verfahren als abgeschlossen behandelt, sollte es für den einzelnen Beteiligten eine Möglichkeit geben, auf dem Rechtsweg die Fortsetzung des Verfahrens zur Klärung der inhaltlichen Richtigkeit des Beschlusses zu erreichen. Da § 308 kein Rechtsmittel gegen den feststellenden Beschluß vorsieht, ist eine sofortige Beschwerde gemäß § 6 Abs. 1 ausgeschlossen. Die Rechtsprechung wird die Frage klären müssen, ob im Einzelfall außerordentliche Rechtsbehelfe gegen den Beschluß zulässig sind. Die Möglichkeit zu eröffnen, entgegen dem Wortlaut des Gesetzes eine sofortige Beschwerde zuzulassen, kann jedoch nicht bejaht werden. Vielmehr ist es Sache des Gesetzgebers zu regeln, in welchem Umfang vom Bürger gerichtlicher Rechtsschutz über eine oder mehrere Instanzen in Anspruch genommen werden kann. Die Einschränkung der Rechtsmittelmöglichkeiten gemäß § 6 Abs. 1 entspricht dem Grundgedanken des § 567 Abs. 1 ZPO, wonach das Rechtsmittel der Beschwerde nur in den im Gesetz „besonders hervorgehobenen Fällen" und im Falle der Zurückweisung eines das Verfahren betreffenden Gesuchs statthaft ist. Neuere gesetzliche Entwicklungen haben diese rechtsmittelbeschränkende Tendenz verstärkt.[108]

In Betracht kommt deshalb wohl allein die **Gegenvorstellung**, und zwar insbesondere in den Fällen, in denen das Gericht ersichtlich einen

---

[108] Vgl. § 568 Abs. 2 Satz 1 ZPO in der Fassung des Rechtspflege-Vereinfachungsgesetzes vom 17. 12. 1990.

Fehler begangen, z.B. ein Schriftstück übersehen hat. In solchen Fällen der Verletzung des rechtlichen Gehörs kann das Gericht verpflichtet sein, seine formell unanfechtbare Entscheidung auf Gegenvorstellungen hin zu überprüfen (BGH NJW 1995, 2497), auch im Insolvenzverfahren (BGH ZIP 1998, 515). Das rechtliche Hilfsmittel der Dienstaufsichtsbeschwerde kann nicht sinnvoll sein, weil richterliche Entscheidungen über Rechtsfragen im Wege der Dienstaufsicht nicht überprüfbar sind. Auch dürfte in aller Regel nicht in Betracht kommen, eine außerordentliche Beschwerde gegen den feststellenden Beschluß wegen „greifbarer Gesetzwidrigkeit" zuzulassen. Der BGH hat ein derartiges außergesetzliches Beschwerderecht wiederholt beschränkt auf krasse Ausnahmefälle einer Entscheidung, wenn sie mit der geltenden Rechtsordnung schlechthin unvereinbar ist, weil sie jeder Grundlage entbehrt und inhaltlich dem Gesetz fremd ist. Dazu genügt eine Auslegung nicht, die von der überwiegenden neueren veröffentlichten Rechtsprechung der Oberlandesgericht abweicht, jedenfalls solange deren Auffassung noch als umstritten gelten kann.[109] Solche krassen Fälle dürften beim deklaratorischen Beschluß gemäß § 308 Abs. 1 Satz 1 jedoch kaum praktisch werden.

j) Ablehnung durch einzelne Gläubiger. Während nach § 244 im Regelinsolvenzverfahren der Grundsatz der Gläubigermehrheit zur Annahme des Insolvenzplans gilt, geht § 308 Abs. 1 beim Verbraucherinsolvenzverfahren vom **Einstimmigkeitsprinzip** aus: Der Plan gilt als angenommen, wenn kein Gläubiger Einwendungen erhebt. Umgekehrt bedeutet dies zwangsläufig, daß der Plan zunächst scheitert, wenn ihn auch nur ein einziger Gläubiger mit noch so geringer Forderung ablehnt. Indirekt hat der Gesetzgeber jedoch wieder eine Mehrheitsentscheidung eingeführt. Allerdings muß das Insolvenzgericht mit der Gläubigermehrheit für den Plan votieren. Lehnt eine Mehrheit der Gläubiger nach Köpfen oder nach der Summe der Ansprüche den Plan ab, ist der Plan gescheitert. Faktisch bedeutet dies, daß oft die ablehnende Haltung des Kreditinstituts als Hauptgläubigerin den Ausschlag für ein Scheitern des Schuldenbereinigungsplans geben kann.

k) Zustimmungsersetzung durch das Gericht. Damit verhindert werden kann, daß der Schuldenbereinigungsplan an der obstruktiven Verweigerung der Zustimmung durch einzelne Gläubiger scheitert,[110] sieht § 309 eine Zustimmungsersetzung durch das Gericht vor, die ihrerseits eine **doppelte Mehrheit** der **zustimmenden** Gläubiger voraussetzt, näm-

---

[109] Zuletzt BGH, Beschl. v. 16.3. 1998 – II ZB 19/97, ZIP 1998, 792 zur Ablehnung der Prozeßkostenhilfe für Konkursverwalter bei Beteiligung des Fiskus; BGH NJW 1997, 3318.

[110] So Absatz 1 der amtlichen Begründung zu § 309.

lich einerseits nach Köpfen und andererseits nach Forderungssummen gerechnet. Inhaltliche Voraussetzung der Zustimmungsersetzung ist gemäß § 309 Abs. 1 Satz 2 zunächst, daß die Gläubiger, die Einwendungen erhoben haben, im Verhältnis zu den übrigen Gläubigern angemessen beteiligt werden. Außerdem dürfen diese Gläubiger wirtschaftlich nicht schlechter gestellt werden, als sie bei Durchführung des Verfahrens über die Anträge auf Eröffnung des Insolvenzverfahrens und Erteilung von Restschuldbefreiung stehen würden.

Beide Voraussetzungen führen zu erheblichen **Bewertungsschwierigkeiten** durch das Insolvenzgericht. Die angemessene Beteiligung des ablehnenden Gläubigers im Verhältnis zu den übrigen wird oftmals feststellbar sein, wenn dieser Gläubiger die gleiche Quote wie die übrigen gleichrangigen Gläubiger erhält und auch alle Gläubiger die Raten zu gleichen Zeitpunkten erhalten. Wesentlich schwieriger wird die Feststellung sein, ob der Gläubiger bei Durchführung des Insolvenzverfahrens wirtschaftlich besser stünde. Die – unrealistische – gesetzliche Vorgabe, wonach bei der Feststellung im Zweifel zugrunde zu legen ist, daß die finanziellen Verhältnisse des Schuldners zum Zeitpunkt des Antrags während der gesamten Verfahrensdauer maßgeblich bleiben, hilft nur wenig. Es müssen Feststellungen bezüglich der im Verfahren gegebenenfalls noch zu treffenden Entscheidungen zur Verfahrenseröffnung und zur Bewilligung bzw. Ablehnung einer beantragten Restschuldbefreiung getroffen werden. Der Gesetzestext sieht insoweit keine Beweiserleichterungen oder Wahrscheinlichkeitsprognosen bei den Überlegungen des Gerichts vor, sondern die Feststellung der Schlechterstellung oder Nichtschlechterstellung des Gläubigers. Es müssen also die im vereinfachten Insolvenzverfahren zu erwartenden Rechtsfragen und wirtschaftlichen Gesichtspunkte vorab festgestellt und bewertet werden. In Einzelfällen wird die Entscheidung allerdings dadurch erleichtert, daß der Gläubiger, der den Plan abgelehnt hat, seine Gründe gemäß § 309 Abs. 2 **glaubhaft** machen muß.

Wegen der Schwierigkeiten, die § 309 Abs. 1 Satz 2 für die Insolvenzgerichte mit sich bringen wird, hat die Justizministerkonferenz im Jahre 1997 vorgeschlagen,[111] vor das Wort „wirtschaftlich" das Wort „voraussichtlich" einzufügen. Dadurch würde aus dem Erfordernis positiver Feststellungen zur wirtschaftlichen Schlechterstellung eine Prognose überwiegender Wahrscheinlichkeit. Die Vorschläge sind jedoch von der Bundesregierung nicht aufgegriffen worden.

Jeder Gläubiger und der Schuldner können die gerichtliche **Zustimmungsersetzung beantragen**. Von Amts wegen findet eine Ersetzung je-

[111] Abdruck aller Vorschläge der Justizministerkonferenz zur Vereinfachung des neuen Insolvenzverfahrens: ZIP 1997, 1207.

doch nicht statt. Das Insolvenzgericht stellt den Antrag dem Gläubiger, der Einwendungen erhoben hat, zur Stellungnahme zu und setzt ihm hierzu eine angemessene Frist. Besteht dieser auf seinen Einwendungen, muß er die Voraussetzungen der oben dargestellten Ablehnung einer Ersetzung darlegen und glaubhaft machen. Zweifelhaft ist, ob das Insolvenzgericht ausschließlich die vorgebrachten Gründe bei seiner Entscheidung berücksichtigen darf oder aufgrund **eigener Feststellungen** auch solche Gründe, die nicht vorgebracht worden waren. Letzteres dürfte der Fall sein, da das Verfahren vom **Amtsermittlungsgrundsatz** geprägt ist[112] und der einzelne Gläubiger oft nicht in der Lage sein wird, die tatsächlichen Verhältnisse umfassend zu beurteilen. Die rechtliche Situation ist eine andere als die bei einem Gläubigerantrag gem. § 290 Abs. 1 auf Versagung der Restschuldbefreiung nach durchgeführtem Insolvenzverfahren, weil die Versagung einen zulässigen Gläubigerantrag voraussetzt, während es hier um eine Entscheidung über einen Antrag des Schuldners bzw. eines Gläubigers zugunsten des Schuldners geht, der ablehnende Gläubiger somit sich in der Rolle des Antragsgegners befindet.

Andererseits ist das Insolvenzgericht nicht zu einer umfassenden Überprüfung des eingereichten Schuldenbereinigungsplans mit seinen Anlagen verpflichtet, wozu es nur mit Sachverständigengutachten in der Lage wäre, wenn ihm keine konkreten Hinweise auf eine Unangemessenheit des Plans bekannt geworden sind. Zur richterlichen Aufklärungspflicht im Rahmen der Zustimmungsersetzung gehört mithin die Aufklärung der vom Gläubiger glaubhaft gemachten und der dem Gericht auf andere Weise bekannt gewordenen Ablehnungsgründe.[113]

Vor einer Entscheidung ist das Gericht, wenn es eine Ablehnung des Plans aufgrund der Argumente des Gläubigers beabsichtigt, dazu verpflichtet, dem Schuldner unter Gewährung einer angemessenen Frist zur Stellungnahme rechtliches Gehör zu gewähren und ihm damit die Chance zu geben, die gegen den Schuldenbereinigungsplan vorgebrachten Argumente zu entkräften.

Gegen den Beschluß steht dem Antragsteller und dem Gläubiger, dessen Zustimmung ersetzt wird, die **sofortige Beschwerde** zu. Diese Formulierung des § 309 Abs. 2 Satz 3 ist mißverständlich. Mit „Antragsteller" ist nicht der Antragsteller des Insolvenzverfahrens, sondern der Antragsteller des § 309 gemeint, also derjenige der den Antrag auf Er-

---

[112] § 5 Abs. 1.

[113] Anderes gilt allerdings bei einem Antrag eines Gläubigers auf Versagung oder Widerruf der Restschuldbefreiung; hier prüft das Insolvenzgericht ausschließlich die vom antragstellenden Gläubiger vorgebrachten und glaubhaft gemachten Gründe, vgl. unten Kapitel C.8, D.7 und D.8.

setzung der Zustimmung gestellt hat. Außerdem wird im Gesetzeswortlaut ausdrücklich nur die **Zustimmungsersetzung** und nicht der umgekehrte Fall der **Ablehnung einer Ersetzung** erwähnt. Der Antragsteller kann entgegen der irreführenden Formulierung des Gesetzes kein Beschwerderecht haben, wenn die Zustimmungsersetzung erfolgt, denn seinem Antrag ist stattgegeben worden, so daß er nicht formell beschwert ist. Beschwerdeberechtigt kann in diesem Fall nur der Einwendungen erhebende Gläubiger sein, dessen Zustimmung durch den von ihm angegriffenen Beschluß ersetzt worden ist. § 309 Abs. 2 Satz 3 läßt sich sachgerecht dahin interpretieren, daß im Falle der Zustimmungsersetzung das Beschwerderecht bei dem Gläubiger liegt, dessen Zustimmung ersetzt wird, und im Falle der Ablehnung des Antrags bei demjenigen, der den Antrag gestellt hat – sei es ein anderer Gläubiger oder der Schuldner. Der Schuldner hat also, wenn er nicht selbst einen Antrag auf Ersetzung der Zustimmung gestellt hat, kein Beschwerderecht gegen eine ablehnende Entscheidung. Deshalb ist Schuldnern auf jeden Fall zu raten, auch dann einen entsprechenden Antrag an das Insolvenzgericht zu stellen, wenn ein solcher Antrag bereits von einem Gläubiger gestellt worden ist. Denn nur in diesem Fall hat er die Möglichkeit, rechtlich gegen einen ablehnenden Beschluß vorzugehen, während er ansonsten darauf angewiesen ist, daß gegebenenfalls der antragstellende Gläubiger das Rechtsmittel einlegt. Bei dieser Auslegung, die sich an der formellen Beschwer des einzelnen Verfahrensbeteiligten orientiert, besteht kein Anlaß, entsprechend den obigen Ausführungen in Abschnitt h) zum Rechtsmittel im Fall des § 308 Abs. 1 Satz 1 Halbsatz 2 die Möglichkeit außerordentlicher rechtlicher Hilfsmittel zu erwägen; denn die Anknüpfung einer Rechtsmittelmöglichkeit an die formelle Beschwer ist in den Prozeßordnungen gängig.

Die Beschwerdefrist beträgt zwei Wochen, beginnend mit der Verkündung der Entscheidung, wenn diese nicht verkündet wird, mit deren Zustellung. Die Beschwerde ist an das Insolvenzgericht[114] und nicht an das Landgericht als Beschwerdegericht zu richten. Das Insolvenzgericht kann der Beschwerde abhelfen;[115] eine sinnvolle Abweichung von der gesetzlichen Regel der §§ 571, 577 Abs. 3 ZPO, wonach ein Abhilfeverfahren nur bei der einfachen und nicht bei der sofortigen Beschwerde möglich ist. Denn durch die Abhilfemöglichkeit können Fehler repariert werden, ohne den Aufwand und die Kosten einer Beschwerde betreiben zu müssen. Im Fall der Abhilfe hat die Gegenseite ihrerseits ein Beschwerderecht gegen den Abhilfebeschluß.

---

[114] § 4 InsO i. V. m. § 569 Abs. 1 ZPO.
[115] § 6 Abs. 2.

l) Ablehnung des Plans. Wird die doppelte Mehrheit der zustimmenden Gläubiger nicht erreicht oder lehnt das Insolvenzgericht die Ersetzung der Zustimmung gemäß § 309 Abs. 1 Satz 2 rechtskräftig ab, so ist der Schuldenbereinigungsplan gescheitert. Das Planverfahren gemäß dem zweiten Abschnitt des Neunten Teils der InsO ist beendet. Damit endet auch das Ruhen des Insolvenzverfahrens gemäß § 306. Das Verfahren wird gemäß § 311 wieder aufgenommen. Das Gericht hat über den Eröffnungsantrag des Schuldners zu entscheiden. Die Voraussetzungen und Rechtsfolgen dieser Entscheidung werden unten Kapitel C.1 erörtert.

m) Rechtsstellung übergangener Gläubiger. Hat ein Schuldner den Überblick über seine Schulden verloren und einen seiner **Gläubiger** völlig **übersehen**, und wird der Fehler auch während der Verhandlungen über den Plan nicht bemerkt, kann dieser Gläubiger sich nicht am Schuldenbereinigungsverfahren beteiligen und seine Rechte nicht wahrnehmen. § 308 Abs. 3 Satz 1 sieht konsequenterweise für diesen Fall vor, daß der übergangene Gläubiger seine vollen Ansprüche behält. Dies hat zur Folge, daß er – soweit er einen vollstreckbaren Titel gegen den Schuldner hat – auch während der Dauer der Planerfüllung durch den Schuldner gegen diesen nach den Regeln der Einzelzwangsvollstreckung der ZPO vollstrecken kann. Wenn er vor anderen Gläubigern eine Lohnpfändung vornimmt, scheitert damit unweigerlich der Schuldenbereinigungsplan. Dem Schuldner bleibt regelmäßig keine andere Wahl als erneut eine außergerichtliche Schuldenbereinigung – jetzt unter Einschluß dieses Gläubigers – und notfalls ein erneutes Gerichtsverfahren zu versuchen.

Eine **Sanktion** dergestalt, daß der Schuldner für einen weiteren Antrag ausgeschlossen ist, sieht die InsO nicht vor. Zwar wird nach § 290 Abs. 1 Nr. 3 Restschuldbefreiung versagt, wenn dem Schuldner in den letzten zehn Jahren Restschuldbefreiung erteilt oder wegen Verstoßes gegen Obliegenheiten oder Insolvenzstraftaten versagt worden ist; aber diese Situation liegt hier tatbestandlich nicht vor, weil nach Zustimmung der Gläubiger zum Schuldenbereinigungsplan das Insolvenzverfahren nicht durchgeführt[116] und daher über eine Restschuldbefreiung nicht entschieden worden ist. § 290 Abs. 1 Nr. 5 und Nr. 6 sieht einen Versagungsgrund vor, wenn der Schuldner seine Auskunfts- oder Mitwirkungspflichten verletzt oder unrichtige bzw. unvollständige Angaben gemacht hat; dies aber nur bei Obliegenheitsverletzungen während des anhängigen Insolvenzverfahrens und nicht während eines vorangegangenen anderen Verfahrens. Ein rechtliches Hindernis für einen

[116] Siehe § 308 Abs. 2: die Anträge gelten als zurückgenommen.

erneuten Antrag unter Berücksichtigung des weiteren Gläubigers besteht daher nicht.

Anders stellt sich die Situation dar, wenn der Schuldenbereinigungsplan abgelehnt und das Verbraucherinsolvenzverfahren eröffnet worden ist. In diesem Fall kann der Gläubiger während des Verfahrens und gegebenenfalls während der anschließenden Wohlverhaltensperiode, sobald er vom Verfahren erfährt, seine Rechte gegenüber dem Treuhänder geltend machen. Tut er dies weder während des Verfahrens noch während der anschließenden Wohlverhaltensperiode, wirkt sich die Restschuldbefreiung nach § 301 Abs. 1 Satz 1 auch auf den Bestand seiner Forderungen aus; der Schuldner wird auch insoweit von seinen Verbindlichkeiten ebenso wie gegenüber seinen anderen Gläubigern befreit.[117]

n) Behandlung streitiger Forderungen. Wenn Bestand und Höhe einzelner Forderungen streitig sind, muß dies nicht unbedingt zu einem Scheitern des Schuldenbereinigungsplans führen, obwohl regelmäßig während des Planverfahrens vor dem Insolvenzgericht nicht genügend Zeit für eine gerichtliche Klärung vorhanden sein dürfte und eine Aussetzung wegen Vorgreiflichkeit von Zivilprozessen nicht in Frage kommt. Zunächst kann die angemessene Berücksichtigung des Gläubigers der streitigen Forderung dadurch gewährleistet werden, daß im Plan die Beteiligung an den Zahlungen entsprechend der später rechtskräftig festgestellten Forderungshöhe erfolgen soll, so daß der Gläubiger gem. § 309 Abs. 1 Satz 2 Nr. 1 anderen gleichrangigen Gläubigern gleichgestellt wird, deren Forderungshöhe am Beginn des Verfahrens bereits feststeht.

Problematisch wird die Situation, wenn ein Gläubiger sich einer Forderung in einer Höhe berühmt, die ihm maßgeblichen Einfluß auf die summenmäßige Mehrheit verschafft. Beispiel: Ein Verbraucher hat sich für eine Forderung gegenüber einem Kreditinstitut verbürgt und stellt später einen Insolvenzantrag, worin er zur Sicherheit[118] das Kreditinstitut im Gläubigerverzeichnis angibt, zugleich aber dessen Forderung mit Null bewertet, weil er die Bürgschaft aus Rechtsgründen für unwirksam hält oder weil er davon ausgeht, daß der Hauptschuldner vorher zahlt. Besteht der Anspruch aus der Bürgschaft zu Recht, weil der Hauptschuldner zahlungsunfähig wird und die Bürgschaftserklärung wirksam ist, so hat das Kreditinstitut die summenmäßige Mehrheit. Besteht der Anspruch aus der Bürgschaft jedoch nur zu einem Bruchteil der behaupteten Forderung, entfällt die Mehrheitsposition; anders formuliert: nach den Zahlen des Gläubigerverzeichnisses kann

---

[117] Zur Wirkung der Restschuldbefreiung vgl. im übrigen unten Kapitel D.6.
[118] Vgl. oben Kapitel B.3.m) zur Rechtslage bei übergangenen Gläubigern.

eine fehlende Zustimmung dieses Gläubigers ersetzt werden, weil er eine summenmäßige Minderheit verkörpert, während nach dem Zahlenwerk des Gläubigers er die Mehrheitsposition innehat. In diesem Fall eines den Ablauf und das Ergebnis des weiteren Verfahrens ausschlaggebenden Streits kommt eine Zustimmungsersetzung nicht in Betracht.

o) Kosten der Gläubiger. Gemäß § 310 haben die Gläubiger gegen den Schuldner keinen Anspruch auf Erstattung der Kosten, die ihnen im Zusammenhang mit dem Schuldenbereinigungsplan entstehen. Hierzu die Begründung des Rechtsausschusses: Die Erstattung außergerichtlicher Kosten ist ausgeschlossen, da bei Verbraucherinsolvenzverfahren häufig leichtfertig außergerichtliche Kosten in großer Höhe verursacht werden, die dem Schuldner jede Möglichkeit für eine gütliche Schuldenbereinigung nehmen. Die Gläubiger werden durch diese Regelung nicht unangemessen benachteiligt. Sie haben es selbst in der Hand, in welchem Umfang sie außergerichtliche Kosten entstehen lassen.[119] Die Regelung wird zudem bewirken, daß Gläubiger aktiver an außergerichtlichen Einigungen mitwirken.

Zweifelhaft ist, ob mit dieser Regelung nur die Kosten gemeint sind, die beim Gläubiger infolge seiner Teilnahme am Verfahren vor dem Insolvenzgericht anfallen, oder auch diejenigen Kosten, die dem Gläubiger im Rahmen einer für ihn erfolgreichen **Beschwerde** beim Landgericht oder gar beim Oberlandesgericht[120] entstehen. Die Auffassung, daß auch die außergerichtlichen Kosten im Rahmen eines Beschwerdeverfahrens gemeint sind, dürfte dem Gesetzeswortlaut und der Begründung des Rechtsausschusses am ehesten genügen, denn „Kosten, die im Zusammenhang mit dem Schuldenbereinigungsplan entstehen" ist weitergehend formuliert als eine auch möglich gewesene Formulierung, die nur auf die Kosten der Stellungnahme zum Schuldenbereinigungsplan abstellt. Die Formulierung in der amtlichen Begründung, daß Gläubiger ihre eigenen außergerichtlichen Kosten selbst in der Hand haben, gilt auch für etwaige Beschwerdeverfahren, weil für die Einlegung der Beschwerde kein Anwaltszwang besteht.[121] Zur Frage, ob dem Schuldner für das Beschwerdeverfahren Prozeßkostenhilfe bewilligt werden kann, vgl. unten Kap. C.1.b am Ende.

---

[119] Z. B. indem sie davon absehen, sich anwaltschaftlich vertreten zu lassen.
[120] Weitere Beschwerde gem. § 7.
[121] § 569 Abs. 2 ZPO.

C. Vereinfachtes Insolvenzverfahren

Erhebt kein Gläubiger Einwendungen gegen den Schuldenbereinigungsplan, ist das Verfahren beendet; die Anträge auf Eröffnung des Verbraucherinsolvenzverfahrens und auf Restschuldbefreiung gelten gemäß § 308 Abs. 2 als zurückgenommen. Werden Einwendungen erhoben, die vom Gericht nicht durch dessen Zustimmung ersetzt werden, so wird das während des gerichtlichen Schuldenbereinigungsverfahrens ruhende Verfahren über den Eröffnungsantrag[122] gemäß § 311 wieder aufgenommen. Über das Vermögen des Schuldners findet das sog. Vereinfachte Insolvenzverfahren nach dem Dritten Abschnitt, im Gesetz lediglich in vier Paragraphen geregelt, statt. In Wirklichkeit handelt es sich jedoch um ein unklar geregeltes Verfahren, das vom Gesetzgeber nur als nach Möglichkeit zu vermeidende Notlösung konzipiert wurde, weil zur Entlastung der Gerichte versucht werden soll, die Verbraucherinsolvenzverfahren durch Annahme des Schuldenbereinigungsplans gar nicht erst zu einer Eröffnung zu bringen.

Die Aufnahme des Verfahrens geschieht von Amts wegen, also ohne daß der Schuldner einen Antrag stellen müßte.[123]

1. Verfahrenseröffnung

Scheitert der Schuldenbereinigungsplan, so liegt es im Interesse des Schuldners, daß das Verbraucherinsolvenzverfahrens eröffnet wird. Denn die InsO sieht keine Restschuldbefreiung vor nach Ablehnung des Antrags mangels Masse, sondern nur nach Eröffnung des Verfahrens und Verteilung des Schuldnervermögens.[124]

Nicht geregelt sind in den §§ 311 ff. die Voraussetzungen der Verfahrenseröffnung. Insoweit sind deshalb die allgemeinen Regelungen der InsO zugrunde zu legen. Gemäß § 27 Abs. 2 enthält der Eröffnungsbeschluß Firma[125] oder Namen und Vornamen, Geschäftszweig oder Beschäftigung, gewerbliche Niederlassung oder Wohnung des Schuldners, außerdem Namen und Anschrift des Treuhänders[126] sowie die Stunde

---

[122] § 306 Abs. 1 Satz 1.

[123] Amtl. Begründung zu § 311.

[124] Vgl. die Ausführungen im nachfolgenden Kapitel zur Masselosigkeit.

[125] Beim Verbraucherinsolvenzverfahren kommt dies kaum in Betracht, weil nur Vollkaufleute unter einer Firma auftreten können (§ 17 Abs. 2 HGB) und diese wiederum nur das Regelinsolvenzverfahren betreiben können.

[126] Der gemäß § 313 an die Stelle des Insolvenzverwalters tritt, siehe weiter unten in diesem Kapitel.

der Eröffnung. Als Eröffnungsstunde gilt die Mittagsstunde, wenn versäumt worden war, die Uhrzeit anzugeben.

a) Massezulänglichkeit. Nach § 26 erfolgt entsprechend dem früheren Recht nach § 107 KO und § 4 Abs. 2 GesO keine Verfahrenseröffnung sondern eine Ablehnung mangels Masse, wenn das Vermögen des Schuldners voraussichtlich nicht ausreichen wird, um die Kosten des Verfahrens zu decken. Gemäß § 50 Abs. 3 GKG[127] ist der Schuldner des Insolvenzverfahrens zugleich Schuldner der Gebühren und Auslagen des Gerichts, weshalb diese aus dem Vermögen des Schuldners zu begleichen sind. Allerdings hat der Schuldner ebenso wie jeder Gläubiger die Möglichkeit, durch Vorschießen eines ausreichenden Geldbetrags – aus unpfändbarem Vermögen oder z. B. mit Hilfe von Zahlungen durch Lebenspartner oder Verwandte – die Ablehnung mangels Masse zu verhindern.

Zu den Kosten des Insolvenzverfahrens gehören gemäß § 54 die Gerichtskosten einschließlich Auslagen,[128] die Kosten des Treuhänders[129] und der Mitglieder des – allerdings in Verbraucherinsolvenzverfahren voraussichtlich selten einzusetzenden da für größere Verfahren vorgesehenen – Gläubigerausschusses.[130]

Schon seit vielen Jahren übersteigt die Zahl der mangels Masse abgewiesenen Konkursanträge die der eröffneten Verfahren. Die Insolvenzstatistik weist für 1996 in den alten Bundesländern insgesamt 23.078 Insolvenzen auf, davon 18.111 Unternehmen, in den neuen Bundesländern 8.393 Insolvenzen, davon 7.419 Unternehmen. Während in den alten Ländern die Quote der Verfahrenseröffnungen seit Jahren relativ konstant ist und 1996 bei 26,4 % lag, sank in den neuen Ländern die ursprünglich relativ hohe Quote auf 30,5 % und näherte sich damit den Verhältnissen in den alten Bundesländern.[131]

Eines der Anliegen der InsO war es, dies zu ändern und eine größere Anzahl von Eröffnungen zu ermöglichen.

Die Abweisung mangels Masse wird gegenüber der bisherigen Rechtslage dadurch erschwert, daß § 54 als Kosten des Insolvenzverfahrens nur die Massekosten gemäß § 58 KO und nicht die Masseschul-

---

[127] In der Fassung des Art. 29 EGInsO.

[128] Z. B. für Zustellungen und öffentliche Bekanntmachungen.

[129] Gemäß § 13 InsVV (Insolvenzrechtliche Vergütungsverordnung) erhält der Treuhänder eine Vergütung im vereinfachten Insolvenzverfahren von regelmäßig 15 % der Insolvenzmasse, mindestens 500 DM zuzüglich Umsatzsteuer (§ 7 InsVV). Der Mindestbetrag kann aber bis auf 200 DM herabgesetzt werden.

[130] Gemäß § 17 InsVV erhalten die Mitglieder des Gläubigerausschusses eine Vergütung von regelmäßig 50 DM je Stunde.

[131] Insolvenzstatistik 1996: ZIP 1997, 1766.

den gemäß § 59 KO beinhaltet. Nach herrschender Meinung und Rechtsprechung zu § 107 KO waren wegen des Vorrangs der Masseschulden nach § 59 Abs. 1 Nr. 1 und 2 KO vor den Massekosten[132] auch diese Masseschulden in die Berechnung einzubeziehen, weil diese den zu deckenden Massekosten im Rang vorgingen.[133] Diese Rangfolge ist durch § 209 dahin geändert worden, daß die Kosten des Insolvenzverfahrens gemäß § 54 bei Masseunzulänglichkeit im Rang den übrigen Masseverbindlichkeiten vorgehen. Damit besteht nach neuem Recht kein Anlaß, wegen der Höhe der Masseverbindlichkeiten insbesondere aus der Erfüllung zweiseitiger Verträge den Eröffnungsantrag mangels Masse abzulehnen.[134]

Der Regierungsentwurf sah in § 30 Abs. 1 vor, daß nur die Kosten des Verfahrens des ersten Verfahrensabschnittes bis zum Berichtstermin – im Verbraucherinsolvenzverfahren gemäß § 312 Abs. 1 also bis zum Prüfungstermin – zu berücksichtigen seien. Werde am Ende des ersten Verfahrensabschnitts festgestellt, daß die Masse für eine Weiterführung des Verfahrens nicht ausreicht, so müsse das Verfahren allerdings mangels Masse eingestellt werden. Diese Einschränkung wurde vom Rechtsausschuß des Bundestags gestrichen, weil nach seiner Meinung die Regelung, nach der die Deckung der Kosten des ersten Verfahrensabschnitts für die Eröffnungen ausreichen sollte, zu einer Belastung der Gerichte mit einer großen Zahl von Verfahren geführt hätte, die eröffnet aber nicht bis zum Ende durchgeführt worden wären.

Diese gesetzliche Regelung soll mißbräuchliche Antragstellungen möglichst verhindern. Sie wird aber auch dazu führen, daß natürliche Personen Restschuldbefreiung nur werden erreichen können, wenn ein gewisses Mindestvermögen und/oder Mindesteinkommen vorhanden ist, aus dem die Kosten des Verfahrens gedeckt werden können. Denn bei Ablehnung mangels kostendeckender Masse gemäß § 26 kann ebenso wie bei einer späteren Einstellung aus dem gleichen Grund gemäß § 207 Restschuldbefreiung nicht erteilt werden. Mindestvoraussetzung für die Restschuldbefreiung ist, daß wenigstens kostendeckendes Vermögen vorhanden ist, auch wenn sich im übrigen Masseunzulänglichkeit ergibt (§§ 289 Abs. 3, 208 ff). Aus sozialpolitischer Sicht muß vom Gesetzgeber hier eine Korrektur verlangt werden, entweder indem die im Gesetz nicht vorgesehene Prozeßkostenhilfe (Insolvenzkostenhilfe) gesetzlich eingeführt und geregelt wird oder indem

---

132 Vgl. § 60 KO.

133 Vgl. hierzu zusammenfassend Kilger/Karsten Schmidt § 107 KO RdNr. 2.

134 Vgl. zusammenfassend Kübler/Prütting, Das neue Insolvenzrecht, Band I, Seite 8 Ziffer 2.5.

durch andere gesetzgeberische Maßnahmen unter dem Aspekt der Gleichbehandlung der Schuldner gemäß Art. 3 Abs. 1 GG auch vermögenslosen Personen die Möglichkeit zu einer Restschuldbefreiung geschaffen wird.[135]

b) Prozeßkostenhilfe. Ob dem Schuldner Prozeßkostenhilfe bewilligt werden kann, erscheint zweifelhaft. Wie erwähnt, sieht die InsO insoweit keine Regelung vor, sondern lediglich eine allgemeine Bezugnahme auf die ZPO in § 4. Im Gegenteil: In der Gegenäußerung der Bundesregierung zur Stellungnahme des Bundesrats betreffend das Restschuldbefreiungsverfahren wird die Einführung der Prozeßkostenhilfe für Insolvenzverfahren ausdrücklich abgelehnt; hierzu heißt es unter Ziffer 2): „Auch ein Schuldner mit sehr niedrigem Einkommen wird regelmäßig diese Beträge[136] aufbringen können. ... Dem Wunsch des Bundesrates nach Beibehaltung des Verwalters einerseits und finanzieller Entlastung des Schuldners andererseits könnte letztlich nur dadurch entsprochen werden, daß eine Prozeßkostenhilfe für Kleininsolvenzen eingeführt würde, die sämtliche Verfahrenskosten einschließlich der Kosten für Insolvenzverwalter und Treuhänder umfaßte. Diese Lösung würde aber die öffentlichen Haushalte erheblich stärker belasten als die Regelungen des Entwurfs."[137]

Die Bezugnahme auf die ZPO hilft nicht weiter, da sie nur subsidiäre Bedeutung hat und schon für die Konkursordnung nach § 72 KO galt. Für die KO entspricht es allgemeiner Meinung, daß eine Bewilligung von Prozeßkostenhilfe für einen Schuldner, der einen Konkursantrag stellt, nicht in Betracht kommt, weil die nach § 114 ZPO erforderliche Erfolgsaussicht der Rechtsverfolgung auf das Konkursverfahren nicht übertragbar ist.[138] Für die Vergleichsordnung wird wegen § 17 Nr. 6 VerglO die Bewilligung von Prozeßkostenhilfe allgemein ausgeschlossen.[139] Für Verfahren nach der GesO hat das LG Dresden in

---

[135] Kritisch zur Eingrenzung der vom Gesetz privilegierten Personenkreise auch Häsemeyer (FN 1) RdNr. 26.05 und 26.13; Kothe, ZIP 1994, 184, 186; Pape, Rpfleger 1995, 133, 138; ders., ZIP 1997, 190 (zur GesO); Vallender DGVZ 1997, 99.

[136] Gemeint sind, wie sich aus dem Zusammenhang ergibt: die Gerichts- und Verwalterkosten.

[137] Zitiert bei Kübler/Prütting a. a. O. S. 531.

[138] Kilger/Karsten Schmidt, § 72 KO Anm. 4; Kuhn/Uhlenbruck, § 6 KO RdNr. 31 e jeweils m. w. N.

[139] Bley/Mohrbutter, VerglO, § 115 Anm. 8; Kilger/Karsten Schmidt, § 115 VerglO Anm. 3. Dies obwohl auch dieses Verfahren die Befreiung des Schuldners von seinen restlichen Verbindlichkeiten in nicht geringerem Maße bezweckt als es das Insolvenzverfahren über natürliche Personen nach den Regeln der InsO der Fall ist.

zwei Beschlüssen die Bewilligung von Prozeßkostenhilfe ebenfalls abgelehnt.[140]

Hiergegen läßt sich einwenden, daß der neue Verfahrenszweck der Restschuldbefreiung[141] in Verbindung mit dem Rechtsgewährungsanspruch des Bürgers dazu zwinge, Prozeßkostenhilfe im Gegensatz zur bisherigen Rechtslage zu bewilligen, wenn die übrigen Voraussetzungen – also vor allem Erfolgsaussicht bezüglich des beabsichtigten Antrags auf Restschuldbefreiung – zu bejahen sind.[142] Wie die Rechtsprechung sich entwickelt, wird abzuwarten sein. Bedauerlich für die betroffenen Schuldner ist die Tatsache, daß der Gesetzgeber sich nicht zu einer klaren Regelung dieser vor allem sozialpolitisch wichtigen Frage[143] bekannt hat.[144]

Die wesentlichsten Kosten des Verbraucherinsolvenzverfahrens und der anschließenden Wohlverhaltensperiode sind die Kosten des Treuhänders. Prozeßkostenhilfe kommt insoweit von vorne herein nicht in Betracht, weil die §§ 114ff. ZPO, auf die in § 4 InsO Bezug genommen wird, die Erstattung der Kosten vom Gericht eingesetzter Amtspersonen, die nicht die Vertreter des Antragstellers sind, nicht kennen und wegen der grundsätzlich unterschiedlichen Funktion eines Prozeßbevollmächtigten im Zivilrechtsstreit einerseits und des Treuhänders im Insolvenz- und Restschuldbefreiungsverfahren andererseits eine analoge Anwendung ausscheidet. Gegen die Möglichkeit einer Zahlung der Treuhänder-Vergütung während der Wohlverhaltensperiode spricht auch § 298. Danach ist Restschuldbefreiung auf Antrag des Treuhänders zu versagen, wenn die an diesen abgeführten Bezüge für das vorangegangene Jahr seiner Tätigkeit die Mindestvergütung nicht decken und der Schuldner den fehlenden Betrag nicht einzahlt. Die Deckung der Treuhändervergütung während der Wohlverhaltensperiode ist also nach der gesetzlichen Konstruktion vom Schuldner zu erbringen und nicht von der Staatskasse im Wege der Prozeßkostenhilfe.

Eine andere bisher noch wenig erörterte Frage ist die, ob bei einer grundsätzlichen Ablehnung von Prozeßkostenhilfe diese in Sondersituationen für bestimmte Kosten verursachende Anträge bewilligt werden kann. Dies wird man mit Bork (ZIP 1998, 1209, 1215f.) bejahen können, wenn innerhalb des Insolvenzverfahrens oder der Wohlverhaltensperi-

---

140 LG Dresden ZIP 1996, 1671; ZIP 1997, 201. Kritisch hierzu Pape, ZIP 1997, 190 sowie Rpfleger 1997, 237, 238.

141 § 1 Satz 2.

142 Vgl. Bindemann, Handbuch Verbraucherkonkurs, RdNr. 299ff.; Foth, Die Justiz 1997, 41, 44.

143 S. auch Heyer, Verbraucherinsolvenzverfahren und Restschuldbefreiung, 43.

144 Zur fehlenden Vorschußpflicht des Schuldners und zu den Auswirkungen auf die PKH-Bewilligung vgl. oben Kapitel III. B.3.b).

ode von Gläubigern Anträge gestellt werden, gegen die sich der Schuldner wehren muß, wenn er nicht Gefahr laufen will, daß Restschuldbefreiung versagt wird. In solchen Fällen steht der streitige Charakter der Auseinandersetzung zwischen dem Schuldner und dem antragstellenden Gläubiger im Vordergrund, so daß eine entsprechende Anwendung der §§ 114ff. ZPO über § 7 InsO sachgerecht und geboten erscheint. Solche streitigen Zwischenverfahren kennt das Verbraucherinsolvenzverfahren bei einem Gläubigerantrag auf Versagung der Restschuldbefreiung nach § 290, bei behauptetem Obliegenheitsverstoß nach § 296, behaupteten Insolvenzstraftaten nach § 297 sowie beim Widerrufsantrag gemäß § 303. § 50 Abs. 2 GKG sieht bezüglich der durch Versagungs- und Widerrufsanträge entstandenen Gerichtskosten eine eigenständige Regelung vor. Die Gerichtsgebühr für die Entscheidung beträgt gemäß Kostenverzeichnis Nr. 4150 jeweils 60 DM (erhöht durch Gesetz vom 6.8. 1998, BGBl. I, S. 2030). Wesentlicher sind die Anwaltskosten, weil in der Regel Gläubigeranträge über einen Anwalt gestellt werden dürften. Der Anwalt enthält für einen Versagungs- oder Widerrufsantrag eine halbe Gebühr nach § 74 Abs. 2 BRAGO. Das Verfahren gilt als eine besondere Angelegenheit, die der Anwalt getrennt abrechnen darf. Im Falle der Bewilligung von Prozeßkostenhilfe muß dem Schuldner zur Verteidigung gegen den Gläubigerantrag entsprechend § 121 Abs. 2 S. 1 ZPO auf Antrag ein Rechtsanwalt beigeordnet werden.

Gleiches gilt, wenn gegen die Entscheidung des Insolvenzgerichts Beschwerde zum Landgericht eingelegt worden ist. Auch hier steht der Streitcharakter dieses auch kostenmäßig abtrennbaren Verfahrens im Vordergrund, so daß Prozeßkostenhilfe in Betracht kommt. Legt der Schuldner Beschwerde ein, muß vor PKH-Bewilligung die Erfolgsaussicht bejaht werden (§ 114 ZPO); bei einer Beschwerde eines Gläubigers ist dem Schuldner PKH ohne Prüfung der Erfolgsaussicht seiner Anträge zu bewilligen (§ 119 S. 2 ZPO).

c) Anordnungen. Bei der Eröffnung ist gemäß § 312 Abs. 1 der Prüfungstermin zu bestimmen. Der für das Regelverfahren vorgesehene zeitlich frühere Berichtstermin, in dem nach § 29 Abs. 1 Nr. 1 über den Fortgang des Verfahrens beschlossen wird, entfällt zur Entlastung des Gerichts und weil im Verbraucherinsolvenzverfahren im Gegensatz zum Regelverfahren schon vor der Eröffnung während des gerichtlichen Schuldenbereinigungsverfahrens ausgelotet worden war, wie das Verfahren fortgesetzt werden sollte, und bereits im Antragsformular umfangreiche Angaben über die Verhältnisse des Schuldners enthalten sind.

Nach Ermessen des Insolvenzgerichts kann auch der Prüfungstermin entfallen und gemäß § 312 Abs. 2 durch ein schriftliches Verfahren ersetzt werden, wenn die Vermögensverhältnisse des Schuldners überschaubar und die Zahl der Gläubiger oder die Höhe der Verbindlichkeiten gering sind. Andererseits kann das Gericht nach Ermessen weitere Termine zur mündlichen Erörterung bestimmter Fragen ansetzen, wenn die Schwierigkeit des Falles dies als sinnvoll erscheinen läßt.[145] Entsprechende Verfügungen können jederzeit aufgehoben oder abgeändert werden. Rechtsmittel hiergegen sind nicht statthaft, da sie im Gesetz nicht vorgesehen[146] und auch nicht erforderlich sind, weil es hier um die auch im Zivilverfahrensrecht nicht rechtsmittelfähigen prozeßleitenden Maßnahmen des Vorsitzenden handelt.

Die Vorschriften über den Insolvenzplan (§§ 217 bis 269) und über die Eigenverwaltung (§§ 270 bis 285) sind gemäß § 312 Abs. 3 nicht anwendbar. Ein Insolvenzplan macht im Verbraucherinsolvenzverfahren schon deshalb keinen Sinn, weil das außergerichtliche und anschließend das gerichtliche Verfahren über einen Schuldenbereinigungsplan bereits ergebnislos verlaufen waren. Die Vorschriften über die Eigenverwaltung wurden vom Gesetzgeber als nur für Unternehmensinsolvenzen sinnvoll erachtet.[147]

2. Bestellung des Treuhänders

Im Regelinsolvenzverfahren wird der Treuhänder gemäß § 291 Abs. 2 erst bestimmt, wenn der Schlußtermin abgehalten und keine Versagung der Restschuldbefreiung nach § 290 ausgesprochen wurde. Zuvor wird gemäß § 56 der Insolvenzverwalter bestellt. Für das Verbraucherinsolvenzverfahren tritt gemäß § 313 auch insoweit eine Vereinfachung ein, als Verwalter- und Treuhänderaufgaben beim Treuhänder zusammengefaßt werden. Der Treuhänder wird vom Insolvenzgericht ausgesucht und bestellt; er erhält hierüber eine Urkunde.[148] Es muß sich um eine für den jeweiligen Einzelfall geeignete, insbesondere geschäftskundige und von den Gläubigern und dem Schuldner unabhängige **natürliche Person** handeln. Damit wird – im Gegensatz zum ursprünglichen Regierungsentwurf – der Kreis der in Betracht kommenden Personen auf natürliche Personen beschränkt; Wirtschaftsprüfungsgesellschaften, Anwalts-GmbHs usw. können nicht bestellt werden. Diese vom Rechtsausschuß des Bundestags durchgesetzte Regelung erscheint aus Gründen der Haftung und Aufsicht begrüßenswert. Aber auch Schuldnerberatungsstellen und ähnliche Institutionen kommen als Treuhänder nicht in Betracht, ebenso scheidet aus Gründen fehlender **Neutralität** diejenige Person

---

[145] Schmidt-Räntsch, MDR 1994, 321, 326.
[146] § 6 Abs. 1.
[147] Vgl. Begründung des Rechtsausschusses zu § 312 a. E.
[148] § 313 Abs. 1 Satz 2 i. V. m. § 56.

aus, die eine außergerichtliche Schuldenbereinigung versucht und die Bescheinigung nach § 305 Abs. 1 Nr. 1 ausgestellt hatte.[149] Damit müssen bei richtiger Handhabung des Gesetzes alle Versuche interessierter Personen und Gruppen scheitern, quasi eine Schuldnerbetreuung „aus einer Hand" von der außergerichtlichen Vertretung notfalls bis zur Wohlverhaltensperiode mit anschließender Restschuldbefreiung anzubieten.

Der Erfordernis der Geschäftskundigkeit beinhaltet, daß die notwendigen wirtschaftlichen und rechtlichen Kenntnisse und Erfahrungen vorhanden sein müssen. Insoweit gilt ähnliches wie oben Kapitel A.2.a) zur Geeignetheit der Person für Bescheinigungen nach § 305 ausgeführt wurde.

Der Schuldner und die Gläubiger können dem Insolvenzgericht einen Treuhänder vorschlagen, den sie für geeignet halten. Das Gericht ist an den Vorschlag nicht gebunden, wird ihn aber jedenfalls dann aufgreifen, wenn Schuldner und Gläubiger sich auf eine Person geeinigt haben, die für die Übernahme der mit diesem Amt verbundenen Aufgaben geeignet erscheint.

3. Rechtsstellung des Treuhänders

§ 313 Abs. 1 Satz 3 verweist auf die Vorschriften der §§ 56 bis 66 bezüglich des Insolvenzverwalters. Gegenüber dem Treuhänder während der Wohlverhaltensperiode im Restschuldbefreiungsverfahren hat er wesentlich weitergehende Befugnisse und Aufgaben, weil in § 292 nicht auf die Vorschriften des Insolvenzverwalters Bezug genommen wird.

Das Verwaltungs- und Verfügungsrecht über das zur Insolvenzmasse gehörende Vermögen des Schuldners geht mit dem Eröffnungsbeschluß auf den Treuhänder über.[150] Von besonderer Bedeutung ist in diesem Zusammenhang, daß der Begriff der Insolvenzmasse nach § 35 über den der Konkursmasse gemäß § 1 KO weit hinausgeht, indem es nicht nur das zur Zeit der Eröffnung des Verfahrens dem Schuldner gehörende pfändbare[151] Vermögen einbezieht, sondern auch das Vermögen, das der Schuldner während des Verfahrens erlangt. Hierunter fällt vor allem der pfändbare Teil des Erwerbseinkommens des Schuldners. Dieser sog. Neuerwerb wird also zur Insolvenzmasse gezogen, und zwar zusätzlich zur Dauer der Wohlverhaltensperiode im Restschuldbefreiungsverfahren, das sich dem Verbraucherinsolvenzverfahren anschließt. Dies ist der Grund, warum die Dauer des Lebens am Rande des Exi-

---

[149] Bindemann, Handbuch Verbraucherkonkurs, RdNr. 96, lehnt wegen fehlender Unabhängigkeit mit Recht auch Schuldenberater als Treuhänder ab.

[150] § 80.

[151] § 36.

stenzminimums nicht nur die sieben bzw. fünf Jahre Wohlverhaltensperiode umfaßt,[152] sondern einen nicht unerheblich längeren Zeitraum.

Wegen des Übergangs des Verwaltungs- und Verfügungsrechts tritt der Treuhänder bezüglich der Gegenstände, die zur Insolvenzmasse gehören, in die Rechtsstellung des Schuldners ein. Verfügungen des Schuldners sind absolut unwirksam. Der Treuhänder kann Zahlung des Arbeitseinkommens vom Arbeitgeber des Schuldners an ihn verlangen, soweit es sich um den pfändbaren Einkommensteil handelt. Zahlt der Arbeitgeber trotzdem an den Schuldner weiter, so hat dies keine schuldbefreiende Wirkung, so daß er an den Treuhänder erneut leisten muß. Dies gilt nur dann nicht, wenn im Zeitpunkt der Zahlung der Arbeitgeber die Eröffnung des Verfahrens nicht kannte.[153] Zu den Pflichten des Treuhänders gehört es, unverzüglich nach dem Eröffnungsbeschluß den Arbeitgeber zu informieren und Zahlung an sich zu verlangen. Geschieht dies nicht, so wird ab dem Zeitpunkt der öffentlichen Bekanntmachung der Verfahrenseröffnung vermutet, daß der Arbeitgeber die Eröffnung kannte.[154]

Der Eröffnungsbeschluß ist ein **Vollstreckungstitel** zugunsten des Treuhänders gegen den Schuldner. Er erlaubt dem Treuhänder auch, einen Gerichtsvollzieher zu beauftragen, in pfändbare Gegenstände in der Wohnung des Schuldners zu vollstrecken. Hierzu bedarf er keiner zusätzlichen richterlichen Durchsuchungsanordnung.[155] Eine gewaltsame Entfernung von Gegenständen aus dem Besitz des Schuldners ist dem Treuhänder persönlich nicht erlaubt, jedoch darf er hiermit den zuständigen **Gerichtsvollzieher** beauftragen.[156] Ist der Treuhänder oder der Schuldner mit der Art und Weise der Zwangsvollstreckung durch den Gerichtsvollzieher nicht einverstanden, wird hierüber gerichtlich nach Einlegung der Erinnerung gemäß § 766 ZPO entschieden. Zuständig für diese Entscheidung ist gemäß § 148 Abs. 2 Satz 2 das Insolvenzgericht.

Findet der Gerichtsvollzieher in der Wohnung des Schuldners pfändbare Gegenstände, so prüft er nicht, ob diese im Eigentum des Schuldners oder eines mit ihm zusammenlebenden **Ehepartners** stehen. Zugunsten des Treuhänders wird vielmehr vermutet, daß der Schuldner der Eigentümer der Gegenstände ist.[157] Diese materiellrechtliche Eigentumsvermutung wirkt sich vollstreckungsrechtlich dahingehend aus, daß der Schuldner gemäß § 739 ZPO unwiderlegbar[158] als Gewahrsams-

---

[152] Vgl. unten Kapitel D.2.

[153] § 82 Satz 1.

[154] § 82 Satz 2.

[155] Vgl. § 758 a ZPO n. F.

[156] § 148 Abs. 2 Satz 1.

[157] §§ 1362 BGB, 739 ZPO.

[158] Zöller, ZPO, § 739 RdNr. 7.

inhaber oder Besitzer gilt. Zur Erleichterung der Vollstreckung stellt das Gesetz auf das rein äußerliche Merkmal des Gewahrsams ab, womit die tatsächliche Sachherrschaft gemeint ist. Bezüglich Gegenständen in der Ehewohnung ist der Gewahrsam jedes Ehepartners zu bejahen, so daß die Herausgabevollstreckung zulässig ist. Macht der Ehepartner des Schuldners geltend, Alleineigentümer eines in der Wohnung gepfändeten Gegenstandes zu sein, so ist die oben erwähnte Erinnerung gegen die Art und Weise der Zwangsvollstreckung ohne Aussicht auf Erfolg. Denn mit der Erinnerung wird gerügt, daß der Gerichtsvollzieher bei der Vollstreckung fehlerhaft gehandelt hat; ein Fehler des Gerichtsvollziehers ist jedoch wegen der oben erwähnten Vermutungswirkung zu verneinen. Vielmehr muß der Ehepartner des Schuldners, wenn der Treuhänder auf eine entsprechende Aufforderung den gepfändeten Gegenstand nicht freigibt, ihn im Wege der Widerspruchsklage nach § 771 ZPO auf Herausgabe aus der Insolvenzmasse verklagen. Diese Klage kann nur dann Aussicht auf Erfolg haben, wenn der Ehepartner des Schuldners die Eigentumsvermutung des § 1362 BGB entkräften kann. Dies ist beispielsweise möglich durch den Beweis, daß der Kauf schon vor der Eheschließung erfolgt war; in diesem Fall wird gemäß § 1006 Abs. 2 BGB sein Eigentum vermutet, wenn er schon vor der Ehe Besitzer war.[159] An während der Ehe für den gemeinsamen Haushalt angeschafften Hausratsgegenständen besteht in aller Regel Miteigentum der Ehegatten.[160] Gegebenenfalls muß auf Feststellung des Miteigentums, auf Einräumung bzw. Wiedereinräumung des Mitbesitzes oder notfalls auf Auseinandersetzung des Miteigentums Klage erhoben werden. In der Praxis haben solche Prozesse um Hausratsgegenstände schon in der Vergangenheit keine wesentliche Rolle gespielt und werden auch weiterhin ohne Bedeutung bleiben. Denn Hausratsgegenstände sind, wenn sie nicht einen besonders hohen Wert verkörpern, regelmäßig gemäß § 811 Nr. 1 ZPO unpfändbar. Gebrauchte Hausratsgegenstände, wenn es sich nicht gerade um sehr wertvolle Antiquitäten handelt, sind im Rahmen von Zwangsversteigerungen in aller Regel unverwertbar oder nur mit äußerst geringem Erlös zu verwerten. Ist für den Gerichtsvollzieher bei seiner Durchsuchung der Wohnung ohne weiteres ersichtlich, daß dieser Regelfall vorliegt, so pfändet er die Hausratsgegenstände nicht, auch wenn er mit einem – geringfügigen – Erlös bei einer Zwangsversteigerung rechnet, weil in einem solchen Fall eines zu erwartenden Erlöses, der zu dem Wert außer allem Verhältnis steht, der Hausratsgegenstand gemäß § 36 Abs. 3 nicht zur Insolvenzmasse gehört.

[159] BGH NJW 1992, 1162.

[160] BGHZ 114, 74 = NJW 1991, 2283.

Ist der Schuldner zwar verheiratet, lebt er jedoch vom Ehepartner nicht nur vorübergehend getrennt, so gilt die Vermutung des Eigentums des Schuldners an denjenigen Gegenständen, die sich in der Wohnung des Ehepartners befinden, nicht. Praktische Schwierigkeiten treten auf, wenn der Schuldner geltend macht, in der ehelichen Wohnung vom Ehepartner getrennt zu leben. In einem solchen Fall ist es denkbar, daß sich für den Gerichtsvollzieher aus der Aufteilung der Wohnung oder des Wohnhauses eine räumliche Zuordnung bestimmter Gegenstände zum allein vom Schuldner bzw. dem Ehepartner bewohnten Bereich ergibt. Wenn dies der Fall ist, wird der Gerichtsvollzieher in die Gegenstände, die zum Gewahrsamsbereich des Ehepartners gehören, nicht vollstrecken. Die Beweislast für diesen Sonderfall trägt der Schuldner, weil er sich auf eine Ausnahme vom gesetzlichen Regelfall des Mitgewahrsams der Ehepartner beim gemeinsamen Wohnen in einer Wohnung beruft.

Findet der Gerichtsvollzieher Gegenstände in der gemeinsamen Wohnung, die ausschließlich dem **persönlichen Gebrauch** des Ehepartners des Schuldners dienen, so pfändet er diese Gegenstände nicht. Hierunter sind nicht die oben erwähnten Hausratsgegenstände zu verstehen, sondern persönliche Gegenstände des einzelnen Ehepartners wie z. B. Kleidung und Schmuck. Verstößt der Gerichtsvollzieher gegen diese Vollstreckungsregeln, kann derjenige, der hierdurch benachteiligt worden ist, Erinnerung gegen die Art und Weise der Zwangsvollstreckung beim Insolvenzgericht gemäß § 148 Abs. 2 Satz 2 InsO in Verbindung mit § 766 ZPO einlegen.

Lebt der Schuldner in **nichtehelicher Lebensgemeinschaft** mit einer anderen Person zusammen, gilt die gesetzliche Vermutung des Alleineigentums und Gewahrsams des Schuldners nicht, da entsprechende gesetzliche Regelungen fehlen. Das gleiche gilt bei **Wohngemeinschaften** und ähnlichen häuslichen Gemeinschaften.

Soweit nach den obigen Ausführungen das Insolvenzgericht über eine Erinnerung gegen die Art und Weise der Zwangsvollstreckung durch den Gerichtsvollzieher entscheidet, steht derjenigen Personen, die durch diese Entscheidung beschwert wird, kein weiteres Rechtsmittel zu. Zwar würde es außerhalb des Insolvenzverfahrens die Möglichkeit der sofortigen Beschwerde gemäß § 793 ZPO gegen die richterliche Entscheidung geben, § 148 InsO sieht jedoch keinen entsprechenden Rechtsbehelf gegen Entscheidungen des Insolvenzgerichts vor, so daß gemäß § 6 Abs. 1 die Beschwerde nicht statthaft ist.[161] Die rechtsmitteleinschränkende Sonderregel der InsO geht nach allgemeinen Grundsätzen der generellen Regelung der ZPO vor.

---

[161] Vgl. Amtliche Begründung Abs. 2 zu § 148.

Werden Rechtshandlungen des Schuldners festgestellt, die dieser vor der Eröffnung des Verbraucherinsolvenzverfahrens vorgenommen hat und die die Insolvenzgläubiger benachteiligen, kann der Treuhänder diese nicht nach den Regelungen der **Insolvenzanfechtung** gem. §§ 129 bis 147 anfechten. Insoweit ist der Aufgaben- und **Befugnisbereich** des Treuhänders gegenüber dem Insolvenzverwalter des Regelinsolvenzverfahrens **eingeschränkt**. Der Gesetzgeber wollte das vereinfachte Verbraucherinsolvenzverfahren von diesen zeit- und kostenträchtigen Anfechtungsprozessen abkoppeln. Zur Anfechtung sind deshalb nur die Insolvenzgläubiger berechtigt. Das Recht steht jedem Insolvenzgläubiger alleine zu. Erlangt ein Insolvenzgläubiger aufgrund einer von ihm durchgeführten Insolvenzanfechtung etwas aus der Insolvenzmasse, so sind ihm aus dem Erlangten vorab die Kosten der Rechtsverfolgung zu erstatten. Übersteigen diese Kosten den Betrag des Erlangten, so hat er einen Ersatzanspruch gegen die Insolvenzmasse nur dann, wenn die Gläubigerversammlung ihn mit der Anfechtung beauftragt hatte.[162]

Weil es nicht die Aufgabe des Treuhänders ist, Insolvenzanfechtungen selbst durchzuführen, obliegt es ihm auch grundsätzlich nicht, selbständig auf die Einhaltung der Verjährungsfrist von zwei Jahren seit der Eröffnung des Insolvenzverfahrens gem. § 146 Abs. 1 zu achten. Dies ist die Aufgabe der Insolvenzgläubiger in ihrem eigenen Interesse. Etwas anderes kann nur gelten, wenn die Gläubigerversammlung den Treuhänder entsprechend beauftragt hat und seine Tätigkeit hierfür getrennt vergütet.

Eine weitere Einschränkung des Aufgabenbereichs des Treuhänders gegenüber dem Insolvenzverwalter betrifft Absonderungsrechte. Während der Insolvenzverwalter nach § 166 eine bewegliche Sache, an der ein **Absonderungsrecht** besteht und die er in seinem Besitz hat, freihändig verwerten darf, steht dem Treuhänder kein Verwertungsrecht zu.[163] Die amtliche Begründung zu § 313 argumentiert für diese Regelung mit der Motivation der Gläubiger, die in der Lage seien, selbst die Anfechtung gläubigerschädigender Handlungen durchzuführen, und mit einer dadurch zu erreichenden Reduzierung der Treuhändervergütung gegenüber der Vergütung des Verwalters nach der InsVV. Andererseits führt diese gesetzliche Regelung dazu, daß der Insolvenzmasse die Kostenpauschale gemäß §§ 170f. für die Feststellung und Verwertung der mit einem Absonderungsrecht befangenen Gegenstände entgeht.

Der Treuhänder steht ebenso wie der Insolvenzverwalter des Regelinsolvenzverfahrens unter der **Aufsicht** des Insolvenzgerichts.[164] Das Ge-

---

162 § 313 Abs. 2 Satz 2, 3.

163 § 313 Abs. 3 im Gegensatz zum Regelinsolvenzverfahren nach §§ 165f.

164 §§ 292 Abs. 3, 58 Abs. 1.

richt – nicht aber jeder Insolvenzgläubiger für sich – kann jederzeit einzelne Auskünfte oder einen Bericht über den Sachstand und die Geschäftsführung von ihm verlangen. Aus wichtigem Grund kann es den Treuhänder gem. § 59 aus dem Amt entlassen, und zwar von Amts wegen oder auf Antrag eines Insolvenzgläubigers, im Gegensatz zum Regelinsolvenzverfahren, bei dem ein solcher Antrag nur von der Gläubigerversammlung oder dem Gläubigerausschuß gestellt werden kann. Gegen die Entlassung steht dem Treuhänder das Rechtsmittel der sofortigen Beschwerde zu, gegen die Ablehnung jedem Insolvenzgläubiger, also nicht nur demjenigen, der den Antrag gestellt hatte.[165] Wenn einzelne Insolvenzgläubiger Auskünfte vom Treuhänder verlangen, ist dieser zur individuellen Beantwortung regelmäßig nicht verpflichtet, insbesondere nicht bei Routineanfragen bezüglich des Sachstandes. Der Treuhänder erteilt den Insolvenzgläubigern Auskunft, indem er im Prüfungstermin seinen Bericht erstattet. Ein Insolvenzgläubiger, der den Verdacht auf Unregelmäßigkeiten hat und vom Treuhänder auf Anfrage keine Antwort erhält, wird sich deshalb an das Insolvenzgericht wenden, den Sachverhalt schildern und um eine Aufklärung bitten. Gegenüber dem Insolvenzgericht ist der Treuhänder auskunftspflichtig. Das Insolvenzgericht wird den anfragenden Insolvenzgläubiger informieren. Ein entsprechender Beschluß oder gar ein Rechtsmittel des einzelnen Insolvenzgläubigers hiergegen, wenn das Insolvenzgericht aufgrund des vorgebrachten Sachverhalts nicht einschreiten will, sieht die InsO nicht vor.

Der Treuhänder haftet gem. §§ 313 Abs. 1 Satz 3, 60 Abs. 1 für eine schuldhafte Verletzung seiner gesetzlichen Verpflichtungen mit dem Maßstab eines ordentlichen und gewissenhaften Insolvenzverwalters. Wenn er Angestellte des Schuldners im Rahmen ihrer bisherigen Tätigkeit einsetzt, hat er grundsätzlich nur für die sorgfältige Überwachung und für Entscheidungen von besonderer Bedeutung einzustehen, nicht jedoch generell für ein Verschulden dieser Personen gem. § 278 BGB.[166] Die Verjährungsfrist der Schadensersatzansprüche gegen den Treuhänder beträgt drei Jahre ab Kenntniserlangung durch den Insolvenzgläubiger, spätestens drei Jahre ab Aufhebung oder Rechtskraft der Einstellung des Insolvenzverfahrens.[167]

4. Vereinfachte Verteilung

Die Vorschriften über den Insolvenzplan sind im Verbraucherinsolvenzverfahren nicht anzuwenden. Denn im außergerichtlichen und im

---

[165] § 292 Abs. 3 Satz 2.

[166] § 61 Abs. 2.

[167] § 62.

gerichtlichen Schuldenbereinigungsverfahren ist über die Möglichkeit, mit Hilfe eines Plans zu einem Ausgleich der Interessen zu kommen, bereits intensiv – wenn auch erfolglos – verhandelt worden. Außerdem sind im Verbraucherinsolvenzverfahren die Vorschriften über die Eigenverwaltung nach §§ 270 bis 285 nicht anzuwenden. Bei der Eigenverwaltung ist der Schuldner berechtigt, unter Aufsicht eines Sachwalters die Insolvenzmasse selbst zu verwalten und über sie zu verfügen. Im Verbraucherinsolvenzverfahren ist einheitlich der Treuhänder anstelle des Insolvenzverwalters einerseits und des Sachwalters andererseits tätig.

Eine wesentliche Verfahrensvereinfachung versprach sich der Gesetzgeber von der Regelung des § 314, wonach eine vereinfachte Verteilung durch das Insolvenzgericht angeordnet werden kann. Bei der vereinfachten Verteilung wird auf Antrag des Treuhänders von einer Verwertung der Insolvenzmasse ganz oder teilweise abgesehen. Stattdessen gibt das Insolvenzgericht dem Schuldner zusätzlich auf, binnen einer vom Gericht festgesetzten Frist an den Treuhänder einen Betrag zu zahlen, der dem Wert der Masse entspricht, die an die Insolvenzgläubiger zu verteilen wäre. Das Insolvenzgericht ist entgegen dem mißverständlichen Wortlaut des § 314 Abs. 1 Satz 1 an den Antrag des Treuhänders nicht gebunden, sondern muß nach eigenem Ermessen entscheiden, ob die vereinfachte Verteilung angeordnet wird. Dies ergibt sich bereits daraus, daß das Gericht von der Anordnung absehen soll, wenn die Verwertung der Insolvenzmasse im Interesse der Insolvenzgläubiger geboten erscheint (§ 314 Abs. 1 Satz 3).[168]

Kriterien dafür, unter welchen Voraussetzungen der Treuhänder einen solchen Antrag stellen soll, sieht das Gesetz nicht vor. Der Treuhänder wird – nach Möglichkeiten im Prüfungstermin – hierzu den Meinungsstand der Insolvenzgläubiger erfragen und abklären, ob die vereinfachte Verteilung auf deren Zustimmung stößt oder ob die Verwertung der Insolvenzmasse im Interesse der Gläubiger geboten erscheint. In der Begründung seines Antrags wird er im Hinblick auf § 314 Abs. 1 Satz 3 hierauf gesondert eingehen.

Einen Antrag des Schuldners sieht das Gesetz nicht vor. Auch hat der Schuldner keine rechtlichen Möglichkeiten, den Treuhänder zu zwingen, einen entsprechenden Antrag zu stellen.

Vor der Entscheidung über den Antrag des Treuhänders hat das Insolvenzgericht die Insolvenzgläubiger zu hören. Merkwürdigerweise ist eine Anhörung des Schuldners nicht vorgesehen. Sie ist jedoch dringend geboten. Denn die vereinfachte Verteilung ist sachlich nur dann berechtigt und kann auch nur dann für alle Beteiligten sinnvoll sein, wenn es dem Schuldner möglich ist, in der vom Gericht festzusetzenden

---

[168] Häsemeyer (FN 1) RdNr. 29.50 FN 64.

Frist an den Treuhänder einen Betrag aus unpfändbarem Vermögen[169] zu bezahlen, der dem Wert der Masse entspricht, die an die Insolvenzgläubiger zu verteilen wäre. Der Treuhänder wird in seinem Antrag die Höhe der bei Durchführung des Verfahrens an die Insolvenzgläubiger auszukehrenden Masse darstellen müssen, um dem Insolvenzgericht die Grundlage zu geben für seine Entscheidung, welcher Betrag vom Schuldner zur Durchführung der vereinfachten Verteilung aufzuwenden ist. Das Gebot der Gewährung rechtlichen Gehörs und eines fairen Verfahrens zwingt das Insolvenzgericht, den Schuldner vor einer Entscheidung dahingehend zu befragen, ob er dem Antrag des Treuhänders entgegentritt oder ob er eine Chance sieht, den zu fordernden Betrag fristgerecht zu begleichen, und ob er dem Antrag zustimmt.

Ordnet das Insolvenzgericht dagegen ohne Rücksicht auf die Belange des Schuldners die vereinfachte Verteilung auf Antrag des Treuhänders an, so läuft der Schuldner Gefahr, ohne eigenes Verschulden seine Chance auf Gewährung von Restschuldbefreiung einzubüßen. Denn nach Anordnung der vereinfachten Verteilung wird die dem Schuldner eingeräumte Frist zur Zahlung des Betrages abgewartet. Zahlt der Schuldner nicht oder nicht vollständig, wird die Restschuldbefreiung auf Antrag eines Insolvenzgläubigern versagt, wenn nach Ablauf einer weiteren Frist von lediglich zwei Wochen der Betrag immer noch nicht bezahlt ist.

Im Einzelfall kann im Schuldnervermögen eine gewisse verwertbare Masse vorhanden sein, der Schuldner sich jedoch nicht in der Lage sehen, insbesondere mit Hilfe Dritter einen dem Wert der Masse entsprechenden Geldbetrag an den Treuhänder auszubezahlen. In diesem Fall würde durch die Anordnung der vereinfachten Verteilung dem Schuldner die Chance auf Restschuldbefreiung genommen, ohne daß hierfür eine Verantwortlichkeit des Schuldners ersichtlich wäre. Der Schuldner ist zwar gemäß § 314 Abs. 3 Satz 3 vor der Entscheidung über die Versagung der Restschuldbefreiung zu hören. Wenn er den Geldbetrag nicht aufbringen kann, wird ihm dies zu diesem Zeitpunkt nichts nutzen. Hört das Insolvenzgericht nämlich den Schuldner nach Eingang des Antrages des Treuhänders nicht an, weil § 314 Abs. 2 lediglich die Anhörung der Insolvenzgläubiger in diesem Verfahrensabschnitt vorsieht, kann der Schuldner seine Argumente gegen die Anordnung der vereinfachten Verteilung nicht einmal vorbringen. Hinzu kommt, daß gegen den Beschluß über die Anordnung der vereinfachten Verteilung ein Rechtsmittel nicht vorgesehen ist, weshalb eine sofortige Beschwerde gemäß § 6 Abs. 1 unzulässig ist.

Ob die vereinfachte Verteilung praktische Bedeutung erlangen wird, muß die Praxis erweisen. Wenn eine gewisse Insolvenzmasse beim

---

[169] Meistens also wohl aus Zuwendungen Dritter.

Schuldner vorhanden ist wie beispielsweise Grundvermögen, deren Erhalt dem Schuldner in besonderer Weise wichtig sein wird, so muß in vielen Fällen bezweifelt werden, ob der Schuldner eine realistische Chance hat, einen Geldbetrag aufzubringen, der dem Wert der Insolvenzmasse entspricht, um die Verwertung des Vermögensgegenstandes zu vermeiden. Findet man bei einem Hausgrundstück eine Finanzierungsmöglichkeit durch Familienangehörige oder Lebenspartner, so wird es in der Regel sinnvollerweise gar nicht erst zur Eröffnung des Verbraucherinsolvenzverfahrens kommen, sondern eine Einigung über die Abwicklung bereits spätestens im gerichtlichen Schuldenbereinigungsverfahren möglich sein. Nichts, was in der vereinfachten Verteilung vorgesehen ist, läßt sich nicht auch bereits in der außergerichtlichen oder der gerichtlichen Schuldenbereinigung erreichen.

Zahlt der Schuldner nach angeordneter vereinfachter Verteilung den geforderten Betrag fristgerecht oder zahlt er trotz Nachfristsetzung von zwei Wochen den Betrag nicht, entscheidet das Insolvenzgericht über den Antrag des Schuldners auf Erteilung von Restschuldbefreiung. Im Schlußtermin sind hierzu der Treuhänder und die Insolvenzgläubiger zu hören.[170] Wird die Restschuldbefreiung wegen Nichtzahlung versagt, steht dem Schuldner hiergegen gemäß § 289 Abs. 2 die sofortige Beschwerde zu. Im Rahmen der Beschwerde können die oben dargestellten möglichen Verfahrensmängel der nicht genügenden Anhörung des Schuldners vor der Entscheidung über die Durchführung der vereinfachten Verteilung Anlaß für das Landgericht als Beschwerdegericht sein, den Versagungsbeschluß aufzuheben. Hat der Schuldner bezahlt, stellt das Gericht gem. § 291 Abs. 1 fest, daß der Schuldner Restschuldbefreiung erlangt, wenn er in der nachfolgenden Wohlverhaltensperiode von sieben beziehungsweise fünf Jahren seinen Obliegenheiten nachkommt und keine Versagungsgründe wie z. B. Insolvenzstraftaten oder Nichtdeckung der Mindestvergütung des Treuhänders während der Wohlverhaltensperiode vorliegen. Zur Ankündigung der Restschuldbefreiung vgl. unten Kap. 7.

5. Wirksamkeit von Lohnabtretungen

Der Gesetzgeber wollte der in Deutschland gängigen Kreditvergabepraxis bei Verbraucherkrediten Rechnung tragen, wonach vom Darlehensnehmer als Sicherheit, wenn kein Grundvermögen vorhanden ist, die Abtretung der Lohn- oder Gehaltsansprüche verlangt wird. Die Rechtsordnung erlaubt dies für den pfändbaren Anteil der Bezüge aus einem Dienstverhältnis des Darlehensnehmers. § 114 Abs. 1 tastet die

[170] § 289 Abs. 1.

Wirksamkeit der Abtretungen und Verpfändung von Bezügen aus einem Dienstverhältnis nicht an, soweit sie sich auf die Bezüge für die Zeit vor Ablauf von drei Jahren nach dem Ende des zur Zeit der Eröffnung des Verfahrens laufenden Kalendermonats bezieht. Lohnabtretungen bleiben also für einen eingeschränkten Zeitraum wirksam. Die Insolvenzgläubiger erhalten, wenn ansonsten eine Insolvenzmasse nicht vorhanden ist, für diesen Zeitraum nichts. Dies gilt nicht nur für die Dauer des vereinfachten Verbraucherinsolvenzverfahrens, sondern auch im Anschluß daran für die Wohlverhaltensperiode, wenn Restschuldbefreiung beantragt worden ist. Der Gesetzgeber war der Auffassung, diese bankenfreundliche Regelung einführen zu müssen, damit überhaupt noch Verbraucherkredite gewährt werden. Rechnet man die Dauer des Insolvenzverfahrens mit einem Jahr, so verbleiben also noch zwei Jahre der siebenjährigen Wohlverhaltensperiode, in denen die ungesicherten Insolvenzgläubiger nichts erhalten. Zahlungen sind daher etwa erst ab dem dritten Jahr der Wohlverhaltensperiode für ungesicherte Gläubiger zu erwarten.

Wird die Dauer der Wohlverhaltensperiode auf zwei Jahre verkürzt, weil der Schuldner bereits vor dem 1.1. 1997 zahlungsunfähig war, geht diese Verkürzung um zwei Jahre je hälftig zu Lasten des gesicherten Kreditinstituts und der ungesicherten Gläubiger, weil sich der Zeitraum, in dem die Abtretung wirksam bleibt, gem. Art. 107 EGInsO in diesem Falle auf zwei Jahre verkürzt.

6. Zwangsversteigerung von Grundstücken

Die Verwertung von Immobilien des Schuldners erfolgt nach den Regelungen des ZVG, die durch Art. 20 EGInsO teilweise abgeändert worden sind. Deshalb ist die einstweilige Einstellung der Zwangsvollstreckung durch das Insolvenzgericht nach § 21 Nr. 3 InsO nicht zulässig. Jedoch ermöglicht § 30b Abs. 1 ZVG dem Schuldner, binnen einer Notfrist von zwei Wochen ab Zustellung der Verfügung, die über diese rechtliche Möglichkeit ausdrücklich belehrt, beim Vollstreckungsgericht einen Antrag auf einstweilige Einstellung zu stellen. Wenn im Schuldenbereinigungsplan eine Regelung bezüglich des weiteren Schicksals des Grundstücks getroffen ist, der Plan bei Durchführung der Zwangsversteigerung zu scheitern droht und keine Ablehnung der Gläubigermehrheit vorliegt, wird eine Einstellung in der Regel dem betreibenden Gläubiger zuzumuten sein und deshalb angeordnet werden.[171] Hat das Insolvenzgericht gemäß § 21 ein allgemeines Verfügungsverbot ver-

---

[171] Vgl. den Wortlaut des § 30d Abs. 1 Nr. 3 ZVG für das Verfahrensstadium nach der Eröffnung.

hängt, so ermöglicht diese **Verfügungsbeschränkung** gemäß § 28 Abs. 2 ZVG[172] in der Fassung des Zwangsversteigerungs-Änderungsgesetzes vom 18. 2. 1998 die **einstweilige Einstellung** des Verfahrens durch das Vollstreckungsgericht (nicht durch das Insolvenzgericht!).

Nach Verfahrenseröffnung ist ein Antrag des Treuhänders gemäß § 30d ZVG möglich, wenn der Prüfungstermin[173] noch bevorsteht; nach dem Prüfungstermin unter einschränkenden Voraussetzungen, die voraussichtlich im Verbraucherinsolvenzverfahren keine erhebliche praktische Bedeutung erlangen werden. Wird das Zwangsversteigerungsverfahren eingestellt, sind für die Zeit nach dem Prüfungstermin gemäß § 30e Abs. 1 ZVG die **vereinbarten Zinsen** aus der Insolvenzmasse zu zahlen. Dies gilt jedoch nicht für jeden im Grundbuch eingetragenen Gläubiger, sondern nur für **betreibende** Gläubiger; diese gesetzliche Regelung wird dazu führen, daß die Zahl der im zeitlichen Zusammenhang mit Insolvenzverfahren gestellten Versteigerungsanträge zunehmen wird. Erfolgt die Einstellung der Zwangsversteigerung vor dem Prüfungstermin, so sind Zinsen spätestens ab drei Monaten nach der ersten Einstellung zu entrichten. Hat ein betreibender Gläubiger wegen vorrangiger Belastungen des Grundstücks keine oder nur anteilige Zahlungen aus dem voraussichtlichen Verwertungserlös zu erwarten, so fällt sein Zinsanspruch weg bzw. reduziert sich entsprechend.[174] Die Feststellung des voraussichtlichen Verwertungserlöses wird in der Praxis Schwierigkeiten verursachen. Möglicherweise liegt noch nicht einmal ein Wertgutachten über das Grundstück; die Höhe des zu erwartenden Erlöses ist schwer voraussehbar.

Außer Zeit zu gewinnen, macht ein Antrag auf einstweilige Einstellung der Zwangsversteigerung nur Sinn, wenn entweder am Verfahrensbeginn im Rahmen des Schuldenbereinigungsplans oder später nach Verfahrenseröffnung eine Einigung mit den grundbuchmäßig gesicherten Gläubigern möglich ist, durch Zahlung Dritter die Zwangsversteigerung endgültig abzuwenden. Das Verbraucherinsolvenzverfahren mit anschließender Restschuldbefreiung hat nicht die Funktion, die Versteigerung von Immobilien zu verhindern und zugleich den Schuldner von den auf dem Grundstück lastenden Verbindlichkeiten zu befreien; sondern im vereinfachten Insolvenzverfahren soll das verwertbare Vermö-

---

[172] § 28 Abs. 2 ZVG wurde eingeführt durch Art. 1 des Gesetzes zur Änderung des Gesetzes über die Zwangsversteigerung und die Zwangsverwaltung und anderer Gesetze vom 18. 2. 1998, verkündet am 13. 5. 1998, gemäß Art. 5 Abs. 1 in Kraft getreten am 1. 8. 1998; BGBl. I 866.

[173] Dieser ersetzt gemäß § 312 Abs. 1 InsO im Verbraucherinsolvenzverfahren den in § 30d ZVG erwähnten Berichtstermin.

[174] § 30e Abs. 3 ZVG.

gen des Schuldners zugunsten seiner Gläubiger tatsächlich verwertet werden, um in der anschließenden Wohlverhaltensperiode den sogenannten Neuerwerb – also vor allem die eingehenden pfändbaren Bezüge aus Dienstverhältnissen – auf die Gläubiger zu verteilen. Wichtig für betroffene Personen ist es, sich hierüber keine Illusionen zu machen und blauäugig zu meinen, es sei ein Leichtes, über die Restschuldbefreiung die Entschuldung des Wohnhauses oder der Eigentumswohnung zu erreichen.

7. Ankündigung der Restschuldbefreiung

Nach Verteilung des Vermögens wird ein Schlußtermin abgehalten, in dem die Insolvenzgläubiger und der Treuhänder zum Antrag des Schuldners auf Restschuldbefreiung gehört werden. Wenn keiner der im nachfolgenden Abschnitt besprochenen Versagungsgründe vorliegt, stellt das Gericht gemäß § 291 Abs. 1 durch Beschluß fest, daß der Schuldner Restschuldbefreiung erlangt, wenn er in der nachfolgenden Wohlverhaltensperiode den dort vorgesehenen Obliegenheiten nachkommt und anschließend keine Versagungsgründe vorliegen.

Hat ein Gläubiger Versagung der Restschuldbefreiung beantragt, so steht ihm gegen den ankündigenden Beschluß die sofortige Beschwerde zu. Das Insolvenzverfahren wird erst nach Rechtskraft des Beschlusses – durch einen weiteren Beschluß – aufgehoben. Der rechtskräftige Ankündigungsbeschluß wird zusammen mit dem das Verfahren aufhebenden Beschluß öffentlich bekanntgemacht.[175]

8. Versagung der Restschuldbefreiung

Nicht von Amts wegen, sondern nur auf Antrag eines Insolvenzgläubigers ist die Restschuldbefreiung nach dem Schlußtermin zu versagen, wenn ein Versagungsgrund im Sinne von § 290 Abs. 1 vorliegt. Dies ist der Fall, wenn

- der Schuldner wegen Bankrotts,[176] Verletzung der Buchführungspflicht[177] oder Gläubigerbegünstigung[178] rechtskräftig verurteilt worden ist,[179]

---

175 § 289 Abs. 2.

176 §§ 283, 283 a StGB.

177 § 283 b StGB.

178 § 283 c StGB.

179 Schon aus zeitlichen Gründen ist es nur für den Ausnahmefall vorstellbar, daß bereits nach Abschluß des Verbraucherinsolvenzverfahrens vor der Wohl-

- er in den letzten drei Jahren Falschangaben zur Krediterlangung o. ä. gemacht hatte,
- er in den letzten zehn Jahren schon einmal Restschuldbefreiung erlangt oder diese wegen Obliegenheitsverletzung oder Insolvenzstraftaten versagt worden war,[180]
- er vorsätzlich oder grob fahrlässig die wirtschaftlichen Gläubigerinteressen beeinträchtigt oder sonstige im Gesetz aufgeführte gläubigerschädigende Handlungen begangen hatte.

Beantragt ein Insolvenzgläubiger die Versagung, so hat er den konkreten Grund hierfür in seinem Antrag darzulegen und glaubhaft zu machen. Das Insolvenzgericht prüft nicht von Amts wegen alle Versagungsgründe des § 290 – auch nicht nach einem Versagungsantrag –, sondern nur den von dem Gläubiger glaubhaft gemachten konkreten Versagungsgrund auf seine Stichhaltigkeit. Ist ein Versagungsantrag zwar gestellt, ein konkreter Grund jedoch nicht glaubhaft gemacht, ist ohne weitere Prüfung die Restschuldbefreiung gemäß § 291 Abs. 1 anzukündigen und zugleich der Versagungsantrag zurückzuweisen.

Gegen den Beschluß, durch den die Restschuldbefreiung versagt worden ist, steht dem Schuldner die sofortige Beschwerde gemäß § 289 Abs. 2 Satz 1 zu. Wird der Beschluß über die Versagung rechtskräftig, ist das Verfahren endgültig beendet. Das Amt des Treuhänders endet ebenfalls. Die nachgeschaltete Wohlverhaltensperiode findet nicht statt. Dies hat zur Konsequenz, daß die vom Schuldner bei dem Antrag auf Restschuldbefreiung bereits eingereichte Abtretung seiner pfändbaren Einkünfte an den Treuhänder nicht wirksam wird. Vgl. zu den Einzelheiten der Versagungsgründe die Ausführungen im Ratgeber für Schuldner (Kapitel II) zur Frage 10: „Unter welchen Umständen kann ich Restschuldbefreiung nicht erwarten?“.

9. Einstellung des Verfahrens

Die Insolvenzordnung kennt ebenso wie die Konkursordnung die Einstellung eines eröffneten Verfahrens, wenn sich herausstellt, daß die Insolvenzmasse nicht ausreicht, um die Kosten des Verfahrens zu decken.[181] Wie bereits ausgeführt, kommt das Restschuldbefreiungsver-

---

verhaltensperiode ein solches Strafverfahren rechtskräftig abgeschlossen werden kann. Deshalb sieht § 297 eine nachträgliche Versagung der Restschuldbefreiung nach Ablauf der Wohlverhaltensperiode aus den gleichen Gründen vor.

[180] Wurde die Restschuldbefreiung aus anderen Gründen als Obliegenheitsverletzungen oder Insolvenzstraftaten versagt, ist ohne die zeitliche Einschränkung von zehn Jahren ein neuer Antrag möglich.

[181] § 207 Abs. 1.

fahren dann nicht in Betracht, wenn bereits der Insolvenzantrag mangels Masse abzulehnen war. Vielmehr soll nach der Gesetzessystematik zunächst ein – bei Verbrauchern vereinfachtes – Insolvenzverfahren durchgeführt werden, an das sich die Wohlverhaltensperiode mit Abtretung der Ansprüche aus einem Dienstverhältnis anschließt.

Zeigt der Treuhänder alsbald nach der Verfahrenseröffnung an, daß die Kosten nicht gedeckt sind, und wird von keiner Seite ein die Kosten deckender Geldbetrag vorgeschossen, so würde es diesem Prinzip widersprechen, wenn die Wohlverhaltensperiode mit anschließender Restschuldbefreiung trotz Einstellung des Verfahrens möglich wäre. § 289 Abs. 3 Satz 1 geht deshalb von dem Grundsatz aus, daß die Ankündigung der Restschuldbefreiung in einem solchen Fall unzulässig ist.

Anders gelagert ist die Situation, wenn zwar die Verfahrenskosten gedeckt sind, jedoch die Insolvenzmasse nicht ausreicht, um die fälligen sonstigen Massenverbindlichkeiten zu erfüllen; hierunter fallen nach § 55 insbesondere die durch die Verwaltung, Verwertung und Verteilung der Insolvenzmasse begründeten Verbindlichkeiten sowie Verbindlichkeiten aus gegenseitigen Verträgen, soweit diese nach der Verfahrenseröffnung zu erfüllen sind, sowie letztlich Ansprüche aus einer ungerechtfertigten Bereicherung der Masse. Reicht die Masse bei Dekkung der Verfahrenskosten nicht aus, diese Verbindlichkeiten zu erfüllen, so zeigt der Treuhänder gemäß § 208 Abs. 1 dem Gericht die Masseunzulänglichkeit an. Das Verfahren wird nicht sofort eingestellt, sondern der Treuhänder verteilt die Masse nach den Rangregelungen des § 209. Ist diese Verteilung abgeschlossen, wird das Verfahren gemäß § 211 durch Beschluß eingestellt.

Erfolgt die Verfahrenseinstellung nach dieser Vorschrift, kann gemäß § 289 Abs. 3 die Restschuldbefreiung durch Beschluß angekündigt werden im Gegensatz zum zuvor erläuterten Fall der Einstellung des Verfahrens wegen fehlender Kostendeckung. Im Ergebnis bedeutet dies, daß der Schuldner die Möglichkeit zur **Restschuldbefreiung** hat, wenn er wenigstens in der Lage ist, die **Kosten** des vereinfachten Verbraucherinsolvenzverfahrens aufzubringen und sodann während der nachfolgenden Wohlverhaltensperiode die **Vergütung** des Treuhänders bezahlen kann. Ob der Schuldner wenigstens für die im Verfahren entstehenden Gerichtskosten und gerichtlichen Auslagen Prozeßkostenhilfe erhalten kann oder gar auch für die Vergütung des Treuhänders und eines ihm zur Seite zu stellenden anwaltlichen Beraters, ist schon vor dem Inkrafttreten des Gesetzes heftig umstritten. Es wird lange dauern, bis höchstrichterlich entschieden ist, ob und gegebenenfalls in welchem Umfang Prozeßkostenhilfe gewährt werden muß, um den vermögenslosen Schuldner in die Lage zu versetzen, Restschuldbefreiung erreichen zu können. Zur Bewilligung von Prozeßkostenhilfe vgl. oben Kapitel 1.b).

D. Wohlverhaltensperiode

Mit der Rechtskraft des Beschlusses über die Ankündigung der Restschuldbefreiung beginnt die sich an das eigentliche Verbraucherinsolvenzverfahren anschließende Wohlverhaltensperiode. In diesem Zeitraum wird der Schuldner mit seinen Bezügen aus einem Dienstverhältnis oder seinen Einkünften aus selbständiger Tätigkeit nahezu auf dem Existenzminimum gehalten. Er benötigt ein langes Durchhaltevermögen, das vielen in wirtschaftlichen Schwierigkeiten geratenen Personen fehlen wird. In diesem Zeitraum muß er zumindest die Kosten des Treuhänders aufbringen, wenn er nicht eine Person gefunden hat, die von den Gläubigern und dem Insolvenzgericht akzeptiert worden ist und die sich zur unentgeltlichen Wahrnehmung der Aufgaben des Treuhänders bereit erklärt hat. Am Ende der sieben- oder fünfjährigen Wohlverhaltensperiode ist vom Insolvenzgericht die Restschuldbefreiung durch Beschluß festzustellen; im Einzelfall droht jedoch auch noch nach Ende dieses Zeitraums die Ablehnung auf Antrag eines Gläubigers unter bestimmten Voraussetzungen, vgl. hierzu unten Kapitel 7.

1. Abtretung des Lohnanspruchs

Wenn der Schuldner eine natürliche Person ist, kann ihm auf Antrag Befreiung von den im Insolvenzverfahren nicht erfüllten Verbindlichkeiten gegenüber den Insolvenzgläubigern gewährt werden. Dies setzt einen Antrag voraus, der in Kapitel B.2.c) im einzelnen erläutert worden ist. Wenn der Antrag gestellt wird, muß die Anlage 3[182] beigefügt werden. Diese enthält gemäß § 287 Abs. 2 Satz 1 die Erklärung, daß die pfändbaren Forderungen auf Bezüge aus einem Dienstverhältnis oder an deren Stelle tretende laufende Bezüge für die Zeit von sieben Jahren nach Beendigung des Insolvenzverfahrens an einen vom Gericht zu bestimmenden **Treuhänder** abgetreten werden:

> *Formulierung im Antragsformular (Anlage 3)*:
>
> **Abtretungserklärung nach § 287 Abs. 2 Satz 1 InsO**
>
> Für den Fall der gerichtlichen Ankündigung der Restschuldbefreiung trete ich meine pfändbaren Forderungen auf Bezüge aus einem Dienstverhältnis oder an deren Stelle tretende laufende Bezüge für die Zeit von sieben Jahren nach Beendigung des Insolvenzverfahrens an einen vom Gericht zu bestimmenden Treuhänder ab.

---

[182] Ausführlich zu den Anlagen: Kapitel B.2.d).

2. Laufzeit der Abtretung

Die Laufzeit der Abtretung beträgt nach der gesetzlichen Regel des § 287 Abs. 2 Satz 1 **sieben Jahre** und beginnt mit der Aufhebung des Insolvenzverfahrens – also nicht etwa bereits mit dem Antrag. Wenn man die Dauer des Insolvenzverfahrens einschließlich dem vorangestellten gerichtlichen Schuldenbereinigungsverfahren auf ein Jahr bis eineinhalb Jahre schätzt, dauert es also von der Antragstellung an insgesamt mindestens acht Jahre bis zur Restschuldbefreiung. Hinzu kommt der Zeitraum des außergerichtlichen Einigungsversuchs. Wer sich entschließt, den Weg des Insolvenzverfahrens mit Restschuldbefreiung zu beschreiten, muß also realistischerweise mit bis zu neun Jahren rechnen; so lange dauert es vom Entschluß, den Versuch eines wirtschaftlichen Neuanfangs zu wagen, bis zum – hoffentlich – positiven Ende. Das bedeutet, daß man wirklich ein **langes Durchhaltevermögen** aufbringen muß, um notfalls gegen den Willen der Gläubiger zum gewünschten Ziel zu gelangen.

Der Gesetzgeber wollte es mit dieser geradezu überlangen Frist dem Schuldner bewußt schwer machen. Die Begründung des Regierungsentwurfs betont dies ausdrücklich: „Dieses Erfordernis macht dem Schuldner deutlich, daß er Restschuldbefreiung nur erlangen kann, wenn er sich für eine geraume Zeit mit dem pfändungsfreien Arbeitseinkommen begnügt. Es hat damit eine Warnfunktion und wird den Schuldner, der nicht freiwillig bereit ist, auf sein Einkommen zu verzichten, davon abhalten, die Erteilung der Restschuldbefreiung zu beantragen. Das Gericht wird so vor leichtfertig gestellten Anträgen geschützt. Schuldner, denen der Weg zur gesetzlichen Restschuldbefreiung zu schwer erscheint, können sich um einen Schuldenregulierungsplan bemühen, der eine kürzere Laufzeit als sieben Jahre hat und dem Schuldner mehr als nur die pfändungsfreien Beträge beläßt." Allerdings verrät die amtliche Begründung nicht, unter welchen Voraussetzungen ein solcher Plan, der die Gläubiger deutlich schlechter stellt als sie bei Durchführung des Verbraucherinsolvenzverfahrens gestellt wären, realistische Aussichten auf eine Annahme durch die Gläubiger haben kann.

Aus welchen Gründen der Zeitraum von sieben Jahren zum Gesetz wurde, ergibt sich aus den Materialien nicht. Spötter meinen, das hänge mit der Schöpfungsgeschichte des Alten Testaments zusammen.[183] Um die Ziffer 7 lassen sich vielerlei weitere Parallelen aus Geschichte und Wissenschaft bilden.[184] Die Realität des Gesetzgebungsverfahrens dürf-

---

183 Scholz BB 1992, 2233, 2236.

184 Z.B.: Rom wurde auf sieben Hügeln errichtet; schon Pythagoras hielt die 7 für eine vollkommene Zahl, weil sie die Summe der Ecken des Dreiecks und des Vierecks bildet.

te wesentlich prosaischer sein: Ein Teil der Politiker hielt fünf Jahre für angemessen, andere dachten eher an zehn Jahre. Heraus kam der Kompromiß von 7 Jahren.

Abkürzung auf **fünf Jahre**: Ursprünglich sollte die Insolvenzordnung am 1. 1. 1997 in Kraft treten. Dies hätte zur Folge gehabt, daß Schuldner erstmals ab 2004[185] Restschuldbefreiung hätten erreichen können. Das Inkrafttreten der InsO wurde jedoch nachträglich um zwei Jahre verschoben,[186] und zwar auf Betreiben der Bundesländer, die sich nicht in der Lage sahen, die personellen und organisatorischen Vorbereitungen bis 1997 zu schaffen. Art. 107 EGInsO verkürzt die Laufzeit der Abtretung der pfändbaren Einkommensteile von sieben auf fünf Jahre, wenn der Schuldner bereits **vor dem 1. 1. 1997 zahlungsunfähig** war. Damit soll erreicht werden, daß derjenige Schuldner, der schon im zunächst vorgesehenen Zeitpunkt des Inkrafttretens der InsO zahlungsunfähig war, jedoch wegen des Verschiebens des Inkrafttretens keinen Insolvenzantrag stellen konnte, nicht schlechter gestellt wird als wenn das Gesetz zum ursprünglich vorgesehenen Termin in Kraft getreten wäre.

Diese von der gesetzlichen Regel abweichende dem Schuldner günstige Ausnahmeregelung muß der Schuldner beweisen. Er muß mit dem Antrag auf Restschuldbefreiung die Abkürzung der Frist beantragen und begründen sowie Belege hierfür beifügen. Als ausreichende Nachweise gelten die Abgabe der Eidesstattlichen Versicherung (Offenbarungsversicherung[187]) nach § 807 ZPO oder eine Bescheinigung des zuständigen Gerichtsvollziehers über einen erfolglosen Vollstreckungsversuch. Auch sonstige Nachweise sind nicht ausgeschlossen.

Die im amtlichen Formular enthaltene Erklärung über die Zahlungsunfähigkeit vor dem 1. Januar 1997 ist auf S. 153 wiedergegeben und vorne in Kapitel B.2.d) erläutert.

Die scheinbar relativ klare Regelung des Art. 107 EGInsO, wonach sich die Laufzeit der Abtretung von sieben auf fünf Jahre verkürzt, wenn der Schuldner vor dem 1. Januar 1997 zahlungsunfähig war, wirft bei näherem Hinsehen Zweifelsfragen auf. Da im Gesetz nicht formuliert ist: „am 1. Januar 1997 zahlungsunfähig", sondern „vor dem 1. Januar 1997", muß man die Voraussetzungen der Fristverkürzung bejahen, wenn der Schuldner am 31. 12. 1996 zahlungsunfähig war. Die gesetzliche Formulierung[188] erlaubt jedoch auch den Schluß, daß der Ge-

---

[185] Genauer: Frühestens ab 1. 1. 2004 zuzüglich der Dauer des gerichtlichen Schuldenbereinigungsverfahrens und des gerichtlichen Insolvenzverfahrens.

[186] Art. 110 EGInsO.

[187] Früher „Offenbarungseid" genannt.

[188] Die Formulierung ist dem Wortlaut nach nicht auf einen Zeitpunkt, sondern auf einen Zeitraum bezogen.

setzgeber nicht nur diesen Stichtag meinte, sondern den Eintritt der Zahlungsunfähigkeit an einem beliebigen früheren Datum als dem 31.12. 1996 für ausreichend erachtet hat, um die Abkürzung der Laufzeit der Lohnabtretungen zu erreichen. Unproblematisch vom Gesetzeswortlaut gedeckt ist sicherlich zunächst einmal der Fall, daß der Schuldner zu einem beliebigen Zeitpunkt vorher zahlungsunfähig wurde und am 31.12. 1996 immer noch zahlungsunfähig war und dies blieb bis zu seinem Antrag auf Eröffnung des Verbraucherinsolvenzverfahrens. Problematisch sind jedoch zwei Fallkonstellationen, nämlich

- Schuldner vor dem 31.12. 1996 zahlungsunfähig, am 31.12. 1996 zahlungsfähig, später wieder zahlungsunfähig mit anschließendem Antrag auf Restschuldbefreiung;
- Schuldner am 31.12. 1996 zahlungsunfähig, später vorübergehend wieder zahlungsfähig, dann erneut zahlungsunfähig mit anschließendem Antrag auf Restschuldbefreiung.

Nach der amtlichen Begründung zu Art. 107 EGInsO soll vermieden werden, daß durch das Hinausschieben des Inkrafttretens der InsO redliche Schuldner unzumutbar lange auf eine Restschuldbefreiung warten müssen. Wer schon zwei Jahre vor Inkrafttreten der InsO zahlungsunfähig ist, kann zwar den Antrag auf Eröffnung des Insolvenzverfahrens erst nach dem Inkrafttreten stellen, braucht aber dann im Verfahren zur Erlangung der Restschuldbefreiung nur fünf Jahre lang, nicht sieben Jahre lang, sein pfändbares Einkommen den Gläubigern zufließen zu lassen. Dieser Gesetzeszweck spricht dafür, bei der oben genannten zweiten Konstellation eine fünfjährige Frist zuzulassen; denn bei einem Inkrafttreten der InsO am 1.1. 1997 mit sofortigem Insolvenzantrag wäre das Verfahren auch dann durchführbar geblieben, wenn der Schuldner während der Dauer des Versuchs einer gerichtlichen Schuldenbereinigung wieder vorübergehend zahlungsfähig geworden ist. Der Gesetzgeber hat offensichtlich übersehen, daß in solchen Fällen zwischenzeitlich wieder eintretender Zahlungsfähigkeit weiterhin häufig ein Insolvenzgrund, nämlich die **drohende Zahlungsunfähigkeit**, vorliegen wird, und hat wohl nur deshalb die drohende Zahlungsunfähigkeit im Zeitpunkt des ursprünglich geplanten Inkrafttretens der InsO nicht zum Anlaß genommen, die Abkürzung der Laufzeit der Abtretung von sieben auf fünf Jahre anzuordnen. Dieser Fehler des Gesetzes läßt sich teilweise mit einer großzügigen Auslegung des Gesetzeswortlauts ausgleichen, teilweise auch damit, bei der Grenzziehung zwischen der drohenden und der eingetretenen Zahlungsunfähigkeit keine zu strengen Maßstäbe anzulegen.

Wenn der Schuldner vorübergehend die laufenden monatlichen Belastungen abzahlen kann, weil er eine befristete zusätzliche Arbeit aufnehmen konnte, eine Schenkung erhalten hat usw., aber später wieder zahlungsunfähig wurde, weil beispielsweise eine hohe Schlußrate auf einen Finanzierungsvertrag anstand und er seinen Arbeitsplatz wieder verlor, so lag stets der Insolvenzgrund der drohenden Zahlungsunfähigkeit vor, mithin genügender Anlaß zur Fortsetzung des Insolvenzverfahrens. Je größer die Zeitdifferenz zwischen dem 31.12. 1996 und dem Verbraucherinsolvenzverfahren wird, um so eher wird das Insolvenzgericht allerdings davon ausgehen können, daß im Zeitraum ab dem 1.1. 1997 irgendwann einmal ein Zeitpunkt eingetreten war, an dem weder eine bestehende noch eine drohende Zahlungsunfähigkeit bestand.

Anders stellt sich die Situation dar, wenn der Schuldner vor dem Jahresbeginn 1997 zahlungsunfähig geworden war, anschließend aber vor diesem Stichtag Zahlungsfähigkeit wieder eingetreten ist. Zwar wird die Auffassung vertreten, daß auch in diesem Fall der wieder hergestellten Zahlungsfähigkeit vor dem 1.1. 1997 sich die Frist auf fünf Jahre verkürzt.[189] Dies ist jedoch nicht zutreffend, denn das Gesetz und die oben wiedergegebene Begründung stellen auf den Schuldner ab, der durch das nachträgliche Verschieben des Inkrafttretens der InsO daran gehindert worden ist, unmittelbar nach dem Jahresanfang 1997 einen Verbraucherinsolvenzantrag zu stellen. War der Schuldner jedoch am 31.12. 1996 wieder zahlungsfähig und wurde er erst wieder zu einem beliebigen späteren Zeitpunkt zahlungsunfähig, gehört er nach dem Gesetzeszweck nicht zu dem privilegierten Personenkreis, wenn am 31.12. 1996 auch der Insolvenzgrund der drohenden Zahlungsunfähigkeit nicht vorlag. Die gegenteilige Auffassung wäre gezwungen, einen willkürlich gewählten früheren Zeitpunkt des Stichtags der eingetretenen Zahlungsunfähigkeit zu wählen. Ansonsten würde das vom Gesetzeszweck sicherlich nicht erfaßte Ergebnis eintreten, daß auch eine vor Jahrzehnten einmal existent gewesene Zahlungsunfähigkeit zu einer Privilegierung gegenüber denjenigen Schuldnern führen würde, die erst nach dem 1.1. 1997 erneut insolvent geworden waren. Der Umstand, daß im Gesetz nicht auf den Stichtag 1.1. 1997 für den Eintritt der Zahlungsunfähigkeit sondern auf den Zeitraum vor diesem Stichtag abgehoben ist, läßt sich sachgerecht deshalb nur dahingehend interpretieren, daß Zahlungsunfähigkeit an einem beliebigen Zeitpunkt vor dem Stichtag eingetreten sein und bis zum Stichtag fortbestanden haben muß, um von der Abkürzung des Lohnabtretungszeitraums zu profitieren.

Gesetzlich nicht geregelt ist die Frage, ob es ein Datum gibt, an dem spätestens der Antrag auf Durchführung des Verbraucherinsolvenzverfahrens gestellt werden muß, um die Abkürzung der Laufzeit der Ab-

---

[189] Vallender ZIP 1996, 2058, 2061.

tretung erreichen zu können. Geht man vom Zweck der gesetzlichen Regel aus, daß Schuldner durch die Verzögerung des Inkrafttretens der InsO keinen Nachteil erleiden dürfen, so ergibt sich, daß bei Anträgen, die **ab dem 1.1. 2001**[190] gestellt werden, eine Abkürzung der Laufzeit nicht mehr in Betracht kommen kann. Denn ansonsten würden Schuldner wegen des Verschiebens des Inkrafttretens der InsO um zwei Jahre sogar früher zur Restschuldbefreiung kommen können als dies hätte der Fall sein können, wenn die InsO zum 1.1. 1997 in Kraft getreten wäre.

Zusammenfassend ergibt sich folgendes Bild:

Situation	**Laufzeit der Abtretung**
Zahlungsunfähigkeit am 1.1. 1997 oder später eingetreten	7 Jahre
Seit 31.12. 1996 oder früher ununterbrochen bis Antragstellung zahlungsunfähig	5 Jahre
Vor dem 31.12. 1996 zahlungsunfähig gewesen, spätestens am 31.12. 1996 kein Insolvenzgrund mehr gegeben, danach erneut zahlungsunfähig geworden	7 Jahre; a.A.: 5 Jahre
Am 31.12. 1996 zahlungsunfähig, danach wieder zahlungsfähig und später erneut zahlungsunfähig geworden	5 Jahre, jedenfalls wenn andauernd eine drohende Zahlungsunfähigkeit bestand (zweifelhaft)

Eine gewisse Ungerechtigkeit des Art. 107 EGInsO liegt darin, daß diejenigen Schuldner benachteiligt werden, die zwar nicht vor dem 1.1. 1997, aber alsbald danach zahlungsunfähig geworden sind. Für sie gilt die Abkürzung der Wohlverhaltensperiode nicht. Ist der Schuldner nach dem 1.1. 1997 erstmals zahlungsunfähig geworden, so kann er die Abkürzung der Wohlverhaltensperiode nicht erreichen. Art. 107 EGInsO ermöglicht dies auch dann nicht, wenn die Zahlungsunfähigkeit bereits vor diesem Stichtag drohte, obwohl der Schuldner in diesem Fall ab Anfang 1997 einen Insolvenzantrag wegen drohender Zahlungsunfähigkeit gemäß § 18 InsO hätte stellen können. Die gesetzliche Abkürzung der Wohlverhaltensperiode deckt mithin nicht alle Fälle ab, in denen der Schuldner zum ursprünglich geplanten Zeitpunkt des Inkrafttretens der InsO einen eigenen Antrag auf Durchführung des Verbraucherinsolvenzverfahrens hätte stellen können.

---

[190] Also zwei Jahre nach Inkrafttreten der InsO.

3. Obliegenheiten des Schuldners

Dem Schuldner, der Restschuldbefreiung erreichen will, wird es nach dem Gesetz nicht leicht gemacht. Er hat gem. § 295 eine Reihe von Obliegenheiten.[191]

a) Erwerbsobliegenheit. Die wichtigste Obliegenheit besteht darin, eine angemessene Erwerbstätigkeit auszuüben und, wenn der Schuldner ohne Beschäftigung ist, sich um eine solche zu bemühen und keine zumutbare Tätigkeit abzulehnen.[192] Wenn der Schuldner dagegen verstößt, versagt das Insolvenzgericht ihm die Restschuldbefreiung auf Antrag eines Insolvenzgläubigers; Voraussetzung ist allerdings, daß durch das Verhalten des Schuldners die Befriedigung der Insolvenzgläubigers beeinträchtigt wird.[193]

Der Schuldner muß also

- eine angemessene Erwerbstätigkeit auszuüben; wenn er ohne Beschäftigung ist, stattdessen
- sich um eine solche bemühen; er darf nicht
- eine zumutbare Tätigkeit ablehnen.

Diese außerordentlich stark aus der Sicht der Gläubiger heraus formulierte Bestimmung geht allem Anschein nach davon aus, daß der Schuldner in seinem Erwerbsverhalten über die Dauer von sieben bzw. fünf Jahren Wohlverhaltensperiode vom Treuhänder oder den Gläubigern überprüft werden muß, um seine Arbeitskraft in möglichst perfekter Weise zugunsten der Gläubiger einzusetzen. Die Schuldnerinteressen werden demgegenüber nicht erwähnt, auch wird erkennbar keine Rücksicht auf seine familiären Verhältnissen genommen.[194]

Ebensowenig ist im Gesetz die Frage geregelt, ob ein Schuldner eine **Berufsausbildung** aufnehmen, sich beruflich weiterqualifizieren oder umschulen darf, jeweils mit der nahezu zwangsläufigen Konsequenz, daß sein Einkommen während der Ausbildungszeit unterhalb der Pfändungsfreigrenzen verbleibt. Ob solche Fort- oder **Weiterbildungsmaßnahmen** während dieser Zeit ohne Verstoß gegen die Erwerbsobliegenheit durchgeführt werden dürfen, richtet sich nach der amtlichen Begründung zur InsO danach, ob dadurch die Chancen des Schuldners,

---

[191] Mit diesem Begriff wird eine Mitwirkungspflicht ohne eigentlichen Schuldcharakter definiert, bei deren Verletzung Rechtsnachteile eintreten.

[192] § 295 Abs. 1 Nr. 1.

[193] § 296 Abs. 1.

[194] Selbstverständlich sind in der Wohlverhaltensperiode Änderungen der familiären Verhältnisse insofern zu berücksichtigen, als sich der pfändungsfreie Betrag beispielsweise beim Hinzukommen einer Unterhaltsverpflichtung erhöht.

eine qualifizierte Tätigkeit zu erlangen, steigen und Aussicht auf bessere Einkünfte während der weiteren Laufzeit der Abtretungserklärung bestehen. Bei Schuldnern, die ohne Berufsausbildung oder mit schlechter beruflicher Qualifikation nur am Rande der Unpfändbarkeit verdienen und denen das Arbeitsamt zu solchen Maßnahmen verhilft, werden die Gerichte dies ohne Verlust der Restschuldbefreiung eher zulassen als bei einem Schuldner, der einen relativ ordentlich bezahlten und ungefährdeten Arbeitsplatz hierfür aufgibt.

Deshalb ist diese gesetzliche Regelung von den Verbraucherschutzverbänden heftig angegriffen worden. Demgegenüber scheinen Vertreter von Gläubigerinteressen vor allem Sorge vor Mißbräuchen zu haben dergestalt, daß Schuldner durch Aus- und Fortbildung oder eine **Babyphase** die Wohlverhaltensperiode ohne nennenswerte Zahlungen an die Gläubiger hinter sich bringen, um sodann mit verbesserter oder neu erworbener beruflicher Qualifikation und von den zuvor gemachten Schulden befreit in relativ qualifizierte und damit gut bezahlte Berufe zu gelangen. Die Insolvenzgerichte werden große Mühe haben, sozial akzeptable Mittelwege zu finden und möglichst griffige Kriterien dafür zu entwickeln, wann die Aufnahme einer Tätigkeit zumutbar ist und wann der Schuldner ohne Verstoß gegen seine Erwerbsobliegenheit eine berufliche Aus- oder Fortbildung durchführen oder auch eine berufsfremde minder qualifizierte oder an einem anderen Ort gelegene Arbeit ablehnen darf.

Der Gesetzgeber zielte nach den Gesetzesmaterialien darauf ab, den Schuldner mit möglichst hohen Anforderungen an seine Erwerbstätigkeit zu konfrontieren. Hauptziel der gesetzlichen Regelung ist die bestmögliche Befriedigung der Gläubiger während der Wohlverhaltensperiode; erst danach soll der Schuldner im Regelfall wieder frei sein bei der Gestaltung seiner Berufspläne. Während der Wohlverhaltensperiode soll er nahezu **jede Arbeit**, die ihm angeboten wird, **annehmen** müssen, wenn sich hierdurch sein pfändbares Einkommen im Interesse seiner Gläubiger verbessert. Berufliche Fort- und Weiterbildungsmaßnahmen mit der Konsequenz von Lohneinbußen sollen nur dann und dies auch nur in Abstimmung mit den Gläubigern dem Schuldner gestattet werden, wenn zu erwarten ist, daß sich in der verbleibenden Zeitspanne der Wohlverhaltensperiode durch Einkommenssteigerungen insgesamt ein Vorteil für die Gläubiger ergibt.[195]

Der Schuldner ist verpflichtet, dem Gericht und den Gläubigern Auskunft über die Erfüllung seiner Erwerbsobliegenheit zu erteilen und die Richtigkeit eidesstattlich zu versichern.[196] Tut er dies nicht ausreichend, wird Restschuldbefreiung versagt. Das gleiche gilt auf Antrag

[195] Amtliche Begründung Absatz 6 zu § 295.

[196] § 296 Abs. 2.

eines Gläubigers, wenn der Schuldner sich nach Auffassung des Insolvenzgerichts eine Verletzung seiner Erwerbsobliegenheit hat zuschulden kommen lassen. Es steht zu vermuten, daß über diese Frage zahlreiche Auseinandersetzungen stattfinden werden. Viele Schuldner sind auch psychisch in einer schlechten Verfassung, wenn sie im Stadium der Zahlungsunfähigkeit und Überschuldung einen Verbraucherinsolvenzantrag stellen. Sie bedürfen sicherlich nicht nur juristischer sondern vor allem auch sozialtherapeutischer Beratung, um den gesetzlichen Anforderungen gerecht zu werden und letztendlich nach Ablauf dieser Zeit einen wirtschaftlichen Neuanfang starten zu können.

b) Erbschaft. Erbt der Schuldner während der Wohlverhaltensperiode Vermögen, so trifft ihn nach § 295 Abs. 1 Nr. 2 die Obliegenheit, die Hälfte des Wertes an den Treuhänder herauszugeben. Die amtliche Begründung zu dieser Regelung hält es für unbillig, dem Schuldner die Restschuldbefreiung zu gewähren, ohne daß er dieses Vermögen antasten muß. Auf der anderen Seite soll mit der Herausgabepflicht der Hälfte des Wertes erreicht werden, daß der Schuldner nicht etwa eine Erbschaft ausschlägt oder er „in anderer Weise dafür sorgt, daß ihm das betreffende Vermögen gar nicht zufällt".[197]

Erbt der Schuldner Sachwerte, so hat er nicht etwa die Hälfte der geerbten Gegenstände, sondern des Wertes dieser Gegenstände herauszugeben. Er muß sich also selbst um den Verkauf der Erbschaftsgegenstände kümmern und kann diese Aufgabe nicht dem Treuhänder überlassen. Wer auf wessen Kosten feststellt, wie hoch sich der herauszugebende Betrag beläuft, ist gesetzlich nicht geregelt. Insoweit können auf das Insolvenzgericht Probleme der Bewertung zukommen. Ein Insolvenzgläubiger, der die Auffassung vertritt, der Schuldner habe nach einer Erbschaft weniger als die Hälfte des Wertes herausgegeben, kann gemäß § 296 die Versagung der Restschuldbefreiung beantragen. Im Rahmen der gebotenen gerichtlichen Ermittlungen zur Feststellung, ob die vom Gläubiger geltend gemachte Obliegenheitsverletzung zu bejahen ist, muß der Wert des Nachlasses notfalls sogar durch Gutachten geklärt werden. Eine gesetzliche Regelung, die dadurch entstehenden Gerichtskosten nicht aus der Insolvenzmasse zu entnehmen sondern dem antragstellenden Gläubiger jedenfalls dann aufzuerlegen, wenn er den Antrag zu Unrecht gestellt hat, fehlt im Gesetz. Zum Schutz vor ungerechtfertigten entsprechenden Gläubigeranträgen sollten die Insolvenzgerichte die Anforderungen an die Glaubhaftmachung des Gläubigers bezüglich der Werte der vom Schuldner geerbten Gegenstände gemäß § 296 Abs. 1 Satz 3 hoch ansetzen.

[197] Amtliche Begründung Absatz 6 zu § 295.

Erhält der Schuldner mit Rücksicht auf ein künftiges Erbrecht Zuwendungen, so muß er hiervon ebenfalls die Hälfte des Wertes an den Treuhänder abführen.

c) Änderungsanzeigen. § 295 Abs. 1 Nr. 3 enthält ein Sammelsurium von Obliegenheiten, die sich einerseits mit dem Wohnsitz und andererseits mit den Einnahmen des Schuldners an Geld- und Sachwerten befassen.

Dem Schuldner obliegt es,
- jeden Wechsel des Wohnsitzes anzuzeigen,
- jeden Wechsel der Beschäftigungsstelle anzuzeigen,
- keine Einkünfte zu verheimlichen,
- Auskunft über seine Erwerbstätigkeit zu erteilen,
- Auskunft über seine Bemühungen um eine Erwerbstätigkeit zu erteilen,
- Auskunft über seine Bezüge zu erteilen,
- Auskunft über sein Vermögen zu erteilen,

und zwar jeweils sowohl dem Insolvenzgericht als auch dem Treuhänder. Wechselt der Schuldner seine Arbeitsstelle, so gilt die schon mit dem Antrag auf Restschuldbefreiung vorgenommene Abtretung des pfändbaren Anteils seiner Bezüge an den Treuhänder zwar sofort auch bezüglich des neuen Arbeitgebers. Andererseits wird dieser Arbeitgeber möglicherweise hiervon keine Kenntnis erlangen, so lange der Treuhänder vom Wechsel der Arbeitsstelle nichts erfahren hat. Erhält der Schuldner vom neuen Arbeitgeber die Bezüge vollständig ausbezahlt, hat er den pfändbaren Teil unverzüglich an den Treuhänder weiterzuleiten,[198] weil er durch den Erhalt der abgetretenen Beträge ungerechtfertigt bereichert ist.

d) Keine Sondervorteile. Nach § 295 Abs. 1 Nr. 4 darf der Schuldner keinem Insolvenzgläubiger einen Sondervorteil verschaffen. Vielmehr gehört es zu den Aufgaben des Treuhänders, für eine gesetzmäßige Verteilung der eingenommenen Beträge an die Insolvenzgläubiger zu sorgen. Deshalb obliegt es dem Schuldner, Zahlungen zur Befriedigung der Gläubiger nur an den Treuhänder zu leisten.

e) Selbständige Tätigkeit. Dem Schuldner ist es nicht untersagt, eine selbständige berufliche Tätigkeit während der Wohlverhaltensperiode auszuüben, etwa ein Gewerbe zu betreiben. In einem solchen Fall ist es nicht möglich, im voraus den unpfändbaren Teil seiner Einkünfte an den Treuhänder abzutreten. § 295 Abs. 2 sieht deshalb vor, daß der Schuldner die Insolvenzgläubiger durch Zahlungen an den Treuhänder

---

[198] Absatz 8 der amtlichen Begründung zu § 295.

so zu stellen hat, wie wenn er ein angemessenes Dienstverhältnis eingegangen wäre. Der Schuldner muß also – völlig unabhängig davon, welche Einkünfte er aus seiner selbständigen Tätigkeit tatsächlich erzielt, so viel an den Treuhänder zahlen, wie sein Arbeitgeber an ihn abführen würde, wenn er einen Arbeitsplatz hätte, der von seiner Ausbildung und seiner Vortätigkeit her angemessen wäre.

Es liegt nahe, daß in diesen Fällen in der Praxis erhebliche Bewertungsschwierigkeiten auftreten werden. Schuldner werden häufig geltend machen, wenn sie im Zeitpunkt der Antragstellung arbeitslos sind, sie hätten angesichts der hohen Arbeitslosenquote allenfalls einen Arbeitsplatz erreichen können, der nur geringe Zahlungen aus pfändbarem Einkommen ermöglicht hätte. Die Zahlungen haben nicht in monatlich gleichbleibenden Beträgen zu erfolgen, sondern der Schuldner muß nach dem letzten Absatz der amtlichen Begründung zu § 295 selbst beurteilen, welche Mittel er jeweils an den Treuhänder abführen kann, ohne den Bestand des Gewerbebetriebs zu gefährden. Allerdings darf er die Gläubiger im Ergebnis nicht schlechter stellen als wenn er ein angemessenes Dienstverhältnis eingegangen wäre. Maßgeblich ist nur, ob er bei Ablauf der Wohlverhaltensperiode insgesamt den gleichen wirtschaftlichen Wert an die Gläubiger abgeführt hat, den diese im Falle eines angemessenen Dienstverhältnisses des Schuldners erhalten hätten. Ist dies der Fall, so hat der Schuldner seine Obliegenheit erfüllt.

Dies gilt selbst dann, wenn offenkundig ist, daß der Schuldner mit seinem Gewerbebetrieb in der Wohlverhaltensperiode überdurchschnittlich wirtschaftlich erfolgreich war und wesentlich höhere Einkünfte erzielt hat. Diese Regelung war deshalb im Gesetzgebungsverfahren umstritten. Der Bundesrat wollte insoweit eine für die Gläubiger, die er ungerecht behandelt sah, günstigere gesetzliche Regelung durchsetzen. Er erreichte jedoch keine Änderung des Regierungsentwurfs. Die Bundesregierung vertrat die Auffassung, daß diese Regelung das Gericht, den Treuhänder und die Gläubiger so wenig wie möglich belastet, weil die Obliegenheitserfüllung anhand klarer Kriterien leicht feststellbar sei. Bei einer konkreten Feststellung der Einkünfte aus einem Gewerbebetrieb würde erhebliche Schwierigkeiten auftreten. Außerdem wäre es für den Schuldner oft leicht, dafür zu sorgen, daß ihm die entsprechenden Gewinne erst nach Ablauf der Wohlverhaltensperiode zuflössen.

Ob die im Falle des selbständigen Schuldners zu zahlenden Beträge leicht feststellbar sind, muß die Praxis erweisen. Wegen der oben angedeuteten voraussichtlichen Argumente der Schuldner muß ernstlich bezweifelt werden, ob in der Praxis angemessene Vereinbarungen zwischen den Gläubigern und dem Schuldner über den zu zahlenden Gesamtbetrag erreicht werden können.

Im Streit um die Angemessenheit der zu zahlenden Beträge gelten die obigen Ausführungen zum Wert der abzuführenden Erbschaft: Ein eigenes Verfahren zur Feststellung der zu leistenden Zahlung sieht das Gesetz nicht vor. Vielmehr muß notfalls nach einem Gläubigerantrag auf Versagung der Restschuldbefreiung wegen Obliegenheitsverletzung die Frage, welche Beträge der Schuldner hätte abführen müssen, im Instanzenweg geklärt werden. Dies erscheint auch aus Sicht des redlichen Schuldners als eine äußerst unglückliche und ihm auch unzumutbare Regelung, weil der Schuldner nicht im vorhinein sicher sein kann, daß er bei Bezahlung eines bestimmten Betrages tatsächlich seine Obliegenheiten erfüllt und nicht im nachhinein mit der Ablehnung der Restschuldbefreiung rechnen muß. Es hilft hier auch nicht der Wortlaut des § 296 Abs. 1 Satz 1, wonach ein Gläubigerantrag auf Versagung der Restschuldbefreiung wegen Obliegenheitsverletzung auch schon während der Dauer der Wohlverhaltensperiode gestellt werden darf. Denn nach den obigen Ausführungen darf der selbständig tätige Schuldner eine Zeitlang keine oder nur geringere Beträge an den Treuhänder abführen, wenn er nur am Ende der Wohlverhaltensperiode fehlende Beträge nachzahlt und so im Ergebnis die Gläubiger angemessen befriedigt. Ein während der Wohlverhaltensperiode gestellter Gläubigerantrag auf Versagung der Restschuldbefreiung ist damit ohne jede Aussicht auf Erfolg; denn der Schuldner kann stets argumentieren, er sei momentan leistungsunfähig und beabsichtige die Nachzahlung zum Ende der Wohlverhaltensperiode.

4. Treuhänder

Wird dem Schuldner nach Beendigung des Verbraucherinsolvenzverfahrens Restschuldbefreiung nicht nach § 290 versagt und hat er einen Antrag auf Restschuldbefreiung gestellt, so entscheidet das Insolvenzgericht durch Beschluß[199], der dahingehend lautet, daß der Schuldner Restschuldbefreiung erlangt, wenn er den Obliegenheiten des § 295 während der Laufzeit der Abtretungserklärung[200] nachkommt und die Voraussetzungen für eine Versagung nach § 297 wegen Verurteilung aufgrund von Insolvenzstraftaten oder nach § 298 wegen fehlender Deckung der Mindestvergütung des Treuhänders nicht vorliegen. Im gleichen Beschluß wird der Treuhänder bestimmt, auf den die pfändbaren Bezüge des Schuldners nach Maßgabe der Abtretungserklärung übergehen.[201] Das Gericht bestimmt also erneut einen Treuhänder, des-

---

199 § 289 Abs. 1 Satz 2.
200 Vgl. hierzu Kapitel III. D.2.
201 § 291.

sen Aufgaben letztlich andere sind als die des Treuhänders während des Verbraucherinsolvenzverfahrens. Die mit diesem Amt betraute Person kann selbstverständlich die gleiche sein. Zum Treuhänder während des Verbraucherinsolvenzverfahrens vgl. oben Kapitel C.3. Der Grund für diese gesetzliche Regelung einer zweimaligen Beschlußfassung über die Person des Treuhänders dürfte darin liegen, daß der Treuhänder der Wohlverhaltensperiode auch dann bestimmt werden muß, wenn eine natürliche Person mit erheblicher geschäftlicher Tätigkeit[202], dem das Verbraucherinsolvenzverfahren nicht zur Verfügung seht, einen Insolvenzantrag mit Antrag auf Restschuldbefreiung gestellt hat. In diesem Fall findet das Regelinsolvenzverfahren über das Vermögen dieses Schuldners mit Bestellung eines Insolvenzverwalters statt; ein Treuhänder wird nur für die Dauer der Wohlverhaltensperiode bestimmt. Das Verbraucherinsolvenzverfahren mit seinen besonderen Regelungen über den vorgeschalteten Schuldenbereinigungsplan einerseits und das vereinfachte gerichtliche Insolvenzverfahren mit einem Treuhänder statt einem Insolvenzverwalter andererseits ist im Gesetzgebungsverfahren nachträglich an die allgemeinen Regelungen angehängt worden, was zu einer Erschwerung des Verständnisses führt.

Die Aufgabe des Treuhänders während der Wohlverhaltensperiode besteht gemäß § 292 zunächst darin, den zur Zahlung der Bezüge Verpflichteten – also in der Regel den Arbeitgeber des Schuldners – über die Abtretung zu unterrichten. Er hat die Beträge, die er durch die Abtretung erlangt, und sonstige Leistungen zur Verteilung an die Gläubiger einzuziehen, getrennt von seinem eigenen Vermögen zu halten und ein Mal jährlich zu verteilen.

Um dem Schuldner einen Anreiz zu geben, die Wohlverhaltensperiode auch durchzustehen, obwohl er für die gesamte Laufzeit den pfändbaren Lohnanteil abtreten mußte, sieht § 292 Abs. 1 Satz 3 vor, daß der Treuhänder nach Ablauf von vier Jahren seit der Aufhebung des Insolvenzverfahrens zehn Prozent, nach Ablauf von fünf Jahren 15 Prozent und nach Ablauf von sechs Jahren zwanzig Prozent an den Schuldner abführt. Dies ist dahin zu verstehen, daß der Arbeitgeber an den Treuhänder aufgrund der Abtretung auch weiterhin ab dem fünften Jahr der Laufzeit den vollen pfändungsfreien Betrag abführt, jedoch der Treuhänder ab diesem Zeitpunkt die oben genannten Prozentsätze an den Schuldner weiterleitet. Ist die Wohlverhaltensperiode auf fünf Jahre verkürzt, so erhält der Schuldner im Ergebnis also nachträglich 10 Prozent des pfändbaren Anteils eines Jahreseinkommens zurückerstattet, bei der siebenjährigen Wohlverhaltensperiode insgesamt 45 Prozent. Nicht vorgesehen ist dagegen im Gesetz, daß der Arbeitgeber bei der Überweisung des pfänd-

---

[202] Z. B. ein Vollkaufmann im Sinne des früheren § 1 HGB.

baren Anteils der Arbeitslohns an den Treuhänder gleich diese Prozentsätze abzieht und die Beträge an den Schuldner überweist; vielmehr bezieht sich die Abtretung weiterhin auf den vollen pfändbaren Lohnanteil.

Nicht geregelt ist in § 292, ob der Treuhänder die Zahlungen an den Schuldner ebenso wie seine Zahlungen an die Gläubiger jährlich vornimmt oder monatlich. Richtigerweise muß er nach Abzug seiner Vergütung und Kosten rechnerisch 10 Prozent der tatsächlich eingegangenen Beträge nach deren Eingang an den Schuldner weiterleiten, weil eine Regelung über eine jährliche Rechnungsstellung hierüber im Gesetz fehlt. Im Interesse der Erreichung des Gesetzeszweckes, dem Schuldner ab dem fünften Jahr der Wohlverhaltensperiode eine – wenn auch geringe – Steigerung seines Lebensstandards zu ermöglichen, erscheint es angezeigt, die Zahlungen an den Schuldner monatlich vorzunehmen. Der verwaltungsmäßige und kostenmäßige Aufwand hierfür ist nicht so groß wie er bei einer monatlichen Abführung der Beträge an eine möglicherweise größere Anzahl von Gläubigern wäre.

Nicht zu den Aufgaben des Treuhänders gehört es, die Erfüllung der Obliegenheiten des Schuldners während der Laufzeit der Abtretungserklärung nach § 295 zu überwachen.[203] Da jedoch die Gläubiger in aller Regel praktisch nicht in der Lage sein werden, diese Überwachung des Schuldners selbst vorzunehmen, erlaubt § 292 Abs. 2 Satz 1 den Gläubigern, in der Gläubigerversammlung dem Treuhänder zusätzlich die Aufgabe zu übertragen, die Erfüllung der Obliegenheiten des Schuldners zu überwachen. Nur in diesem Fall hat der Treuhänder die Gläubiger unverzüglich zu benachrichtigen, wenn er einen Verstoß gegen die Obliegenheiten feststellt. Für seine Überwachungstätigkeit steht dem Treuhänder eine zusätzliche Vergütung zu. Diese beträgt nach § 15 InsVV[204] regelmäßig 25 DM je Stunde und ist aus der Insolvenzmasse zu begleichen. Wenn die Masse diese Vergütung nicht hergibt, müssen die Gläubiger gegebenenfalls Vorschüsse leisten. Da die Entnahme der Vergütung aus der Masse letztlich wiederum die an die Gläubiger fließenden Beträge mindert, geht die Vergütung faktisch zu Lasten der Gesamtheit der Gläubiger. Der Gesamtbetrag der Regelvergütung des Insolvenzverwalters darf durch diese zusätzlichen Zahlungen aufgrund der Überwachungstätigkeit des Treuhänders nach § 15 InsVV nicht überschritten werden. Dies leuchtet ein, weil mit der Regelvergütung des Insolvenzverwalters eine solche Überwachungstätigkeit abgegolten ist und der Treuhänder mit seinem eingeschränkten Aufgabenbereich keine höhere Vergütung als ein Insolvenzverwalter erhalten kann. Um zu verhindern, daß der Treuhänder möglicherweise zeitaufwendige

---

[203] Vgl. zu den Obliegenheiten des Schuldners Kapitel III. D.3.

[204] Insolvenzrechtliche Vergütungsverordnung.

Überwachungstätigkeiten ohne die Sicherheit, daß seine Vergütung gedeckt ist, vornehmen muß, sieht § 292 Abs. 2 Satz 3 einen Wegfall seiner Verpflichtung zur Überwachung vor, wenn die ihm dafür zustehende zusätzliche Vergütung nicht gedeckt oder vorgeschossen ist.

Der Treuhänder steht wie der Insolvenzverwalter unter der Aufsicht des Insolvenzgerichts.[205] Das Gericht kann Auskünfte oder Sachstandsberichte anfordern und bei Pflichtverstößen Zwangsgelder festsetzen, außerdem den Treuhänder aus wichtigem Grund aus dem Amt entlassen.[206] Die Entlassung kann von jedem Insolvenzgläubiger beantragt werden.

5. Erteilung der Restschuldbefreiung

Nach Ablauf der Wohlverhaltensperiode hört das Insolvenzgericht den Schuldner, den Treuhänder und die Insolvenzgläubiger zum Antrag des Schuldners auf Restschuldbefreiung an.[207] Die Anhörung geschieht insbesondere unter dem Aspekt, ob vom Treuhänder oder einem Insolvenzgläubiger ein Antrag auf Versagung der Restschuldbefreiung gestellt wird. Eine Versagung ist nur auf Antrag eines Gläubigers oder des Treuhänders, nicht jedoch von Amts wegen möglich.[208]

Versagungsgründe nach Ablauf der Wohlverhaltensperiode sind die gleichen wie während dieser Zeit:

- auf Antrag eines Insolvenzgläubigern, wenn der Schuldner eine seiner Obliegenheiten verletzt und dadurch die Befriedigung der Gläubigerinteressen beeinträchtigt,
- auf Antrag eines Insolvenzgläubigern, wenn der Schuldner rechtskräftig wegen einer Insolvenzstraftat verurteilt worden ist,
- auf Antrag des Treuhänders, wenn die von ihm eingenommenen Beträge nicht ausreichen, seine Mindestvergütung zu decken, und der Schuldner den fehlenden Betrag trotz Aufforderung nicht nachzahlt.

Wird kein Antrag auf Versagung der Restschuldbefreiung gestellt, erteilt das Insolvenzgericht die Restschuldbefreiung durch Beschluß. Hat ein Insolvenzgläubiger oder der Treuhänder einen Antrag auf Versagung der Restschuldbefreiung gestellt, den das Insolvenzgericht jedoch für unbegründet hält, so gilt das gleiche. In diesem Fall kann derjenige, dessen Versagungsantrag abgelehnt worden ist, den Beschluß mit der sofortigen Beschwerde gemäß § 300 Abs. 3 anfechten. Die gerichtliche Entscheidung ist öffentlich bekanntzumachen und wird erst mit der Rechtskraft wirksam.

---

[205] §§ 292 Abs. 3 Satz 2, 58.
[206] §§ 292 Abs. 3 Satz 2, 49.
[207] § 300 Abs. 1.
[208] § 300 Abs. 2.

6. Wirkung der Restschuldbefreiung

Die rechtskräftige Erteilung der Restschuldbefreiung wirkt sich bezüglich aller Insolvenzgläubiger[209] dahingehend aus, daß deren Insolvenzforderungen in sog. unvollkommene Verbindlichkeiten (Naturalobligationen) umgewandelt werden. Die Forderungen der Insolvenzgläubiger erlöschen also nicht. Sie sind nicht mehr durchsetzbar, bleiben aber weiterhin erfüllbar. Zahlt der Schuldner an einen Insolvenzgläubiger nach Erteilung der Restschuldbefreiung auf eine Insolvenzforderung, so besteht für diese Zahlung daher weiterhin ein Rechtsgrund. Die Zahlung kann nicht etwa mit der Leistungskondiktion des § 812 Abs. 1 Satz 1 BGB wegen ungerechtfertigter Bereicherung zurückgefordert werden.[210]

Insolvenzgläubiger können sich nach Erteilung der Restschuldbefreiung mit ihrem Forderungsausfall an Mitschuldner und Bürgen halten, weil Sicherheiten unberührt bleiben. Gleiches gilt auch für Mobiliar- und Immobiliarsicherheiten.[211]

Die gesetzliche Regelung der weiterbestehenden Haftung auch von mitverpflichteten Familienangehörigen war im Gesetzgebungsverfahren umstritten. Es gab Überlegungen des Bundesrats dahingehend, von der Restschuldbefreiung auch die Ansprüche gegen mithaftende nahe Angehörige umfassen zu lassen. Dieser Gedanke ist jedoch nicht in die gesetzliche Regelung aufgenommen worden. Dem lag die Argumentation zugrunde, daß dieser Personenkreis, wenn er durch die übernommenen Verpflichtungen insolvent wird oder zu werden droht, ebenfalls einen Insolvenzantrag mit Restschuldbefreiung über das eigene Vermögen stellen kann, andererseits vermögende mithaftende Personen nicht aus der übernommenen Haftung entlassen werden sollen, um insbesondere das in Deutschland sehr häufig eingesetzte Kreditsicherungsmittel der Bürgschaft nicht weiter abzuwerten. Ob diese gesetzgeberische Entscheidung rechtspolitisch überzeugt, mag bezweifelt werden.[212]

Gemäß § 302 von der Restschuldbefreiung **ausgenommen** sind:

- Verbindlichkeiten des Schuldners aus einer vorsätzlich begangenen unerlaubten Handlung,[213]

---

209 Auch derjenigen, die am Verfahren nicht beteiligt waren oder die ihre Forderungen nicht angemeldet haben, vgl. § 301 Abs. 1.

210 § 301 Abs. 3.

211 § 301 Abs. 2 Satz 1 und Satz 2.

212 Ablehnend beispielsweise Häsemeyer, Insolvenzrecht, RdNr. 26.06 und 26.63.

213 § 302 Nr. 1.

- Geldstrafen, Geldbußen, Ordnungsgelder und Zwangsgelder sowie solche Nebenfolgen einer Straftat oder Ordnungswidrigkeit, die zu einer Geldzahlung verpflichten.[214]

Als vorsätzliche unerlaubte Handlung kommt auch ein sog. Eingehungsbetrug in Betracht. Dieser Begriff umschreibt die Situation, daß der Schuldner zu einem Zeitpunkt, als er bereits zahlungsunfähig war, eine vertragliche Verpflichtung eingegangen ist und die Gegenleistung in Anspruch genommen hat, wobei er sich hierbei im Klaren darüber war, daß er seine Zahlungspflicht aus dem Vertrag nicht mehr würde erfüllen können.

Wegen dieser Vorschrift sind schon vor Inkrafttreten der InsO Anwaltskanzleien teilweise dazu übergegangen, Zahlungsklagen aus vertraglichen Vereinbarungen nicht nur auf diese Vereinbarung zu stützen, sondern auf Schadensersatz wegen Eingehungsbetrugs, mit dem Hintergrund, auch im Falle einer späteren Restschuldbefreiung wegen der titulierten Forderung weiter gegen den Schuldner vollstrecken zu können. Im Gerichtsalltag finden sich auch Mahnbescheide, die nicht die vertragliche Grundlage angeben, sondern den Schuldgrund mit „Vorsätzliche unerlaubte Handlung" bezeichnen. Es stellt sich die Frage der Bindungswirkung einer Entscheidung in einem Zivilrechtsstreit für die Frage, ob die Restschuldbefreiung eingetreten ist oder nicht. Dies wird man bei einem rechtskräftigen streitigen Urteil, das die Verurteilung auf eine vorsätzliche unerlaubte Handlung stützt, zu bejahen haben, da die Entscheidungsgründe herangezogen werden müssen, wenn der Streitgegenstand und damit der Umfang der Rechtskraft eines streitigen Zivilurteils abgegrenzt werden sollen.[215] Bei einem Mahnbescheid oder Vollstreckungsbescheid ist dies jedoch zu verneinen: Das Gericht prüft im Mahnverfahren den Schuldgrund ebensowenig wie die Berechtigung der behaupteten Forderung. Es kann den vom Antragsteller angegebenen Schuldgrund auch nicht abändern. Der Schuldner, der sich seiner Zahlungsverpflichtung aus einem Vertrag bewußt ist, kann auch nicht allein zum Zwecke der Änderung des Schuldgrundes Widerspruch gegen den Mahnbescheid bzw. Einspruch gegen den Vollstreckungsbescheid einlegen.

Verbindlichkeiten aus fahrlässig begangenen unerlaubten Handlungen werden, wie der Umkehrschluß aus § 302 Nr. 1 ergibt, von der Restschuldbefreiung umfaßt.

Geldstrafen in Strafverfahren sowie Geldbußen bei Ordnungswidrigkeiten[216] werden gemäß § 302 Nr. 2 in Verbindung mit § 39 Abs. 1 Nr. 3 ebenfalls von der Restschuldbefreiung ausgenommen. Gleiches gilt für

---

[214] § 302 Nr. 2 i. V. m. § 39 Abs. 1 Nr. 3.
[215] Ständige Rspr. zu § 322 ZPO, vgl. zuletzt BGH NJW 1995, 967.
[216] Vgl. §§ 17 ff. OWiG.

Nebenfolgen einer Straftat oder Ordnungswidrigkeit, die zu einer Geldzahlung verpflichten. Nicht erwähnt werden auf Geldzahlungen gerichtete Bewährungsauflagen nach § 56b Abs. 2 Nr. 2 und 4 StGB sowie mit Einstellungsverfügungen nach § 153a StPO verbundene Auflagen zur Zahlung eines Geldbetrags. Eine Restschuldbefreiung bezüglich dieser Auflagen wird man verneinen müssen. Begründen läßt sich dies aus dem Wesen der Auflage: Der Charakter der Auflage wird teilweise als strafähnliche Maßnahme gesehen,[217] auch liegt keine Verbindlichkeit des Schuldners vor, die der Gläubiger – also die Staatskasse oder die begünstigte gemeinnützige Institution – ohne Insolvenzverfahren als Forderung hätte zwangsweise durchsetzen können. Es handelt sich somit nicht um Insolvenzforderungen, die durch die Restschuldbefreiung in unvollkommene Verbindlichkeiten[218] umgewandelt werden.

Unterhaltsansprüche, die bis zur Eröffnung des Insolvenzverfahrens entstanden waren, haben als Insolvenzforderungen am Verfahren teilgenommen und unterliegen der Restschuldbefreiung, weil für sie eine gesetzliche Ausnahmeregelung in der InsO fehlt.[219] Vgl. zu dieser die Unterhaltsgläubiger benachteiligenden Regelung auch im Ratgeberteil die Frage 32 bezüglich Unterhaltsansprüchen.

7. Versagung der Restschuldbefreiung

Restschuldbefreiung wird gemäß § 296 auf Antrag eines Gläubigers versagt, wenn der Schuldner eine seiner Obliegenheiten verletzt hat und dadurch die Befriedigung der Insolvenzgläubiger beeinträchtigt. Es genügt hierbei bereits Fahrlässigkeit; vorsätzliches pflichtwidriges Verhalten wird vom Gesetz nicht vorausgesetzt. Nach § 296 Abs. 1 Satz 1 Halbsatz 2 wird Fahrlässigkeit sogar als Regelfall unterstellt, weil im Gesetz ein Regel-Ausnahme-Verhältnis formuliert ist und daher die Beweislast die für ihm günstige Ausnahme des fehlenden Verschuldens beim Schuldner liegt, wenn objektiv eine Obliegenheitsverletzung festzustellen ist.

Beantragt ein Gläubiger nach Ablauf der Wohlverhaltensperiode, die Restschuldbefreiung zu versagen, so muß das Gericht ebenso wie bei einem entsprechenden in einem früheren Verfahrensstadium gestellten Antrag die geltend gemachten Versagungsgründe prüfen und hierzu den Schuldner und den Treuhänder anhören. Eine Versagung ist gemäß § 297 wegen Obliegenheitsverletzungen und wegen Insolvenzstraftaten

---

[217] Tröndle, StGB, § 56b RdNr. 2.

[218] Vgl. oben am Anfang dieses Kapitels

[219] Kritisch hierzu Häsemeyer, Insolvenzrecht, RdNr. 26.62; Uhlenbruck, FamRZ 1993, 1026 auch zum Anspruch des Schuldners auf Unterhaltszahlungen aus der Insolvenzmasse.

möglich, wenn die Verurteilung im Zeitraum zwischen Schlußtermin und Aufhebung des Insolvenzverfahrens oder während der Wohlverhaltensperiode erfolgt ist. Auch nach Ende dieses Zeitraums ist der Schuldner verpflichtet, über die Erfüllung seiner Obliegenheiten Auskunft zu erteilen und auf Gläubigerantrag die Richtigkeit an Eides Statt zu versichern. Verstößt er hiergegen, ist ebenfalls Restschuldbefreiung zu versagen.

Auf Antrag des Treuhänders ist Restschuldbefreiung zu versagen, wenn für das vorangegangene Jahr dessen **Mindestvergütung** nicht gedeckt ist und der fehlende Betrag nicht nachbezahlt wird. Voraussetzung der Versagung ist zunächst eine Zahlungsaufforderung, in der eine Frist von mindestens zwei Wochen gesetzt wird und in der auf die Möglichkeit der Versagung hingewiesen wird. Nach Fristablauf kann der Treuhänder einen Antrag auf Versagung stellen. Das Gericht hört den Schuldner an und gibt dem Antrag nach Ablauf von weiteren zwei Wochen statt, es sei denn daß innerhalb dieses Zeitraums die Zahlung erfolgt ist.

Lehnt das Gericht einen Antrag auf Versagung ab, steht dem Antragsteller die sofortige Beschwerde zu, im umgekehrten Fall dem Schuldner.[220]

Zuständig für die Entscheidung über die Erteilung oder Versagung der Restschuldbefreiung ist gemäß § 18 Abs. 1 Nr. 2 RPflG der Richter, sobald ein Gläubiger die Versagung beantragt. Wird kein Versagungsantrag gestellt, wird die Restschuldbefreiung vom Rechtspfleger erteilt.

8. Widerruf der Restschuldbefreiung

Die rechtskräftig erteilte Restschuldbefreiung kann unter eingeschränkten Voraussetzungen nachträglich widerrufen werden. Dies setzt gemäß § 303 zunächst voraus, daß binnen einer Frist von einem

---

[220] § 296 Abs. 3 Satz 1. Warum dem Treuhänder selbst dann, wenn er – wenn auch nachträglich – seine Vergütung vom Schuldner erhalten hat, in § 298 Abs. 3 ein Beschwerderecht eingeräumt wurde, obwohl an zahlreichen anderen Stellen bei teilweise gravierenden Eingriffen in Rechtspositionen von Verfahrensbeteiligten dies nicht der Fall ist, vermag nicht einzuleuchten. Es ist schwer vorstellbar, welches berechtigte Interesse der Treuhänder an seinem Antrag noch haben soll, wenn er seine angeforderte Vergütung erhalten hat. Die Bezugnahme des § 298 Abs. 3 auf das Beschwerderecht nach § 296 Abs. 3 ist deshalb einschränkend dahin auszulegen, daß das Beschwerderecht mangels Beschwer des Treuhänders entfällt, falls der Schuldner die Vergütung nachentrichtet hat.

Jahr ab Erteilung der Restschuldbefreiung ein Antrag von einem Gläubiger gestellt wird. Im Antrag muß der Grund für den Widerruf dargestellt und glaubhaft gemacht werden. Weiter ist Voraussetzung für die Zulässigkeit des Gläubigerantrags, daß der Widerrufsgrund im Zeitpunkt der Rechtskraft der Entscheidung über die Restschuldbefreiung dem antragstellenden Gläubiger noch nicht bekannt war. Die Glaubhaftmachung geschieht nach den Regeln der ZPO z. B. durch eidesstattliche Versicherung des dargestellten Sachverhalts und durch die Vorlage schriftlicher Belege.

Die Voraussetzungen des Widerrufs sind enger gefaßt als diejenigen für eine Versagung der Restschuldbefreiung. Widerrufen werden kann nur, wenn festgestellt wird, daß der Schuldner

- vorsätzlich eine Obliegenheit verletzt hat und
- er dadurch die Befriedigung der Insolvenzgläubiger erheblich beeinträchtigt hat.

Während für die Versagung Fahrlässigkeit ausreicht, die sogar vermutet wird, ist für den Widerruf der **Nachweis des Vorsatzes** bei der Obliegenheitsverletzung erforderlich. Da der Begriff des Vorsatzes in § 303 im direkten sprachlichen Zusammenhang nur mit der Obliegenheitsverletzung und nicht mit der Gläubigerbeeinträchtigung steht, muß vom Antragsteller der Nachweis des Vorsatzes nicht auch für die wirtschaftlichen Folgen der Obliegenheitsverletzungen erbracht werden. Vielmehr ist gesetzliche Voraussetzung des Widerrufs neben der vorsätzlichen Obliegenheitsverletzung lediglich die dadurch objektiv eingetretene Beeinträchtigung der Tilgung der Verbindlichkeiten.[221] Der Widerruf ist also auch dann möglich, wenn der Schuldner die wirtschaftlichen Folgen seines Handelns nicht bedacht hatte.

Vor der Entscheidung über den Antrag sind der Schuldner und der Treuhänder zu hören. Zuständig für die Entscheidung ist gemäß § 18 Abs. 1 Nr. 2 RPflG der Richter. Dieser wird eine Frist zur Stellungnahme setzen und danach durch Beschluß entscheiden. Wird der Antrag abgelehnt, steht dem antragstellenden Gläubiger das Rechtsmittel der sofortigen Beschwerde zu. Im umgekehrten Fall des Widerrufs steht dem Schuldner das gleiche Rechtsmittel zu. Der Treuhänder hat unter keinen Umständen die Befugnis zu einem Rechtsmittel.

Der Widerruf wird gemäß § 303 Abs. 3 Satz 3 öffentlich bekanntgemacht. Nach Rechtskraft des Beschlusses können alle Insolvenzgläubiger wegen ihrer in der Insolvenztabelle festgestellten Forderungen gegen den Schuldner im Wege der Einzelzwangsvollstreckung vorgehen, weil das Verbraucherinsolvenzverfahren bereits vor der Wohlverhaltensperiode abgeschlossen worden war und nicht wieder auflebt.

---

[221] Häsemeyer, Insolvenzrecht, RdNr. 26.60.

Ein **erneuter** Antrag des Schuldners auf Durchführung des Verbraucherinsolvenzverfahrens mit Restschuldbefreiung ist gemäß § 290 Abs. 1 Nr. 3 erst nach Ablauf von zehn Jahren möglich. Zwar wird dort lediglich der Fall der Versagung nach §§ 296f. und nicht der Fall des Widerrufs erwähnt; da der Widerruf jedoch nicht nur den früheren Beschluß über die Erteilung der Restschuldbefreiung aufhebt sondern inhaltlich zugleich die Restschuldbefreiung versagt, muß der Fall des § 303 analog auf die Frist angewandt werden.

Kapitel IV. Das amtliche Formular mit Anlagen

Übersicht Seite

Die Projektgruppe zur Umsetzung der Insolvenzrechtsreform des Landes Nordrhein-Westfalen hat in Zusammenarbeit mit dem Bayerischen Staatsministerium der Justiz und dem Bundesministerium der Justiz Antragsformulare entwickelt, die hier als „amtliche Formulare“ bezeichnet werden. Im strengen Sinne sind sie nicht amtlich, weil ein Zwang, diese Formulare zu verwenden, bislang gesetzlich nicht normiert ist. Faktisch werden sie aber vermutlich in der hier abgedruckten oder in veränderter Form in den meisten Bundesländern zum Einsatz kommen. Allerdings hat der Bundesrat am 10.7. 1998 vorgeschlagen, in § 305 InsO folgende Regelung aufzunehmen: „Das Bundesministerium der Justiz wird ermächtigt, durch Rechtsverordnung mit Zustimmung des Bundesrates zur Vereinfachung des Verbraucherinsolvenzverfahrens für die Beteiligten Vordrucke für die nach Absatz 1 Nr. 1 bis 4 vorzulegenden Bescheinigungen, Anträge, Verzeichnisse und Pläne einzuführen. Soweit nach Satz 1 Vordrucke eingeführt sind, muß sich der Schuldner ihrer bedienen. Für Verfahren bei Gerichten, die die Verfahren maschinell bearbeiten und für Verfahren bei Gerichten, die die Verfahren nicht maschinell bearbeiten, können unterschiedliche Vordrucke eingeführt werden.“

Antragsteller(in) mit Name und Anschrift:

An das Amtsgericht (Insolvenzgericht) in:

Antrag auf Eröffnung des Insolvenzverfahrens (§ 305 InsO)

I. Eröffnungsantrag

Ich stelle den Antrag, über mein Vermögen das Insolvenzverfahren zu eröffnen. Nach meinen Vermögens- und Einkommensverhältnissen bin ich nicht in der Lage, meine bestehenden Zahlungspflichten, die bereits fällig sind oder in absehbarer Zeit fällig werden, zu erfüllen.

II. Erklärung zur Restschuldbefreiung

☐ Ich stelle den **Antrag** auf Erteilung von Restschuldbefreiung (§ 287 InsO).

☐ Restschuldbefreiung soll **nicht beantragt** werden.

III. Anlagen:

☒	Personalbogen	(Anlage 1)
☒	Bescheinigung über das Scheitern des außergerichtlichen Einigungsversuchs	(Anlage 2)
☐	Zusatzerklärungen zum Antrag auf Restschuldbefreiung	(Anlage 3)
☒	Vermögensverzeichnis mit den dort genannten Ergänzungsblättern	(Anlage 4)
☒	Gläubiger- und Forderungsverzeichnis	(Anlage 5)
☒	Schuldenbereinigungsplan	(Anlage 6)
☐	Chronologischer Zahlungsplan	(Anlage 6 A)
☐	Sonstige:	

IV. Versicherung (§ 305 Absatz 1 Nr. 3 InsO):

Die Richtigkeit und Vollständigkeit der in den beigefügten Anlagen enthaltenen Angaben und Erklärungen versichere ich.

Mir ist bekannt, daß mir die Restschuldbefreiung versagt werden kann, wenn ich vorsätzlich oder grob fahrlässig unrichtige oder unvollständige Angaben gemacht habe (§ 290 Abs. 1 Nr. 6 InsO).

(Ort, Datum) *(Unterschrift)*

Personalbogen: **Angaben zur Person der Schuldnerin oder des Schuldners**					**Anlage 1 zum Eröffnungs-antrag**
Name					
früherer Name					
Geburtsname					
Vornamen (Rufname unterstreichen)					
Geburtsdatum und Geburtsort					
Wohnanschrift Straße Hausnummer					
Postleitzahl					
Ort					
Telefon			Telefax		
Familienstand	☐ ledig	☐ verheiratet seit	☐ geschieden seit	☐ getrennt lebend seit	☐ verwitwet seit
Erlernter Beruf		zur Zeit tätig als			
Beteiligung am Erwerbsleben	☐ selbständig im Bereich ☐ Land- und Forstwirt/in ☐ Gewerbetreibende(r) ☐ Freiberuflich Tätige(r) ☐ Sonstiges: (Siehe Anlage 4 D)	☐ unselbständig als ☐ Arbeiter/in ☐ Angestellte(r) ☐ Beamter/Beamtin ☐ Aushilfe ☐ Sonstiges	☐ keine Beteiligung am Erwerbsleben, weil ☐ Rentner/in, Pensionär/in seit ☐ arbeitslos, seit ☐ Schüler/in, Student/in ☐ Sonstiges, und zwar		
Unterhaltsberechtige Kinder (Siehe Anlage 4 F)	☐ nein	☐ ja, Anzahl:			
Verfahrensbevollmächtigter für das vorliegende Verfahren: ☐ Nein ☐ Ja, und zwar:	Name				
	Vorname				
	Straße				
	Postleitzahl				
	Ort				
	Telefon		Telefax		
	Geschäftszeichen				
	Sachbearbeiter				

Antragsteller(in):	**Anlage 2 zum Eröffnungsantrag**

Bescheinigung über das Scheitern des außergerichtlichen Einigungsversuches

(§ 305 Abs. 1 Nr. 1 InsO)

Die Bescheinigung ist von der Stelle oder Person auszufüllen, die im außergerichtlichen Schuldenbereinigungsverfahren tätig war.

1.	Name der bescheinigenden Person bzw. Bezeichnung der bescheinigenden Stelle	
	Straße	
	Postleitzahl und Ort	
	Ansprechpartner	
2.	Ist die Person oder Stelle als geeignet anerkannt? ☐ Ja Anerkennende Behörde: Datum des Bescheids: Aktenzeichen : ☐ Nein, die Eignung ergibt sich jedoch aus folgenden Umständen:	
3.	Kurze Schilderung	
a)	der Hauptursachen des Vermögensverfalls *(z.B. Arbeitslosigkeit, Krankheit, Scheidung, fehlgeschlagene oder mißlungene selbständige Tätigkeit etc.)*	
b)	der Geschichte der Verschuldung *(z.B. begründete Zahlungsklagen, Pfändungen, Kündigungen von Bankkrediten, Zahlungsstockungen, Wechselproteste u.ä., Zahlungseinstellung)*	
4.	Schuldner/in ist zahlungsunfähig seit	

5.	Außergerichtlicher Einigungsversuch: Plan ist beigefügt ☐ ja ☐ nein, dann: kurze Darstellung des wesentlichen Inhalts des dem außergerichtlichen Einigungsversuchs zugrundeliegende Plans an die Gläubiger/innen	
6.	Darstellung des Ablaufs des Einigungsversuchs	
a)	Wann hat der Schuldner . oder die Schuldner/in zum ersten Mal wegen einer Regulierung der Schulden bei Ihnen vorgesprochen?	
b)	Was wurde im einzelnen unternommen, um die Einigung mit den Gläubigern zu erzielen?	
c)	Wie wurde im wesentlichen mit den Gläubigern verhandelt?	☐ schriftlich ☐ telefonisch
d)	Haben Besprechungen mit den Gläubigern stattgefunden?	☐ nein ☐ ja, ☐ im Beisein eines Vertreters der bescheinigenden Stelle / Person ☐ im Beisein des Schuldners / der Schuldnerin ☐ ohne den Schuldner / die Schuldnerin ☐ Zusammenkunft aller Gläubiger ☐ Einzelgepräche mit den Gläubigern ☐

7.	Der Einigungsversuchs ist endgültig gescheitert am	
8.	Angabe der Gründe, aus denen der außergerichtliche Schuldenbereinigungsplan gescheitert ist	
a)	Welche Gläubiger widersprachen und mit welchen Teilen des Plans waren sie nicht einverstanden?	
b)	Welche Gegenvorschläge wurden unterbreitet?	

c)	Anteil der zustimmenden Gläubiger/innen an der Gesamtheit nach Köpfen	Gläubiger/innen von	Gläubiger/innen
d)	Anteil der zustimmenden Gläubiger/innen an der Gesamtheit nach Summen	DM/EURO von	DM/EURO

9.	In welchen wesentlichen Punkten unterscheidet sich der außergerichtliche vom nunmehr vorgelegten Schuldenbereinigungsplan?	

10.	Ich bescheinige / Wir bescheinigen, daß die Schuldnerin bzw. der Schuldner mit meiner/unserer Unterstützung erfolglos versucht hat, eine außergerichtliche Einigung mit den Gläubigern über die Schuldenbereinigung auf der Grundlage eines Planes zu erzielen. Datum Unterschrift der bescheinigenden Person oder Stelle

Antragsteller(in):	**Anlage 3 zum Eröffnungsantrag**

Zusatzerklärungen zum Antrag auf Restschuldbefreiung

(nur beifügen, falls Antrag auf Erteilung der Restschuldbefreiung gestellt wird)

Ich habe auf dem Hauptblatt einen Antrag auf Erteilung der Restschuldbefreiung gestellt. Dieser Antrag ist mit dem Antrag auf Eröffnung des Insolvenzverfahrens verbunden.

Abtretungserklärung nach § 287 Absatz 2 Satz 1 InsO

(lesen Sie hierzu die Erläuterungen auf der Rückseite)

Für den Fall der gerichtlichen Ankündigung der Restschuldbefreiung trete ich meine pfändbaren Forderungen auf Bezüge aus einem Dienstverhältnis oder an deren Stelle tretende laufende Bezüge für die Zeit von 7 Jahren nach Beendigung des Insolvenzverfahrens an einen vom Gericht zu bestimmenden Treuhänder ab.

Erklärung über die Zahlungsunfähigkeit vor dem 1. Januar 1997 (§ 287 Absatz 2 Satz 1 InsO, Art. 107 EG InsO)

(nur ankreuzen und ergänzen, falls zutreffend)

☐ Ich war bereits vor dem 1.Januar 1997 zahlungsunfähig. Deshalb beantrage ich, bei der gerichtlichen Ankündigung der Restschuldbefreiung und der Bestimmung des Treuhänders (§ 291 InsO) festzustellen, daß sich die Laufzeit der Abtretung nach § 287 Absatz 2 Satz 1 InsO von 7 auf 5 Jahre verkürzt.

Für die Tatsache, daß ich bereits vor dem 1. Januar 1997 zahlungsunfähig war, lege ich folgende Beweismittel vor:

☐ Kopie der Niederschrift über die abgegebene Eidesstattliche Versicherung (Offenbarungsversicherung) und des Vermögensverzeichnisses
☐ Bescheinigung des zuständigen Gerichtsvollziehers über einen erfolglosen Vollstreckungsversuch
☐ Sonstige *(bitte näher erläutern)*

Erklärung über bereits bestehende Abtretungen und Verpfändungen (§ 287 Absatz 2 Satz 2 InsO)

Die in der vorgenannten Abtretungserklärung und den umseitigen Erläuterungen angesprochenen Forderungen auf Bezüge aus einem Dienstverhältnis oder an deren Stelle tretende laufende Bezüge

☐ habe ich zur Zeit nicht an einen Dritten abgetreten oder verpfändet..
☐ habe ich bereits vorher abgetreten oder verpfändet:. Die Einzelheiten sind in einer Anlage dargestellt.

Falls ja: Geben Sie in der Anlage die Einzelheiten an und beantworten Sie dabei für jede Abtretung und Verpfändung die nachfolgenden Fragen:

a) Um welche Forderungen geht es (Rechtsgrund, z. B. Arbeitslohn oder Altersrente)?
b) Welche Stelle zahlt diese Bezüge aus (genaue und vollständige Angaben mit Namen, Firma, Anschrift und Geschäftszeichen, z.B. Personalnummer des Arbeitgebers)?
c) An wen sind die Bezüge abgetreten oder verpfändet (Sicherungsnehmer, genaue und vollständige Angaben mit Namen, Firma, Anschrift und Geschäftszeichen, z.B. Kunden- oder Vertragsnummer)?
d) Wann ist die Abtretung oder Verpfändung vereinbart worden (genaues Datum)?
e) Sind Sie im Besitz des Vertrages über die Abtretung oder Verpfändung?
f) In welcher Höhe sind die Bezüge abgetreten oder verpfändet?
g) Wann ist der erste Betrag aufgrund der Abtretung oder Verpfändung nicht mehr an Sie, sondern an den Sicherungsnehmer gezahlt worden?
h) Bis wann oder bis zu welchem Ereignis sind die Bezüge abgetreten oder verpfändet?

Erläuterungen des Gerichts zur Abtretungserklärung

Die Formulierung "Bezüge aus einem Dienstverhältnis oder an deren Stelle tretende laufende Bezüge" umfaßt
- jede Art von Arbeitseinkommen, Dienst- und Versorgungsbezüge der Beamten, Arbeits- und Dienstlöhne, Arbeitsentgelt für Strafgefangene,
- Ruhegelder und ähnliche fortlaufende Einkünfte, die nach dem Ausscheiden aus dem Dienst- oder Arbeitsverhältnis gewährt werden, sonstige Vergütungen für Dienstleistungen aller Art, die die Erwerbstätigkeit des Zahlungsempfängers vollständig oder zu einem wesentlichen Teil in Anspruch nehmen,
- Bezüge, die ein Arbeitnehmer zum Ausgleich für Wettbewerbsbeschränkungen für die Zeit nach Beendigung seines Dienstverhältnisses beanspruchen kann,
- Hinterbliebenenbezüge, die wegen des früheren Dienst- oder Arbeitsverhältnisses gezahlt werden,
- Renten, die aufgrund von Versicherungsverträgen gewährt werden, wenn diese Verträge zur Versorgung des Versicherungsnehmers oder seiner unterhaltsberechtigten Angehörigen geschlossen worden sind,
- Renten und sonstige laufende Geldleistungen der Sozialversicherungsträger oder der Bundesanstalt für Arbeit im Fall des Ruhestands, der teilweisen oder vollständigen Erwerbsunfähigkeit oder der Arbeitslosigkeit,
- alle sonstigen, den genannten Bezügen rechtlich oder wirtschaftlich gleichstehenden Bezüge.

Ein Schuldner, der eine selbständige Tätigkeit ausübt, ist verpflichtet, während der Laufzeit der Abtretungserklärung die Insolvenzgläubiger durch Zahlungen an den gerichtlich bestellten Treuhänder so zu stellen, wie wenn er ein angemessenes Dienstverhältnis eingegangen wäre (§ 295 Abs. 2 InsO).

Antragsteller(in):	**Anlage 4 zum Eröffnungsantrag**

Vermögensverzeichnis des Schuldners
(Verzeichnis des vorhandenen Vermögens und des Einkommens - § 305 Abs. 1 Nr. 3 InsO)

I. Bargeld, Wohnung und Haushalt, Wertgegenstände, Fahrzeuge

	Genaue Bezeichnung - **evtl. gesonderte Aufstellung beifügen -**	**Wert DM/EURO** (Gesamtbetrag)
1	Bargeld *(auch ausländische Währung)* ☐ nein ☐ ja, und zwar:	
2	Guthaben aus Mietkautionen ☐ nein ☐ ja, Name und Anschrift des Vermieters lauten:	
3	Wertvolle Möbel, Fernseh- und Videogeräte, sonstige elektronische Geräte, Wertvolle Kleidungsstücke, sonstige wertvolle Gebrauchsgegenstände (z.B. Kameras, Waffen, optische Geräte u.ä.), Wertvolle Bücher (Anzahl, Gesamtwert) ☐ nein ☐ ja, und zwar:	
4	Sonstiger Hausrat ☐ nein ☐ ja nur im Rahmen bescheidener Lebensführung ☐ ja (nur Gesamtwert angeben):	
5	Sonstige Wertgegenstände *wertvolle Kunstobjekte, Musikinstrumente, Uhren, Schmuck, Sammlungen (z.B. Münzen, Briefmarken), Gegenstände aus Edelmetall, Edelsteine, Perlen, Goldmünzen usw.* ☐ nein ☐ ja, und zwar:	
6	Bauten auf fremden Grundstücken (z.B. Gartenhäuse, Verkaufsstände) ☐ nein ☐ ja, und zwar:	
7	Privat genutzte Fahrzeuge (PKW, LKW, Wohnwagen, Motorräder, Mopeds usw.) ☐ nein ☐ ja, und zwar: (genaue Bezeichnung, Typ, Baujahr, amtliches Kennzeichen) Wo befindet sich der Fahrzeugbrief?	

8	Land- und forstwirtschaftliche Maschinen, Geräte und Fahrzeuge, Viehbestände, Vorräte, geschlagenes Holz u.ä. ☐ nein ☐ ja, und zwar:	
	II. Konten und Sparverträge bei Banken und Sparkassen	
	Genaue Bezeichnung des Kreditinstituts **a) Name, Anschrift und Bankleitzahl** **b) Kontonummer** (evtl. gesonderte Aufstellung oder Depotauszug beifügen)	**Guthaben DM/EURO**
1	Girokonten, Tagesgeldkonten, Termin- oder Festgeldkonten, Fremdwährungskonten ☐ nein ☐ ja, und zwar:	
2	Sparkonten (Sparbücher) ☐ nein ☐ ja, und zwar: Die Sparbücher befinden sich bei (Name, Anschrift):	
3	Ratensparverträge, Bausparverträge ☐ nein ☐ ja, und zwar:	
4	Sonstige Einlagen ☐ nein ☐ ja, und zwar:	

	III. Forderungen aus Versicherungsverträgen:	
	Genaue Bezeichnung **a) Name und Anschrift der Versicherungsgesellschaft oder Kasse** **b) Nr. des Versicherungsscheins** **c) Art des Anspruchs (z.B. Versicherungsleistung, Beitragserstattung)** - evtl. gesonderte Aufstellung beifügen -	**Wert DM/EURO**
1	Lebensversicherung, Sterbekasse ☐ nein ☐ ja, Einzelheiten sind im Ergänzungsblatt 4 B (Lebensversicherungen) angegeben	
2	private Rentenversicherung ☐ nein ☐ ja, und zwar:	
3	private Krankenversicherung ☐ nein ☐ ja, und zwar:	
4	sonstige Versicherungen ☐ nein ☐ ja, und zwar:	

	IV. Vermögensgegenstände, die in Ergänzungsblättern gesondert aufgeführt sind		
1	Grundstücke und Eigentumswohnungen	☐ nein	☐ ja, siehe Ergänzungsblatt 4 A
2	Ansprüche aus Lebensversicherungen / Sterbekassen	☐ nein	☐ ja, siehe Ergänzungsblatt 4 B
3	Wertpapiere, Schuldbuchforderungen, sonstige Darlehensforderungen und ähnliche Geldanlagen	☐ nein	☐ ja, siehe Ergänzungsblatt 4 C
4	Gegenstände im Zusammenhang mit einem Erwerbsgeschäft oder einer anderen selbständigen wirtschaftlichen Tätigkeit des Schuldners	☐ nein	☐ ja, siehe Ergänzungsblatt 4 D
5	Aktien, Genußrechte und sonstige Beteiligungen an Kapitalgesellschaften (AG, GmbH, KGaA)	☐ nein	☐ ja, siehe Ergänzungsblatt 4 E
6	Beteiligungen an Personengesellschaften (Offene Handelsgesellschaft, Kommanditgesellschaft, Partnerschaftsgesellschaft, Gesellschaft bürgerlichen Rechts u.ä.)	☐ nein	☐ ja, siehe Ergänzungsblatt 4 E
7	Beteiligungen als stiller Gesellschafter	☐ nein	☐ ja, siehe Ergänzungsblatt 4 E
8	Beteiligungen an Genossenschaften	☐ nein	☐ ja, siehe Ergänzungsblatt 4 E

V. Sonstige private Geldforderungen

	Genaue Bezeichnung a) Name und Anschrift des Drittschuldners b) Rechtsgrund der Forderung c) Fälligkeitsdatum - evtl. gesonderte Aufstellung beifügen -	Wert DM/EURO
1	Rückständiges Arbeitseinkommen ☐ nein ☐ ja, und zwar:	
2	Steuererstattungsansprüche ☐ nein ☐ ja, und zwar:	
3	Sonstige Zahlungsansprüche, z.B. aus Schadensfällen oder aus noch nicht erfüllten Verträgen ☐ nein ☐ ja, und zwar	

VI. Immaterielle Vermögensgegenstände

	Genaue Bezeichnung, evtl. Registerbehörde (z.B. Deutsches Patentamt) und deren Geschäftszeichen, Angaben über Nutzungsverträge u.ä.	Wert DM/EURO
	Urheber-, Patent-, Verlagsrechte oder ähnliche Rechte ☐ nein ☐ ja, und zwar:	

VII. Rechte und Ansprüche aus Erbfällen

	Genaue Bezeichnung des Erbfalls sowie der Beteiligung oder des Anspruchs	Wert DM/EURO
	Beteiligung an Erbengemeinschaften, Pflichtteilsansprüche, Vermächtnisse, Beteiligung an einer fortgesetzten Gütergemeinschaft ☐ nein ☐ ja, und zwar:	

VIII. Schenkungen und Veräußerungen des Schuldners in den letzten zehn Jahren (§§ 132, 133, 134 InsO)

Haben Sie in den letzten zehn Jahren vor dem Antrag auf Eröffnung des Insolvenzverfahrens in erheblichem Umfang Geld oder wertvolle Gegenstände verschenkt oder wertvolle Gegenstände in einem nicht mehr zum normalen Geschäftsbetrieb zählenden Umfang veräußert?

☐ nein ☐ ja, und zwar:

Jahr	Empfänger	Gegenstand	Wert DM/EURO
	Nahestehende Personen (§ 138 InsO): ☐ mein Ehegatte (vor oder während der Ehe, nach Ehescheidung) ☐ mein Lebensgefährte, Personen, die mit mir in häuslicher Gemeinschaft leben oder im letzten Jahr vor der Veräußerung oder Schenkung gelebt haben ☐ meine Kinder oder Enkel ☐ meine oder meines Ehegatten Eltern, Geschwister und Halbgeschwister ☐ die Ehegatten der zuvor genannten Personen		
	Sonstige Empfänger:		

IX. Laufendes Einkommen

A. Einkommen aus nichtselbständiger Arbeit und sonstigen Dienstverhältnissen

1	Berufliche Tätigkeit (Aufgabenbereich) des Schuldners / der Schuldnerin in den letzten zwei Jahren		
2	Genauer Name (Firma) und Anschrift des Arbeitgebers oder der sonstigen auszahlenden Stelle	Name Firma	
		Straße	
		PLZ	
		Ort	
		Personal-Nr. o.ä. :	

				DM/EURO		DM/EURO
3	Arbeitseinkommen einschl. Zulagen	☐ Nein	☐ Ja, monatlich brutto		monatlich netto	
4	Weihnachtsgeld	☐ Nein	☐ Ja, jährlich brutto		jährlich netto	
5	Urlaubsgeld	☐ Nein	☐ Ja, jährlich brutto		jährlich netto	
6	Zusätzliche Leistungen des Arbeitgebers (z.B. vermögenswirksame Leistungen)	☐ Nein	☐ Ja, monatlich brutto		monatlich netto	
7	Einkünfte aus sonstigen Dienstverhältnissen, Aufwandsentschädigungen und gewinnabhängige Tantiemen	☐ Nein	☐ Ja, jährlich brutto		jährlich netto	
8	Abfindungen bei Beendigung eines Dienst- oder Arbeitsverhältnisses	☐ Nein	☐ Ja, brutto		netto	

B. Einkommen im Rahmen des Ruhestands

				monatlich brutto DM/EURO	monatlich netto DM/EURO
1	Leistungen der Rentenversicherung	☐ Nein	☐ Ja - Auszahlende Stelle und deren Geschäftszeichen:		
2	Versorgungsbezüge	☐ Nein	☐ Ja - Auszahlende Stelle und deren Geschäftszeichen:		
3	Betriebsrenten	☐ Nein	☐ Ja - Auszahlende Stelle und deren Geschäftszeichen:		
4	Sonstige fortlaufende Einkünfte infolge des Ausscheidens aus einem Dienst- oder Arbeitsverhältnis	☐ Nein	☐ Ja - Auszahlende Stelle und deren Geschäftszeichen:		
5	Laufende Renten aus privaten Versicherungs- oder Sparverträgen	☐ Nein	☐ Ja - Auszahlende Stelle und deren Geschäftszeichen:	monatlich brutto	monatlich netto

C. Einkommen aus selbständiger wirtschaftlicher Tätigkeit
(siehe Ergänzungsblatt 4 D)
- Falls ja, bitte den letzten Einkommenssteuerbescheid beifügen -

	☐ Nein		
	☐ Ja, Einkünfte aus wirtschaftlicher Tätigkeit als Einzelunternehmer oder persönlich haftender Gesellschafter	jährlich brutto DM/EURO	jährlich netto DM/EURO

D. Einkünfte aus Unterhaltszahlungen

	☐ Nein		
	☐ Ja	Name und Anschrift des Zahlungspflichtigen	Monatsbetrag DM/EURO
	Name Vorname Straße PLZ Ort		

E. Einkünfte aus Vermietung und Verpachtung

	☐ Nein ☐ Ja,	*Hier ist nur der Gesamtbetrag anzugegeben. Einzelheiten (Bezeichnung der Objekte, Namen und Anschriften der Mieter oder Pächter, Höhe der einzelnen Einkünfte) sind in einem gesonderten Ergänzungsblatt aufzuführen.*	jährlich brutto DM/EURO

F. Einkünfte aus Kapitalvermögen (Zinsen, Dividenden)

	☐ Nein, ☐ Ja,	Gesamtbetrag dieser Einkünfte	jährlich brutto DM/EURO

G. Einkünfte aus Sozialleistungen

	a) Genaue Bezeichnung der Leistungen **a) Zahlungszeitraum** **b) auszahlende Stelle (Behörde)** **c) Aktenzeichen, Geschäftsnummer der Behörde**	**Betrag** **netto** **DM/EURO**
	Arbeitslosengeld, Arbeitslosenhilfe Erwerbsunfähigkeitsrente, Hinterbliebenenrente, Kindergeld, Krankengeld, Kriegsopferrente, Sozialhilfe, Unfallrente, Unterhaltsgeld, Wohngeld ☐ Nein ☐ Ja, und zwar:	

H. Sonstige laufende Einkünfte

a) Genaue Bezeichnung der Einkünfte b) Zahlungszeitraum c) auszahlende Person oder Stelle (Behörde) d) Aktenzeichen, Geschäftsnummer der Behörde	Betrag netto DM/EURO
☐ Nein ☐ Ja, und zwar:	

I. Falls Sie die vorstehenden Fragen nach den Einkünften alle mit "Nein" beantwortet haben:

Durch welche Einkünfte bestreiten Sie Ihren Lebensunterhalt?

X. Sicherungsrechte

Welche der bisher angegebenen beweglichen Gegenstände (Sachen, Forderungen, Rechte) sind mit Sicherungsrechten belastet, (z.B. Lohnabtretungen, Lohnverpfändungen, Eigentumsvorbehalt, Sicherungsübereignung, Sicherungsabtretung, freiwillige Verpfändung, zwangsweise Pfändung?)
Machen Sie für jeden betroffenen Gegenstand die nachfolgenden Angaben.
Fügen Sie evtl. eine gesonderte Aufstellung bei.

1	**Eigentumsvorbehalt** Gegenstand	Kaufpreis	Name und Anschrift des Verkäufers	Restschuld

2	**Lohnabtretung, Sicherungsübereignung, Sicherungsabtretung** Gegenstand und Umfang	Datum und Zweck der Abtretung bzw. Übereignung	Name und Anschrift des Sicherungsgläubigers	Gegenwärtige Höhe der gesicherten Schuld

3	**Freiwillige Verpfändung (auch von Lohn)** Gegenstand und Umfang	Datum und Zweck der Verpfändung	Name und Anschrift des Pfandgläubigers / der Pfandgläubigerin	Gegenwärtige Höhe der gesicherten Schuld

4.	**Pfändung** Gegenstand Datum der Pfändung	Name des Gerichtsvollziehers und DR-Nr. des Pfändungsprotokolls	Name und Anschrift des Gläubigers / der Gläubigerin	Gegenwärtige Höhe der gesicherten Schuld

XI. Regelmäßig wiederkehrende Zahlungsverpflichtungen

	Ich habe regelmäßig wiederkehrende Zahlungsverpflichtungen	☐ nein	☐ ja, siehe Ergänzungsblatt 4 F

Befreiung von der Pflicht zur Verschwiegenheit

Als Schuldner bin ich gesetzlich verpflichtet, dem Insolvenzgericht über alle das Verfahren betreffenden Verhältnisse Auskunft zu erteilen, insbesondere auch solche Auskünfte, die zur Entscheidung über meine Anträge erforderlich sind (§§ 20, 97 InsO).

Ich bin bereit, auf Verlangen des Gerichts alle Personen und Stellen, die Auskunft über meine Vermögensverhältnisse geben können, von ihrer Pflicht zur Verschwiegenheit gegenüber dem Insolvenzgericht zu befreien. Dies gilt insbesondere für Banken und Sparkassen, sonstige Kreditinstitute, Versicherungsgesellschaften, Sozial- und Finanzbehörden, Sozialversicherungsträger, Rechtsanwälte, Notare, Steuerberater und Wirtschaftsprüfer.

Antragsteller(in):	**Anlage 4 A zum Eröffnungsantrag**

Ergänzungsblatt
Grundstücke, Eigentumswohnungen und Erbbaurechte, Rechte an Grundstücken

I. Genaue Bezeichnung
(evtl. gesonderte Aufstellung beifügen)

	Allgemeiner Begriff	lfd. Nr.	Lage des Objekts (Straße, Ort) und Nutzungsart	Grundbuchbezeichnung (Amtsgericht, Grundbuchbezirk, Band, Blatt)	Eigentumsanteil	Verkehrswert gesamt (ca.) DM/EURO
1	Eigentum an Grundstücken oder Eigentumswohnungen ☐ nein ☐ ja:					
2	Erbbaurechte ☐ nein ☐ ja:					
3	Grunddienstbarkeiten, Nießbrauchrechte ☐ nein ☐ ja:					
4	Sonstige im Grundbuch eingetragene Rechte an Grundstücken oder Eigentumswohnungen ☐ nein ☐ ja:					

II. Belastungen dieses Grundvermögens

	Lfd. Nr. des Objekts wie Vorseite	Art der Belastung	Eintragung im Grundbuch in a) Abteilung b) lfd. Nr.	Name des Gläubigers	Effektive Belastung (Wert) DM/EURO

III. Ist die Zwangsversteigerung oder -verwaltung dieses Grundvermögens angeordnet?

	Lfd. Nr. des Objekts wie Vorseite	Zwangsversteigerung (ja / nein)	Zwangsverwaltung (ja / nein)	Zuständiges Amtsgericht (mit Geschäftszeichen)

Antragsteller(in):		**Anlage 4 B zum Eröffnungsantrag**	

Ergänzungsblatt
Lebensversicherungen, Sterbekassen

1	Genaue Bezeichnung der Versicherungsart			
2	Name und genaue Anschrift der Versicherung oder Sterbekasse			
3	Versicherungsschein-Nr.			
4	Höhe der Versicherungssumme oder des Sterbegeldes in DM/EURO			
5	Derzeitiger Rückkaufwert in DM/EURO			
6	Die Versicherung wurde abgeschlossen am			
7	Die monatliche Prämie beträgt DM/EURO			
8	Die Prämien sind gezahlt bis einschließlich (Monat, Jahr)			
9	Die Versicherungssumme wird ausgezahlt (Fälligkeit)	im Erlebensfall ☐ am ☐ im Sterbefall	im Erlebensfall ☐ am ☐ im Sterbefall	im Erlebensfall ☐ am ☐ im Sterbefall
10	Die Versicherungssumme wird bei Fälligkeit ausgezahlt an a) im Erlebensfall b) im Sterbefall	a) b)	a) b)	a) b)
11	Die Anordnung zu Nr. 10 ist	☐ widerruflich ☐ unwiderruflich	☐ widerruflich ☐ unwiderruflich	☐ widerruflich ☐ unwiderruflich

12	Handelt es sich um eine Versicherung mit Gewinnanteilen oder Dividenden?	☐ nein ☐ ja, und zwar:	☐ nein ☐ ja, und zwar:	☐ nein ☐ ja, und zwar:
13	Wo wird der Versicherungsschein aufbewahrt?			
14	Sind die Versicherungsansprüche abgetreten oder verpfändet?	☐ nein ☐ ja, und zwar an	☐ nein ☐ ja, und zwar an	☐ nein ☐ ja, und zwar an
	Name			
	Straße, Haus-Nr.			
	PLZ, Ort			
	Art der zugrundeliegenden Forderung			
	Höhe der zugrundeliegenden Forderung (DM/EURO)			

Antragsteller(in):	**Anlage 4 C zum Eröffnungsantrag**

Ergänzungsblatt
Wertpapiere, Schuldbuchforderungen, sonstige Darlehensforderungen und ähnliche Geldanlagen

	Allgemeiner Begriff	Genaue Bezeichnung a) Art der Forderung, Name des Papiers (Typ, Serie, Fonds u.ä.), b) Name und Anschrift des Schuldners, c) Fälligkeitsdatum d) bei verbrieften Forderungen: Aufbewahrungsort der Papiere (Name, Anschrift, BLZ) e) Depot- oder Schuldbuchkonto-Nr., Grundbuchbezeichungen u.ä. - evtl. gesonderte Aufstellung oder Depotauszug beifügen -			Kurs- oder Verkehrswert DM/EURO
1	Aktien, Genußscheine	☐ Nein	☐ Ja, die Einzelheiten sind im Ergänzungsblatt 4 E (Beteiligungen) angegeben		
2	Optionsscheine, Bezugsrechte	☐ Nein	☐ Ja, und zwar		
3	Schuldverschreibungen, Obligationen, Pfandbriefe, Sparbriefe und ähnliche festverzinsliche Wertpapiere	☐ Nein	☐ Ja, und zwar		
4	Investmentfondsanteile	☐ Nein	☐ Ja, und zwar		
5	Wechsel	☐ Nein	☐ Ja, und zwar		
6	Schecks	☐ Nein	☐ Ja, und zwar		
7	Schuldbuchforderungen	☐ Nein	☐ Ja, und zwar		
8	Forderungen aus Hypotheken oder Grundschulden	☐ Nein	☐ Ja, und zwar		
9	Gesellschafterdarlehen	☐ Nein	☐ Ja, und zwar		
10	Sonstige Forderungen aus Darlehen oder ähnlichen Geldanlagen	☐ Nein	☐ Ja, und zwar		

Antragsteller(in):	**Anlage 4 D zum Eröffnungsantrag**

Ergänzungsblatt
Erwerbsgeschäft, selbständige Tätigkeit der Schuldnerin oder des Schuldners

I. Allgemeine Angaben zum Erwerbsgeschäft

(Vermögensgegenstände, die Sie noch aus einem früheren Erwerbsgeschäft besitzen, sind nicht hier, sondern im Hauptblatt des Verzeichnisses einzutragen)

1	Geschäftszweig				
2	Sitz (Geschäftsanschrift)				
3	Rechtsform				
4	Eintragung im Handelsregister	☐ Nein	☐ Ja, und zwar	Amtsgericht	HR

II. Angaben zum Umfang des Erwerbsgeschäfts

1		Angestellte	Arbeiter	Auszubildende	Aushilfen	Gesamtzahl
a)	Zahl der Beschäftigten					
b)	davon mitarbeitende Familienangehörige					
c)	Vollzeitkräfte					
d)	Teilzeitkräfte					

2	Wie hoch ist etwa die Zahl der Lieferanten		
3	Wie hoch ist etwa die Zahl der Kunden		
4	Wie hoch war der Umsatz im letzten Kalendermonat?	DM/EURO	
5	Wie hoch war der durchschnittliche Umsatz in den letzten zwölf Monaten?	DM/EURO	
6	Ist eine kaufmännische Buchführung für das Unternehmen eingerichtet?	☐ Nein	☐ Ja
7	Sind regelmäßig Inventuren und Bilanzen aufgestellt worden?	☐ Nein	☐ Ja
8	Sind betriebswirtschaftliche Auswertungen erstellt worden?	☐ Nein	☐ Ja
9	Für welchen Monat liegt die letzte betriebswirtschaftliche Auswertung vor?		
10	Welcher Steuerberater war zuletzt für das Unternehmen tätig? Name Vorname Straße Hausnummer Postleitzahl Ort		

III. Körperliche Vermögensgegenstände (Sachen)					
	Allgemeiner Begriff	**Genaue Bezeichnung und Aufbewahrungsort** - evtl. gesonderte Aufstellung beifügen –		**Falls Vermögensgegenstände mit Sicherungsrechten belastet sind:** Art des Sicherungsrechts, Bezeichnung und Anschrift des Gläubigers, Höhe der gesicherten Forderung	**Wert DM/EURO** nach Abzug der Sicherungsrechte
1	Büroeinrichtung (Möbel, Büromaschinen u.ä., Schreib- und Zeichenbedarf)	☐ nein ☐ ja, und zwar:			
2	Laden- und Lagereinrichtung (Theken, Gestelle usw.)	☐ nein ☐ ja, und zwar:			
3	Werkstätten-, Wirtschafts- oder Fabrikeinrichtungen (Werkbänke, Arbeits- und Werkzeugmaschinen, Werkzeuge usw.)	☐ nein ☐ ja, und zwar:			
4	Warenvorräte	☐ nein ☐ ja, und zwar:			
5 a)	Vorräte an Rohstoffen	☐ nein ☐ ja, und zwar:			
b)	Halbfertigerzeugnissen	☐ nein ☐ ja, und zwar:			
c)	Verpackungsstoffen, Kisten, Packpapier usw.	☐ nein ☐ ja, und zwar:			
6	Fahrzeuge (Bei Kraftfahrzeugen Typ, Baujahr, Zulassungsnummer, Fahrzeugpapiere und deren Aufbewahrungsort angeben)	☐ nein ☐ ja, und zwar:			
7	Anderes Inventar und Arbeitsgerät	☐ nein ☐ ja, und zwar:			

IV. Auftragsbestand

Liegen Aufträge in Ihrem Geschäft vor?
☐ nein

☐ ja, und zwar:

lfd. Nr.	Auftraggeber - evtl. gesonderte Aufstellung beifügen -			
	Name	Genaue Anschrift	Art des Auftrags	Der Auftraggeber hat voraussichtlich zu zahlen DM/EURO

V. Außenstände (Geldforderungen gegen Dritte, sog. Drittschuldner)
- evtl. gesonderte Aufstellung beifügen -

Haben Sie Außenstände (d.h. Geldforderungen gegen Dritte, sog. Drittschuldner)?
☐ nein
☐ ja, und zwar:
(Sicherungen, Urteile, Wechsel, Schuldurkunden u.ä. sind anzugeben)

lfd. Nr.	Drittschuldner		Forderung	
	Name	Genaue Anschrift	a) Grund (z.B. Kaufpreis, Darlehen) b) Entstehungszeit c) Fälligkeit d) Evtl. vorhandene Sicherungen usw.	Einbringlich sind vermutlich DM/EURO

Antragsteller(in):	**Anlage 4 E zum Eröffnungsantrag**

Ergänzungsbogen Beteiligungen

I. Aktien, Genußrechte und sonstige Beteiligungen an Kapitalgesellschaften (AG, GmbH, KGaA)

	a) Name und Anschrift der Gesellschaft b) Beteiligungsform	Nennbetrag je Gesellschaft DM/EURO	Kurs- bzw. Verkehrswert DM/EURO	Fällige Gewinnansprüche DM/EURO
Evtl. gesonderte Aufstellung oder Depotauszug beifügen				
1				

II. Beteiligungen an Personengesellschaften (Offene Handelsgesellschaft, Kommanditgesellschaft, Partnerschaftsgesellschaft, Gesellschaft bürgerlichen Rechts, EWIV u.ä.)

	a) Name und Anschrift der Gesellschaft b) Beteiligungsform	Nennbetrag je Gesellschaft DM/EURO	Kapitalkonten Verkehrswert DM/EURO	Fällige Gewinnansprüche DM/EURO
Evtl. gesonderte Aufstellung beifügen				
1				

III. Beteiligungen als stiller Gesellschafter				
Name und Anschrift der Unternehmens		Nennbetrag je Beteiligung DM/EURO	Verkehrswert DM/EURO	Fällige Gewinnansprüche DM/EURO
Evtl. gesonderte Aufstellung beifügen				
1				

IV. Beteiligungen an Genossenschaften			
Name und Anschrift der Genossenschaft		Geschäftsguthaben DM/EURO	Fällige Gewinnansprüche DM/EURO
Evtl. gesonderte Aufstellung beifügen			
1			

Antragsteller(in):	**Anlage 4 F zum Eröffnungsantrag**

Ergänzungsblatt
Regelmäßig wiederkehrende Zahlungsverpflichtungen

I. Unterhaltszahlungen

Angehörige, denen Sie Unterhalt zahlen
- evtl. gesonderte Aufstellung beifügen -

Nr	a) Name, Vorname b) Geburtsdatum c) Genaue Anschrift *(nur, wenn sie von Ihrer Anschrift abweicht)*	Familienverhältnis *(z.B. Kind, Ehegatte, Schwiegermutter usw.)*	Unterhaltsleistung: a) Naturalleistung b) Geldbetrag monatlich (DM/EURO)	Haben die Empfänger eigene Einnahmen? ☐ Nein ☐ Ja, monatlich netto (DM/EURO)

II. Wohnkosten

Größe Ihrer Wohnung in Quadratmetern:

Miete ohne Mietnebenkosten monatlich DM/EURO	Nebenkosten monatlich DM/EURO	Gesamtbetrag monatlich DM/EURO	Ich zahle darauf monatlich DM/EURO	Mitbewohner zahlen monatlich DM/EURO

III. Sonstige regelmäßig wiederkehrende Zahlungsverpflichtungen, besondere Belastungen
- evtl. gesonderte Aufstellung beifügen -

Als sonstige regelmäßig wiederkehrende Zahlungsverpflichtungen (z.B. Zahlungen an Versicherungen, Zeitschriftenabonnements, längerfristig laufende Verträge, etwa mit Sporteinrichtungen) bzw. als besondere Belastung (z.B. Mehrausgaben für körperbehinderte Angehörige).mache ich geltend:
Die Angaben sind zu begründen und zu belegen.

Art der Verpflichtung bzw. Belastung	Ich bringe dafür auf: monatlich DM/EURO	Ehegatte bringt dafür monatlich auf:

Antragsteller(in):	**Anlage 5 zum Eröffnungsantrag**

Gläubiger- und Forderungsverzeichnis

Verzeichnis der Gläubiger und Verzeichnis der gegen den Schuldner gerichteten Forderungen
§ 305 Abs. 1 Nr. 3 InsO
Für jeden Gläubiger / jede Gläubigerin ist ein besonderes Blatt nach dem folgenden Muster auszufüllen.

Lfd. Nr.:	**Genaue Bezeichnung des Gläubigers / der Gläubigerin**
Anrede	
Vorname	
Name (Firma)	
Straße	
Hausnummer	
Postleitzahl	
Ort	
Telefon	
Geschäftszeichen	
Ansprechpartner	
Nahestehende Person (§ 138 Abs. 1InsO)	☐ nein ☐ ja
Vertreter / Vertreterin des Gläubigers / der Gläubigerin	
Rechtsanwalt? Rechtsanwältin?	☐ nein ☐ ja
Vorname	
Name	
Straße	
Hausnummer	
Postleitzahl	
Ort	
Geschäftszeichen	
Ansprechpartner	

Forderungen dieses Gläubigers / dieser Gläubigerin gegen den Schuldner / die Schuldnerin	Forderung 1	Forderung 2
Hauptforderung		
Zinsen		
Kosten		
Summe		
Forderungsgrund (z.B. Kaufvertrag, Wohnungsmiete, Darlehen, Unterhaltspflicht)		
Entstehungszeitpunkt		
Zeitpunkt der Fälligkeit		
Falls über die Forderung ein Schuldtitel existiert (z.B. Vollstreckungsbescheid, Urteil): genaue Bezeichnung des Titels mit Gericht, Datum und Aktenzeichen		
Summe aller Forderungen dieses Gläubigers / dieser Gläubigerin		

	Anlage 6 (AT) zum Eröffnungsantrag

Schuldenbereinigungsplan

§ 305 Abs. 1 Nr. 4 InsO

Allgemeiner Teil

Neben diesem Allgemeinen Teil besteht der Schuldenbereinigungsplan aus dem Besonderen Teil. Dort sind für jeden einzelnen Gläubiger / jede einzelne Gläubigerin die angebotenen besonderen Regelungen zur angemessenen Bereinigung der Schulden dargestellt.

Datum der aktuellen Fassung des Plans :

	Genaue Bezeichnung der Schuldnerin oder des Schuldners
Vorname	
Name	
Geburtsname	
Geburtsdatum	
Straße	
Hausnummer	
Postleitzahl	
Ort	

Gesamtübersicht über die vorgeschlagene Schuldenbereinigung

Lfd. Nr.[2]	Gläubiger/in (Kurzbezeichnung)	Gesamthöhe der Forderungen dieses Gläubigers / dieser Gläubigerin	Gesamthöhe des Tilgungsangebots im Besonderen Teil des Plans	Quote der Befriedigung des Gläubigers / der Gläubigerin (%)	Endzeitpunkt der vorgeschlagenen Tilgung

[1] Falls der Plan geändert wird, ist hier das Datum der aktuellen Fassung anzugeben.
[2] Laufende Nummer des Gläubigers wie im Besonderen Teil und im Gläubigerverzeichnis (Anlage 5 zu Eröffnungsantrag)

Antragsteller(in):	**Anlage 6 (BT) zum Eröffnungsantrag**

Schuldenbereinigungsplan – Besonderer Teil

§ 305 Abs. 1 Nr. 4 InsO

Für jeden Gläubiger / jede Gläubigerin ist im Besonderen Teil ein gesondertes Blatt nach dem folgenden Muster anzulegen. Die Gesamtheit dieser Blätter bildet den Besonderen Teil. Der vollständige Schuldenbereinigungsplan besteht aus dem Allgemeinen und dem Besonderen Teil.

Datum der aktuellen Fassung des Plans[3]:

Ich biete für den genannten Gläubiger / die genannte Gläubigerin folgende Regelung zur angemessenen endgültigen Bereinigung meiner Schulden an:

Lfd. Nr[4].:	**Genaue Bezeichnung des Gläubigers / der Gläubigerin**
Vorname	
Name (Firma)	
Straße	
Hausnummer	
Postleitzahl	
Ort	
Geschäftszeichen	

Gesamtsumme der Forderungen dieses Gläubigers / dieser Gläubigerin (Einzelheiten ergeben sich aus der Anlage 5 - Gläubiger- und Forderungsverzeichnis):	

Angebot zur Tilgung dieser Forderungen				
Zahlungstermin(e), -fristen[5]	Betrag pro Termin/Frist		Zahlungstermin(e), -fristen	Betrag pro Termin/Frist
Gesamtsumme der angebotenen Zahlungen an diesen Gläubiger / diese Gläubigerin:				
Verhältnis der angebotenen Zahlungen zu den gesamten Forderungen des Gläubigers / der Gläubigerin (Prozentsatz, Quote)				%

[3] Falls der Plan geändert wird, ist hier das Datum der aktuellen Fassung anzugeben.
[4] Laufende Nummer des Gläubigers wie im Gläubigerverzeichnis (Anlage 5 zu Eröffnungsantrag)
[5] Es empfiehlt sich, Zahlungstermine entweder kalendermäßig zu bestimmen oder Fristen ab dem gerichtlichen Feststellungsbeschluß (§ 308 Abs. 1 Satz 1 InsO) vorzusehen.

Sicherheiten des Gläubigers / der Gläubigerin

Für die Sicherheiten des Gläubigers / der Gläubigerin (z.B. Sicherungsabtretungen, Bürgschaften, vereinbarte oder durch Zwangsvollstreckung erlangte Pfandrechte) sollen folgende Regelungen gelten:

Ergänzende Regelungen für den Fall einer wesentlichen Veränderung meiner Vermögens-, Einkommens- oder Familienverhältnisse[6]:

Begründung und Erläuterungen zur vorgeschlagenen Schuldenbereinigung:

[6] Die hier niedergelegten Vorschläge müssen die Bedingungen für eine Änderung des Schuldenbereinigungsplans möglichst genau festlegen, damit bei der späteren Vollstreckung keine Schwierigkeiten entstehen (vgl. § 308 Abs. 1 Satz 2 InsO).

Antragsteller(in):

Chronologischer Zahlungsplan
Anlage 6 A zum Eröffnungsantrag

Zahlungstermine			Zahlungen an Gläubiger (Angabe der Gläubiger und Gläubigerinnen nach der laufenden Nummer des Gläubigerverzeichnisses)							Gesamtzahlungen im Monat
Tag	Monat	Jahr	1	2	3	4	5	6	usw.	
Fortsetzung auf einem besonderen Blatt										

Kapitel V. Lexikon im Insolvenzrecht wichtiger Fachbegriffe

Abhilfe durch das untere Gericht. Wird eine Entscheidung des Insolvenzgerichts mit → Beschwerde angefochten, kann das Insolvenzgericht gemäß § 6 Abs. 2 Satz 2 InsO abhelfen, wenn es sie für begründet hält. Die angefochtene Entscheidung wird antragsgemäß abgeändert; dadurch erübrigt sich die Entscheidung des übergeordneten Gerichts.

Absonderungsrecht. Ein Gläubiger, der wegen einer Forderung durch ein dingliches Recht an einem zur Insolvenzmasse gehörenden Gegenstand gesichert ist, kann abgesonderte Befriedigung verlangen. Wichtige Beispiele für A.e sind die Sicherungsübereignung, handelsrechtliches Zurückbehaltungsrecht, Hypothek und Grundschuld. Absonderungsberechtigte Gläubiger sind gemäß § 52 InsO Insolvenzgläubiger, soweit ihnen der Schuldner auch persönlich haftet. Im Regelinsolvenzverfahren verwertet der Verwalter die mit A.en belegten Gegenstände nach §§ 165ff. InsO und nimmt für seinen Aufwand einen pauschalen Kostenanteil zugunsten der Insolvenzmasse ein (§§ 170f. InsO). Der Treuhänder im Verbraucherinsolvenzverfahren ist hierzu gemäß § 313 Abs. 3 InsO nicht berechtigt; nachteilig für die Insolvenzmasse ist die Folge, daß sie keinen Kostenanteil erhält.

Abweisung mangels Masse. Das Insolvenzgericht weist den Antrag auf Eröffnung des Insolvenzverfahrens gemäß § 26 InsO mangels Masse ab, wenn das Vermögen des Schuldners voraussichtlich nicht ausreichen wird, um die Kosten des Verfahrens zu decken. Der Schuldner wird in das beim Gericht geführte Schuldnerverzeichnis aufgenommen. Die A. unterbleibt, wenn ein ausreichender Geldbetrag vom Schuldner, einem Gläubiger oder auch einer anderen Person vorgeschossen wird. Nach einer A. kann dem Schuldner keine Restschuldbefreiung erteilt werden.

Akzessorietät (Anlehnung, Abhängigkeit). Ein Recht z. B. aus einer Bürgschaft ist in ihrer Entstehung, ihrer Übertragung und ihrem Bestand von dem Vorhandensein einer gesicherten Forderung abhängig. Erlischt die Forderung z. B. durch Tilgung, dann erlischt automatisch auch das akzessorische Sicherungsrecht.

Aussonderung eines Gegenstandes aus der Insolvenzmasse ist möglich für denjenigen, der aufgrund eines dinglichen oder persönlichen Rechts geltend machen kann, daß dieser Gegenstand nicht zur Insolvenzmasse gehört. Der Inhaber des zur Aussonderung berechtigenden Rechts ist kein Insolvenzgläubiger (§ 47 InsO).

Beschwer bedeutet, daß die Entscheidung, die angefochten werden soll, ungünstig für denjenigen ist, der das Rechtsmittel einlegt. Man unterscheidet formelle B., die nur dann vorliegt, wenn die Entscheidung ungünstiger ist, als sie der Rechtsmittelführer beantragt hat, und materielle B.; hierfür genügt, daß die angefochtene Entscheidung irgendwie einen nachteiligen Inhalt für den Rechtsmittelführer hat.

Beschwerde ist ein gerichtlicher Rechtsbehelf und führt dazu, daß die nächsthöhere Instanz die angefochtene Entscheidung nachprüft. Gemäß § 6 Abs. 1 InsO ist als Rechtsbehelf die sofortige B. gegen Entscheidungen des Insolvenzgerichts vorgesehen, allerdings nur in ausdrücklich aufgeführten Fällen. Die sofortige B. ist binnen einer Frist von zwei Wochen einzulegen, und zwar beim Insolvenzgericht, beginnend mit der Verkündung der Entscheidung oder, wenn diese nicht verkündet wird, mit deren Zustellung (§ 6 Abs. 2 Satz 1 InsO). Das Insolvenzgericht kann der Beschwerde abhelfen (→ Abhilfe). Gegen Entscheidungen des Rechtspflegers findet statt der Beschwerde gemäß § 11 RpflG der Rechtsbehelf der → Erinnerung statt.

Hilft das Insolvenzgericht der B. nicht ab, so hat es die Akten dem Landgericht zur Entscheidung vorzulegen. In eng begrenzten Fällen gibt es gegen die Entscheidung des Landgerichts die Möglichkeit einer weiteren B. zum Oberlandesgericht. Diese ist eine sog. Zulassungsbeschwerde. Das Oberlandesgericht entscheidet über die Zulassung, die nur möglich ist, wenn die angefochtene Entscheidung auf einer Verletzung des Gesetzes beruht und die Nachprüfung der Entscheidung zur Sicherung einer einheitlichen Rechtsprechung geboten ist.

Bonität ist der einwandfreie Ruf einer Person oder Firma im Hinblick auf ihre Zahlungsfähigkeit und –willigkeit und damit auf ihre Kreditwürdigkeit. Kreditinstitute dürften wegen der Möglichkeit der Restschuldbefreiung ihre Anforderungen an die Bonitätsprüfung bei Verbraucherkrediten gegenüber früherer Handhabung anheben. Diese Konsequenz war im Gesetzgebungsverfahren ein beabsichtigter Nebeneffekt. Damit sollten die Vorwürfe insbesondere von Schuldnerberatungsstellen entkräftet werden, daß die Kreditinstitute die Verbraucher zur Kreditaufnahme oft „verführten“ und deshalb für den Anstieg der Verschuldung vieler Haushalte mit verantwortlich seien.

Dienstaufsichtsbeschwerde ist die an eine übergeordnete Behörde gerichtete Anregung zur Nachprüfung oder zum Einschreiten. Sie ist unabhängig von gesetzlich vorgesehen Rechtsmitteln wie zum Beispiel der → Beschwerde zulässig. Teilweise wird die D. unterschieden von der Aufsichtsbeschwerde, bei der es um die Überprüfung des sachlichen Inhalts einer behördlichen Maßnahme geht, während die D. sich auch gegen das dienstliche Verhalten des angegriffenen Beamten wendet. Die D. muß zur Kenntnis genommen werden. Der daraufhin ergehende Bescheid muß erkennen lassen, ob etwas veranlaßt worden ist. Eine Begründung der Entscheidung ist nicht vorgeschrieben. Soweit sich eine D. gegen den Inhalt einer gerichtlichen Entscheidung wendet, darf im Bescheid die verfassungsrechtlich garantierte Unabhängigkeit des angegriffenen Richters oder Rechtspflegers nicht beeinträchtigt werden, so daß eine Abänderung einer gerichtlichen Entscheidung nicht möglich ist. Hierfür sind in Insolvenzverfahren die (sofortige) → Beschwerde gegen richterliche Entscheidungen bzw. die → Erinnerung gegen Entscheidungen des → Rechtspflegers und Vollstreckungsmaßnahmen des → Gerichtsvollziehers vorgesehen.

Drohende Zahlungsunfähigkeit ist Eröffnungsgrund, wenn der Schuldner den Eröffnungsantrag selbst stellt. Sie liegt vor, wenn der Schuldner voraussichtlich nicht in der Lage sein wird, die bestehenden Zahlungspflichten im Zeitpunkt der Fälligkeit zu erfüllen. (§ 18 InsO).

Druck-Antrag ist ein Begriff, der in der Gesetzessprache nicht verwendet wird. Man versteht hierunter einen Antrag eines Gläubigers auf Eröffnung des Insolvenzverfahrens gegen einen Schuldner, der nur in der Absicht gestellt wird, den Schuldner zur Zahlung unter dem Druck des anhängigen Insolvenzverfahrens zu veranlassen, um anschließend den Antrag wieder zurückzunehmen.

Eidesstattliche Versicherung ist eine Form der Beteuerung der Richtigkeit einer Erklärung. Sie ist eine schwächere Bekräftigung als der Eid. Als Offenbarungsversicherung ist sie in der Zwangsvollstreckung nach § 807 ZPO an die Stelle des früheren Offenbarungseides getreten und hat die Funktion, die Richtigkeit und Vollständigkeit des soeben abgegebenen Vermögensverzeichnisses zu versichern. Nach § 899 ZPO war sie bisher vor dem Amtsgericht als Vollstreckungsgericht abzugeben. Ab dem 1.1. 1999 ist der → Gerichtsvollzieher bei dem Amtsgericht zuständig, in dessen Bezirk der Schuldner im Zeitpunkt der Auftragserteilung seinen Wohnsitz hat.

Erinnerung ist ein Rechtsbehelf, der im Insolvenzverfahren gegen Entscheidungen und Maßnahmen des Rechtspflegers und des Gerichtsvollziehers vorgesehen ist. Im Gegensatz zur Beschwerde entscheidet über die E. das Amtsgericht (der Richter der Abteilung), die Akte wird also nicht dem Landgericht vorgelegt. Wenn dies im Gesetz vorgesehen ist, kann als nächste Instanz das Landgericht über die → Beschwerde gegen die richterliche Entscheidung befinden.

Eröffnung des Insolvenzverfahrens erfolgt durch Beschluß gemäß § 27 InsO, worin im Regelinsolvenzverfahren der Insolvenzverwalter und im Verbraucherinsolvenzverfahren der Treuhänder (§ 313 Abs. 1 InsO) bestimmt wird. Das Insolvenzverfahren wird nicht eröffnet, sondern der Antrag wird gemäß § 26 InsO mangels Masse abgewiesen, wenn das Vermögen des Schuldners voraussichtlich nicht ausreichen wird, um die Kosten des Verfahrens zu decken (→ Massezulänglichkeit).

Ersatzaussonderung findet statt, wenn vor der Eröffnung des Insolvenzverfahrens vom Schuldner oder nach der Eröffnung vom Insolvenzverwalter unberechtigt ein Gegenstand veräußert worden ist. In diesem Fall wurde das Recht zur Aussonderung beeinträchtigt. § 48 InsO sieht zum Ausgleich vor, daß der Aussonderungsberechtigte deshalb die Abtretung des Rechts auf die Gegenleistung verlangen kann, soweit diese noch aussteht. Er kann die Gegenleistung aus der Insolvenzmasse verlangen, soweit sie in der Masse unterscheidbar vorhanden ist.

Gegenvorstellung ist ein formloser Rechtsbehelf. Er wendet sich an die Behörde oder das Gericht, das die beanstandete Entscheidung erlassen hat, mit dem Ziel, diese erneut nach Rechtmäßigkeit und/oder Zweckmäßigkeit zu überprüfen.

Gerichtsstand. Darunter wird die → örtliche Zuständigkeit verstanden.

Gerichtsvollzieher ist ein Beamter des Amtsgerichts, der mit Zustellungen, Ladungen und Vollstreckungen sowie ab dem 1. 1. 1999 mit der Abnahme von → eidesstattlichen Versicherungen betraut ist. Rechtsbehelf gegen Vollstreckungsmaßnahmen des G.s ist die → Erinnerung nach § 766 ZPO, die schriftlich einzureichen ist und über die das Vollstreckungsgericht – im Rahmen von Insolvenzverfahren das Insolvenzgericht – entscheidet.

Gewahrsam ist der unmittelbare Besitz an einer beweglichen Sache. Der → Gerichtsvollzieher pfändet gemäß § 808 ZPO Sachen, die sich im Gewahrsam des Schuldners befinden.

Glaubhaftmachung ist eine Beweisführung, die dem Gericht einen geringeren Grad von Wahrscheinlichkeit vermitteln soll als den vollen Beweis. Dafür reicht die überwiegende Wahrscheinlichkeit aus. Die G. kann durch jedes (präsente) Beweismittel erfolgen, auch durch → eidesstattliche Versicherung. In der InsO ist die G. an verschiedenen Stellen vorgesehen, z. B. beim Antrag eines Gläubigers auf Versagung oder Widerruf des Restschuldbefreiung.

Gläubigerausschuß. Das Insolvenzgericht, gemäß § 68 aber auch die Gläubigerversammlung, kann gemäß § 67 einen G. einsetzen. Die Mitglieder des G. haben die Aufgabe, den Insolvenzverwalter bei seiner Geschäftsführung zu unterstützen und zu überwachen, sie haben sich über den Gang der Geschäfte zu unterrichten sowie die Bücher und Geschäftspapiere einzusehen und den Geldverkehr und –bestand prüfen zu lassen. Wegen des üblicherweise relativ geringen Umfangs des Verfahrens kommt die Einsetzung eines G. in aller Regel bei Verbraucherinsolvenzen nicht in Betracht.

Insolvenzgericht ist gem. § 2 Abs. 1 InsO das Amtsgericht, in dessen Bezirk das Landgericht seinen Sitz hat und für den Bezirk dieses Landgerichts ausschließlich zuständig ist. Gem. § 2 Abs. 2 InsO können die Landesregierungen andere oder zusätzliche Amtsgerichte zu Insolvenzgerichten bestimmen und die Bezirke der Insolvenzgerichte abweichend festlegen. Eine Reihe von Bundesländern macht hiervon Gebrauch.

Insolvenzgläubiger sind die persönlichen Gläubiger, die einen zur Zeit der Eröffnung des Insolvenzverfahrens begründeten Vermögensanspruch gegen den Schuldner haben (§ 38 InsO).

Insolvenzmasse. Nach 35 InsO erfaßt das Insolvenzverfahren das gesamte Vermögen, das dem Schuldner zur Zeit der → Eröffnung des Verfahrens gehört und das er während des Verfahrens erlangt. Nicht zur Insolvenzmasse gehören jedoch diejenigen Gegenstände, die nicht der Zwangsvollstreckung unterliegen (§ 36 InsO). Die Insolvenzmasse umfaßt nicht nur das Altvermögen, sondern im Gegensatz zur früheren Rechtslage nach § 1 KO auch das Neuvermögen des Schuldners. Sachen, die zum Hausrat gehören und im Haushalt des Schuldners gebraucht werden, gehören auch dann nicht zur Masse, wenn sie – ausnahmsweise – pfändbar sein sollten, falls durch ihre Verwertung nur ein Erlös erzielt werden würde, der zu dem Wert außer allem Verhältnis steht, § 36 Abs. 3 InsO.

Massegläubiger sind in der Abwicklung privilegiert gegenüber den Insolvenzgläubigern. Die Verbindlichkeiten gegen diesen Gläubigerkreis werden in § 53 InsO als Masseverbindlichkeiten bezeichnet. Hierunter fallen zunächst die Kosten des Insolvenzverfahrens (§ 54 InsO) und sodann die durch Handlungen des Insolvenzverwalters begründeten Verbindlichkeiten (§ 55 InsO) sowie diejenigen aus gegenseitigen Verträgen, soweit deren Erfüllung zur Erfüllung zur Insolvenzmasse verlangt wird oder für die Zeit nach der Eröffnung des Insolvenzverfahrens erfolgen muß, sowie letztlich aus einer ungerechtfertigten Bereicherung der Masse. Gemäß § 55 Abs. 2 InsO gelten außerdem vom vorläufigen Insolvenzverwalter begründete Verbindlichkeiten nach der Verfahrenseröffnung als Masseverbindlichkeiten, dies im Gegensatz zur bisherigen Rechtsprechung bezüglich der rechtlichen Folgen von Rechtshandlungen des Sequesters, die nach der Eröffnung des Konkursverfahrens nicht als Masseverbindlichkeiten eingestuft wurden.

Massezulänglichkeit. Das Insolvenzverfahren wird nicht eröffnet sondern mangels Masse abgelehnt, wenn das Vermögen des Schuldners voraussichtlich nicht ausreichen wird, um die Kosten des Verfahrens zu decken (§ 26 Abs. 1 Satz 1 InsO). Allerdings hat der Schuldner ebenso wie jeder Gläubiger durch Zuschießen eines ausreichenden Geldbetrages (beim Schuldner aus unpfändbarem Vermögen oder z. B. mit Hilfe von Zahlungen durch Lebenspartner oder Verwandte) die Ablehnung mangels Masse zu verhindern. Zu den Kosten des Verfahrens gehören die Gerichtskosten einschließlich Auslagen, die Kosten des Treuhänders und der Mitglieder des → Gläubigerausschusses (§ 54 InsO).

Natürliche Person. Im juristischen Sprachgebrauch wird dieser Begriff als Gegensatz zur juristischen Person verwendet. Natürliche und juristische Personen sind rechtsfähig. Dies bedeutet, daß sie selbständige Träger von Rechten und Pflichten sein können. Die Rechtsfähigkeit der n. P. beginnt mit der Vollendung der Geburt (§ 1 BGB). Der Schuldner, der eine n. P. ist, kann Restschuldbefreiung beantragen (§ 286 InsO), nicht jedoch eine juristische Person. Eine n. P., die keine oder nur eine geringfügige selbständige wirtschaftliche Tätigkeit ausübt, kann Schuldner eines Verbraucherinsolvenzverfahrens sein (§ 304 Abs. 1 InsO). Gemäß § 56 Abs. 1 InsO kann nur eine n. P. zum Insolvenzverwalter bestellt werden. § 305 Abs. 1 Nr. 1 InsO erwähnt geeignete Personen oder Stellen im Rahmen des Verbraucherinsolvenzverfahrens. Mit erstgenanntem Begriff ist die n. P. gemeint; insoweit sehen die Landesgesetze zur Ausführung der InsO (AGInsO) kein Verfahren der amtlichen Anerkennung vor, sondern das Insolvenzgericht muß, wenn eine n. P. den erfolglosen Versuch einer außergerichtlichen Schuldenbereinigung bescheinigt, in eigener Zuständigkeit prüfen, ob diese geeignet im Sinne des § 305 ist.

Neuerwerb ist das Vermögen, das der Schuldner nach Eröffnung des Insolvenzverfahrens erwirbt. Der N. gehört gemäß § 35 InsO zur → Insolvenzmasse.

Neumasseverbindlichkeiten sind solche Masseverbindlichkeiten, die nach der Anzeige der Masseunzulänglichkeit begründet worden sind, ohne zu den Kosten des Verfahrens zu gehören (§ 209 Abs. 1 Nr. 2 InsO). Diese Verbindlichkeiten sind im Rang nach den Kosten des Insolvenzverfahrens, aber vor den übrigen Masseverbindlichkeiten zu „berichtigen“, also zu erfüllen.

Null-Plan. Die InsO hat für die Erlangung der Restschuldbefreiung keine Mindestquote vorgeschrieben. Streitig ist, ob sich daraus ergibt, daß auch ein Schuldenregulierungsplan eingereicht werden kann, der keine Mindestquote vorsieht (sog. Null-Plan; kein in der InsO vorkommender, aber in der Literatur zur Darstellung des Problems allgemein üblich gewordener Begriff).

Obliegenheit ist eine Mitwirkungspflicht ohne eigentlichen Schuldcharakter. Bei Verletzung einer O. treten Rechtsnachteile ein, z.B. im Versicherungsrecht bei Nichterfüllung von Anzeigepflichten. In der InsO hat der Schuldner Obliegenheiten beispielsweise bei den Angaben zu den Vermögensverhältnissen und gemäß § 295 während der Wohlverhaltensperiode, hier vor allem die Erwerbsobliegenheit. Nach § 296 InsO versagt das Insolvenzgericht die Restschuldbefreiung bei Verletzung einer Obliegenheit.

Örtliche Zuständigkeit. Für Insolvenzanträge ist ausschließlich das → Insolvenzgericht zuständig, in dessen Bezirk der Schuldner seinen allgemeinen Gerichtsstand hat. Bei → natürlichen Personen ist dies regelmäßig der Wohnsitz (§ 7 BGB). Übt der Schuldner eine selbständige wirtschaftliche Tätigkeit an einem anderen Ort aus, so ist ausschließlich das Insolvenzgericht zuständig, in dessen Bezirk dieser Ort liegt (§ 3 Abs. 1 InsO). Der allgemeine Gerichtsstand des Insolvenzverwalters wird – entgegen der früheren Rechtslage nach der KO – für Klagen, die sich auf die Insolvenzmasse beziehen, weder durch seinen Wohnsitz noch seinen Kanzleisitz bestimmt, sondern gemäß § 19a ZPO durch den Sitz des Insolvenzgerichts.

Partnerschaftsgesellschaft ist eine rechtsfähige Personengesellschaft, in der sich Angehörige Freier Berufe nach den Regelungen des Partnerschaftsgesellschaftsgesetzes (PartGG) zusammenschließen. Die Partner haften für Verbindlichkeiten der P. grundsätzlich als Gesamtschuldner, wobei eine Haftungsbeschränkung auf den Leistungserbringer oder Verantwortlichen zulässig ist. Nach § 212a KO war die P. konkursfähig, in der InsO war sie offenbar übersehen worden. Ihre Insolvenzfähigkeit gemäß § 11 Abs. 2 Nr. 1 InsO ist durch Art. 2a des Gesetzes vom 22. 7. 1998 zur Änderung des Umwandlungsgesetzes, des PartGG und anderer Gesetze (BGBl. I, S. 1878, 1881) festgelegt worden. Wer einen Verbraucherinsolvenzantrag über sein Vermögen stellt, muß in Abschnitt IV Zeile 6 der Anlage 4 seine Beteiligung an der P. offenlegen und gegebenenfalls Ergänzungsblatt 4 E ausfüllen.

Prozeßkostenhilfe (früher Armenrecht genannt) ist die vollständige oder teilweise Befreiung einer minderbemittelten Partei von den Verfahrenskosten. Eine P. ist in den meisten Verfahrensordnungen – vielfach durch Verweisung auf die Regelungen der ZPO – vorgesehen. In der InsO nicht ausdrücklich geregelt und deshalb umstritten ist, ob der Schuldner für seinen Antrag auf Durchführung des Verbraucherinsolvenzverfahrens mit Restschuldbefreiung Prozeßkostenhilfe beantragen kann.

Rechtspfleger ist ein Beamter des gehobenen Dienstes mit entsprechend qualifizierter Hochschul-Ausbildung, der die im Rechtspflegergesetz bezeichneten Aufgaben wahrnimmt und dabei sachlich unabhängig (§ 9 RPflG in der Fassung des Gesetzes vom 6.8. 1998, BGBl. I, S. 3020) entscheidet. Große Teile des Insolvenzverfahrens werden vom R. eigenverantwortlich abgewickelt, gleiches gilt für die Einzelzwangsvollstreckung. R. haben umfangreiche Zuständigkeiten aber auch in anderen Fachbereichen der Gerichte und Staatsanwaltschaften. Rechtspfleger im ersten Dienstjahr nach Abschluß ihrer Ausbildung dürfen gemäß § 18 RPflG in Insolvenzverfahren nicht tätig sein. Entscheidungen des R. werden mit dem Rechtsbehelf der → Erinnerung angegriffen, über die der Richter zu entscheiden hat.

Restschuldbefreiung sieht § 1 Satz 2 InsO für den redlichen Schuldner vor. Sie wird vom Insolvenzgericht nach der → Wohlverhaltensperiode erteilt, wenn kein Versagungsgrund vorliegt. Sie bewirkt nicht etwa, daß die Forderungen der Insolvenzgläubiger erlöschen; die Forderungen sind jedoch nicht mehr durchsetzbar. Von der R. ausgenommen sind Verbindlichkeiten des Schuldners aus einer vorsätzlich begangenen unerlaubten Handlung, Geldstrafen, Geldbußen, Ordnungsgelder und Zwangsgelder sowie solche Nebenfolgen einer Straftat oder Ordnungswidrigkeit, die zu einer Geldzahlung verpflichten.

Richter. Art. 92 Grundgesetz vertraut die rechtsprechende Gewalt den Richtern an. Für Insolvenzverfahren ist zu großen Teilen nicht der R., sondern der → Rechtspfleger zuständig, allerdings bleiben einige Verfahrensabschnitte und Entscheidungen gemäß § 18 Rechtspflegergesetz dem R. vorbehalten, der stets als Einzelrichter entscheidet. Richter auf Probe dürfen gemäß § 22 Abs. 6 Gerichtsverfassungsgesetz im ersten Dienstjahr in Insolvenzverfahren nicht tätig sein. Gegen richterliche Entscheidungen in Insolvenzverfahren gibt es nach § 6 InsO nur in bestimmten im Gesetz aufgeführten Fällen das Rechtsmittel der sofortigen → Beschwerde.

Schuldenbereinigungsplan. Der S. hat die Wirkungen eines Vergleichs. Er hat damit unmittelbaren Einfluß auf die akzessorischen Sicherheiten (→ Akzessorietät). Kreditinstitute werden deshalb bei Werthaltigkeit der Sicherheiten vor einer Zustimmung zum Schuldenbereinigungsplan versuchen, sich zunächst aus den Sicherheiten zu befriedigen. Es besteht aber auch ein Interesse der Kreditinstitute, sich mit dem Schuldner und Drittschuldnern zu einigen, insbesondere wenn eine Einmalzahlung angeboten wird, um den Aufwand der Eingangskontrolle von Teilzahlungen über etliche Jahre zu vermeiden und den im Vergleichswege wegfallenden Anteil der Forderung sofort ausbuchen zu können.

Treuhänder. Im Verbraucherinsolvenzverfahren werden die Aufgaben des Insolvenzverwalters vom T. wahrgenommen (§ 313 InsO). Der Aufgabenbereich ist jedoch geringer als derjenige des Insolvenzverwalters; so hat er Insolvenzanfechtungen im Regelfall nicht selbst durchzuführen. Während der Dauer der → Wohlverhaltensperiode zur Erlangung der Restschuldbefreiung hat der T. gemäß § 292 InsO weiter eingeschränkte Aufgaben (§ 292 InsO). Der T. steht unter der Aufsicht des → Insolvenzgerichts.

Überschuldung ist nur bei einer juristischen Person Eröffnungsgrund (§ 19 InsO). Sie liegt vor, wenn das Vermögen des Schuldners die bestehenden Verbindlichkeiten nicht mehr deckt. Sie ist zu unterscheiden von der → Zahlungsunfähigkeit und der → drohenden Zahlungsfähigkeit.

Unterbrechung eines Verfahrens ist ein Stillstand des Prozesses kraft Gesetzes. Gemäß § 240 ZPO werden Zivilprozesse im Fall der → Eröffnung des Insolvenzverfahrens einer Partei unterbrochen, wenn das Verfahren die Insolvenzmasse betrifft. Dies gilt – entgegen der früheren Rechtslage nach der KO – auch bereits dann, wenn die Verwaltungs- und Verfügungsbefugnis über das Vermögen des Schuldners auf einen vorläufigen Insolvenzverwalter übergeht. Dies ist nach § 21 Abs. 2 und 3 i.V.m. § 22 Abs. 1 InsO der Fall, wenn neben der Bestellung eines vorläufigen Insolvenzverwalters dem Schuldner ein allgemeines Verfügungsverbot auferlegt wird.

Unvollkommene Verbindlichkeit ist zwar erfüllbar, aber nicht erzwingbar. Folge: Erfüllt der Schuldner die Verbindlichkeit, so hat er gegen den Gläubiger keinen Rückzahlungsanspruch aus ungerechtfertigter Bereicherung. Bedeutung für die Restschuldbefreiung: Sie bewirkt, daß die Forderung eine unvollkommene wird, wie sich aus § 301 Abs. 3 InsO ergibt. Diese Konstruktion ist erforderlich, weil die akzessorischen Sicherungsrechte (→ Akzessorietät) wie z.B. Bürgschaften trotz Erteilung der Restschuldbefreiung bestehen bleiben.

Verbraucher im Sinne des Verbraucherinsolvenzverfahrens ist ein anderer Begriff als sonst in der Gesetzessprache. Während als V. üblicherweise eine → natürliche Person bezeichnet wird, die einen Vertrag nicht für eine selbständige berufliche Tätigkeit abschließt (vgl. § 1 Verbraucherkreditgesetz), so umfaßt das Verbraucherinsolvenzverfahren nach § 304 InsO auch Personen, die eine geringfügige selbständige wirtschaftliche Tätigkeit ausüben.

Verfallklausel ist eine Vereinbarung, die häufig bei Ratenzahlungsvergleichen getroffen wird. Danach wird der gesamte Restbetrag der im Vergleich festgelegten zu zahlenden Summe fällig, wenn der Schuldner mit einer Rate für einen bestimmten Zeitraum in Verzug gerät. Eine V. kommt auch im Schuldenbereinigungsplan in Betracht, wenn der Schuldner die versprochenen Beträge in Raten abzahlen soll.

Wohlverhaltensperiode ist der Zeitraum von sieben bzw. fünf Jahren nach Aufhebung des Insolvenzverfahrens, für die der Schuldner seine pfändbaren Forderungen auf Bezüge aus einem Dienstverhältnis an einen vom Gericht zu bestimmenden Treuhänder abtritt, um anschließend die Chance auf Restschuldbefreiung zu erhalten.

Zahlungsunfähigkeit ist bei der → natürlichen Person allgemeiner Eröffnungsgrund. Der Schuldner ist zahlungsunfähig, wenn er nicht in der Lage ist, die fälligen Zahlungspflichten zu erfüllen. Z. ist in der Regel anzunehmen, wenn der Schuldner seine Zahlungen eingestellt hat (§ 17 InsO). Z. ist zu unterscheiden von der → drohenden Zahlungsunfähigkeit, die nur dann Insolvenzgrund ist, wenn der Antrag vom Schuldner selbst gestellt wird, sowie von der → Überschuldung, die nur bei einer juristischen Person Eröffnungsgrund ist.

Zustellung ist der in gesetzlicher Form zu bewirkende und zu beurkundende Vorgang, durch den einer bestimmten Person ein Schriftstück übermittelt oder ihr Gelegenheit gegeben wird, von ihm Kenntnis zu nehmen. Nach der InsO erfolgen Zustellungen von Amts wegen, und zwar in der Regel durch Aufgabe zur Post. Das Insolvenzgericht kann den Insolvenzverwalter mit der Durchführung der Zustellungen beauftragen (§ 8 InsO).

Kapitel VI. Insolvenzordnung

Vom 5. Oktober 1994 (BGBl. I S. 2866),
zuletzt geändert durch Gesetz vom 25. 8. 1998
(BGBl. I S. 2489)

– Auszug –

Erster Teil. Allgemeine Vorschriften

§ 1. Ziele des Insolvenzverfahrens. [1] Das Insolvenzverfahren dient dazu, die Gläubiger eines Schuldners gemeinschaftlich zu befriedigen, indem das Vermögen des Schuldners verwertet und der Erlös verteilt oder in einem Insolvenzplan eine abweichende Regelung insbesondere zum Erhalt des Unternehmens getroffen wird. [2] Dem redlichen Schuldner wird Gelegenheit gegeben, sich von seinen restlichen Verbindlichkeiten zu befreien.

§ 2. Amtsgericht als Insolvenzgericht. (1) Für das Insolvenzverfahren ist das Amtsgericht, in dessen Bezirk ein Landgericht seinen Sitz hat, als Insolvenzgericht für den Bezirk dieses Landgerichts ausschließlich zuständig.

(2) [1] Die Landesregierungen werden ermächtigt, zur sachdienlichen Förderung oder schnelleren Erledigung der Verfahren durch Rechtsverordnung andere oder zusätzliche Amtsgerichte zu Insolvenzgerichten zu bestimmen und die Bezirke der Insolvenzgerichte abweichend festzulegen. [2] Die Landesregierungen können die Ermächtigung auf die Landesjustizverwaltungen übertragen.

§ 3. Örtliche Zuständigkeit. (1) [1] Örtlich zuständig ist ausschließlich das Insolvenzgericht, in dessen Bezirk der Schuldner seinen allgemeinen Gerichtsstand hat. [2] Liegt der Mittelpunkt einer selbständigen wirtschaftlichen Tätigkeit des Schuldners an einem anderen Ort, so ist ausschließlich das Insolvenzgericht zuständig, in dessen Bezirk dieser Ort liegt.

(2) Sind mehrere Gerichte zuständig, so schließt das Gericht, bei dem zuerst die Eröffnung des Insolvenzverfahrens beantragt worden ist, die übrigen aus.

§ 4. Anwendbarkeit der Zivilprozeßordnung. Für das Insolvenzverfahren gelten, soweit dieses Gesetz nichts anderes bestimmt, die Vorschriften der Zivilprozeßordnung entsprechend.

§ 5. Verfahrensgrundsätze. (1) [1]Das Insolvenzgericht hat von Amts wegen alle Umstände zu ermitteln, die für das Insolvenzverfahren von Bedeutung sind. [2]Es kann zu diesem Zweck insbesondere Zeugen und Sachverständige vernehmen.

(2) [1]Die Entscheidungen des Gerichts können ohne mündliche Verhandlung ergehen. [2]Findet eine mündliche Verhandlung statt, so ist § 227 Abs. 3 Satz 1 der Zivilprozeßordnung nicht anzuwenden.

(3) Tabellen und Verzeichnisse können maschinell hergestellt und bearbeitet werden.

§ 6. Sofortige Beschwerde. (1) Die Entscheidungen des Insolvenzgerichts unterliegen nur in den Fällen einem Rechtsmittel, in denen dieses Gesetz die sofortige Beschwerde vorsieht.

(2) [1]Die Beschwerdefrist beginnt mit der Verkündung der Entscheidung oder, wenn diese nicht verkündet wird, mit deren Zustellung. [2]Das Insolvenzgericht kann der Beschwerde abhelfen.

(3) [1]Die Entscheidung des Landgerichts über die Beschwerde wird erst mit der Rechtskraft wirksam. [2]Das Landgericht kann jedoch die sofortige Wirksamkeit der Entscheidung anordnen.

§ 7. Weitere Beschwerde. (1) [1]Gegen die Entscheidung des Landgerichts läßt das Oberlandesgericht auf Antrag die sofortige weitere Beschwerde zu, wenn diese darauf gestützt wird, daß die Entscheidung auf einer Verletzung des Gesetzes beruht, und die Nachprüfung der Entscheidung zur Sicherung einer einheitlichen Rechtsprechung geboten ist. [2]Für den Zulassungsantrag gelten die Vorschriften über die Einlegung der sofortigen weiteren Beschwerde entsprechend, für die Prüfung der Verletzung des Gesetzes die §§ 550, 551, 561 und 563 der Zivilprozeßordnung.

(2) [1]Will das Oberlandesgericht bei der Entscheidung über die weitere Beschwerde in einer Frage aus dem Insolvenzrecht von der auf weitere Beschwerde ergangenen Entscheidung eines anderen Oberlandesgerichts abweichen, so hat es die weitere Beschwerde dem Bundesgerichtshof zur Entscheidung vorzulegen. [2]Ist über die Rechtsfrage bereits eine Entscheidung des Bundesgerichtshofs ergangen, so gilt das gleiche, wenn das Oberlandesgericht von dieser Entscheidung abweichen will. [3]Der Vorlagebeschluß ist zu begründen; ihm ist die Stellungnahme des Beschwerdeführers beizufügen.

(3) [1]Sind in einem Land mehrere Oberlandesgerichte errichtet, so kann die Entscheidung über die weitere Beschwerde in Insolvenzsa-

chen von den Landesregierungen durch Rechtsverordnung einem der Oberlandesgerichte oder dem Obersten Landesgericht zugewiesen werden, sofern die Zusammenfassung der Rechtspflege in Insolvenzsachen, insbesondere der Sicherung einer einheitlichen Rechtsprechung, dienlich ist. [2] Die Landesregierungen können die Ermächtigung auf die Landesjustizverwaltungen übertragen. [3] Absatz 2 bleibt unberührt.

§ 8. Zustellungen. (1) [1] Die Zustellungen geschehen von Amts wegen. [2] Sie können durch Aufgabe zur Post erfolgen. [3] Einer Beglaubigung des zuzustellenden Schriftstücks bedarf es nicht.

(2) [1] An Personen, deren Aufenthalt unbekannt ist, wird nicht zugestellt. [2] Haben sie einen zur Entgegennahme von Zustellungen berechtigten Vertreter, so wird dem Vertreter zugestellt.

(3) Das Insolvenzgericht kann den Insolvenzverwalter beauftragen, die Zustellungen durchzuführen.

§ 9. Öffentliche Bekanntmachung. (1) [1] Die öffentliche Bekanntmachung erfolgt durch Veröffentlichung in dem für amtliche Bekanntmachungen des Gerichts bestimmten Blatt; die Veröffentlichung kann auszugsweise geschehen. [2] Dabei ist der Schuldner genau zu bezeichnen, insbesondere sind seine Anschrift und sein Geschäftszweig anzugeben. [3] Die Bekanntmachung gilt als bewirkt, sobald nach dem Tag der Veröffentlichung zwei weitere Tage verstrichen sind.

(2) Das Insolvenzgericht kann weitere und wiederholte Veröffentlichungen veranlassen.

(3) Die öffentliche Bekanntmachung genügt zum Nachweis der Zustellung an alle Beteiligten, auch wenn dieses Gesetz neben ihr eine besondere Zustellung vorschreibt.

§ 10. Anhörung des Schuldners. (1) [1] Soweit in diesem Gesetz eine Anhörung des Schuldners vorgeschrieben ist, kann sie unterbleiben, wenn sich der Schuldner im Ausland aufhält und die Anhörung das Verfahren übermäßig verzögern würde oder wenn der Aufenthalt des Schuldners unbekannt ist. [2] In diesem Fall soll ein Vertreter oder Angehöriger des Schuldners gehört werden.

(2) Ist der Schuldner keine natürliche Person, so gilt Absatz 1 entsprechend für die Anhörung von Personen, die zur Vertretung des Schuldners berechtigt oder an ihm beteiligt sind.

Zweiter Teil. Eröffnung des Insolvenzverfahrens. Erfaßtes Vermögen und Verfahrensbeteiligte

Erster Abschnitt. Eröffnungsvoraussetzungen und Eröffnungsverfahren

§ 11. Zulässigkeit des Insolvenzverfahrens. (1) [1] Ein Insolvenzverfahren kann über das Vermögen jeder natürlichen und jeder juristischen Person eröffnet werden. [2] Der nicht rechtsfähige Verein steht insoweit einer juristischen Person gleich.

(2) Ein Insolvenzverfahren kann ferner eröffnet werden:

1. über das Vermögen einer Gesellschaft ohne Rechtspersönlichkeit (offene Handelsgesellschaft, Kommanditgesellschaft, Partnerschaftsgesellschaft, Gesellschaft des Bürgerlichen Rechts, Partenreederei, Europäische wirtschaftliche Interessenvereinigung);
2. nach Maßgabe der §§ 315 bis 334 über einen Nachlaß, über das Gesamtgut einer fortgesetzten Gütergemeinschaft oder über das Gesamtgut einer Gütergemeinschaft, das von den Ehegatten gemeinschaftlich verwaltet wird.

(3) Nach Auflösung einer juristischen Person oder einer Gesellschaft ohne Rechtspersönlichkeit ist die Eröffnung des Insolvenzverfahrens zulässig, solange die Verteilung des Vermögens nicht vollzogen ist.

§ 12. Juristische Personen des öffentlichen Rechts. (1) Unzulässig ist das Insolvenzverfahren über das Vermögen

1. des Bundes oder eines Landes,
2. einer juristischen Person des öffentlichen Rechts, die der Aufsicht eines Landes untersteht, wenn das Landesrecht dies bestimmt.

(2) Hat ein Land nach Absatz 1 Nr. 2 das Insolvenzverfahren über das Vermögen einer juristischen Person für unzulässig erklärt, so können im Falle der Zahlungsunfähigkeit oder der Überschuldung dieser juristischen Person deren Arbeitnehmer von dem Land die Leistungen verlangen, die sie im Falle der Eröffnung eines Insolvenzverfahrens nach den Vorschriften des Dritten Buches Sozialgesetzbuch über das Insolvenzgeld vom Arbeitsamt und nach den Vorschriften des Gesetzes zur Verbesserung der betrieblichen Altersversorgung vom Träger der Insolvenzversicherung beanspruchen könnten.

§ 13. Eröffnungsantrag. (1) [1] Das Insolvenzverfahren wird nur auf Antrag eröffnet. [2] Antragsberechtigt sind die Gläubiger und der Schuldner.

(2) Der Antrag kann zurückgenommen werden, bis das Insolvenzverfahren eröffnet und der Antrag rechtskräftig abgewiesen ist.

§ 14. Antrag eines Gläubigers. (1) Der Antrag eines Gläubigers ist zulässig, wenn der Gläubiger ein rechtliches Interesse an der Eröffnung des Insolvenzverfahrens hat und seine Forderung und den Eröffnungsgrund glaubhaft macht.

(2) Ist der Antrag zulässig, so hat das Insolvenzgericht den Schuldner zu hören.

§ 15. Antragsrecht bei juristischen Personen und Gesellschaften ohne Rechtspersönlichkeit. (1) Zum Antrag auf Eröffnung eines Insolvenzverfahrens über das Vermögen einer juristischen Person oder einer Gesellschaft ohne Rechtspersönlichkeit ist außer den Gläubigern jedes Mitglied des Vertretungsorgans, bei einer Gesellschaft ohne Rechtspersönlichkeit oder bei einer Kommanditgesellschaft auf Aktien jeder persönlich haftende Gesellschafter, sowie jeder Abwickler berechtigt.

(2) [1] Wird der Antrag nicht von allen Mitgliedern des Vertretungsorgans, allen persönlich haftenden Gesellschaftern oder allen Abwicklern gestellt, so ist er zulässig, wenn der Eröffnungsgrund glaubhaft gemacht wird. [2] Das Insolvenzgericht hat die übrigen Mitglieder des Vertretungsorgans, persönlich haftenden Gesellschafter oder Abwickler zu hören.

(3) [1] Ist bei einer Gesellschaft ohne Rechtspersönlichkeit kein persönlich haftender Gesellschafter eine natürliche Person, so gelten die Absätze 1 und 2 entsprechend für die organschaftlichen Vertreter und die Abwickler der zur Vertretung der Gesellschaft ermächtigten Gesellschafter. [2] Entsprechendes gilt, wenn sich die Verbindung von Gesellschaften in dieser Art fortsetzt.

§ 16. Eröffnungsgrund. Die Eröffnung des Insolvenzverfahrens setzt voraus, daß ein Eröffnungsgrund gegeben ist.

§ 17. Zahlungsunfähigkeit. (1) Allgemeiner Eröffnungsgrund ist die Zahlungsunfähigkeit.

(2) [1] Der Schuldner ist zahlungsunfähig, wenn er nicht in der Lage ist, die fälligen Zahlungspflichten zu erfüllen. [2] Zahlungsunfähigkeit ist in der Regel anzunehmen, wenn der Schuldner seine Zahlungen eingestellt hat.

§ 18. Drohende Zahlungsunfähigkeit. (1) Beantragt der Schuldner die Eröffnung des Insolvenzverfahrens, so ist auch die drohende Zahlungsunfähigkeit Eröffnungsgrund.

(2) Der Schuldner droht zahlungsunfähig zu werden, wenn er voraussichtlich nicht in der Lage sein wird, die bestehenden Zahlungspflichten im Zeitpunkt der Fälligkeit zu erfüllen.

(3) Wird bei einer juristischen Person oder einer Gesellschaft ohne Rechtspersönlichkeit der Antrag nicht von allen Mitgliedern des Vertreterorgans, allen persönlich haftenden Gesellschaftern oder allen Abwicklern gestellt, so ist Absatz 1 nur anzuwenden, wenn der oder die Antragsteller zur Vertretung der juristischen Person oder der Gesellschaft berechtigt sind.

Achter Teil. Restschuldbefreiung

§ 286. Grundsatz. Ist der Schuldner eine natürliche Person, so wird er nach Maßgabe der §§ 287 bis 303 von den im Insolvenzverfahren nicht erfüllten Verbindlichkeiten gegenüber den Insolvenzgläubigern befreit.

§ 287. Antrag des Schuldners. (1) [1]Die Restschuldbefreiung setzt einen Antrag des Schuldners voraus. [2]Der Antrag ist spätestens im Berichtstermin entweder schriftlich beim Insolvenzgericht einzureichen oder zu Protokoll der Geschäftsstelle zu erklären. [3]Er kann mit dem Antrag auf Eröffnung des Insolvenzverfahrens verbunden werden.

(2) [1]Dem Antrag ist die Erklärung beizufügen, daß der Schuldner seine pfändbaren Forderungen auf Bezüge aus einem Dienstverhältnis oder an deren Stelle tretende laufende Bezüge für die Zeit von sieben Jahren nach der Aufhebung des Insolvenzverfahrens an einem vom Gericht zu bestimmenden Treuhänder abtritt. [2]Hatte der Schuldner diese Forderungen bereits vorher an einen Dritten abgetreten oder verpfändet, so ist in der Erklärung darauf hinzuweisen.

(3) Vereinbarungen, die eine Abtretung der Forderungen des Schuldners auf Bezüge aus einem Dienstverhältnis oder an deren Stelle tretende laufende Bezüge ausschließen, von einer Bedingung abhängig machen oder sonst einschränken, sind insoweit unwirksam, als sie die Abtretungserklärung nach Absatz 2 Satz 1 vereiteln oder beeinträchtigen würden.

§ 288. Vorschlagsrecht. Der Schuldner und die Gläubiger können dem Insolvenzgericht als Treuhänder eine für den jeweiligen Einzelfall geeignete natürliche Person vorschlagen.

§ 289. Entscheidung des Insolvenzgerichts. (1) [1]Die Insolvenzgläubiger und der Insolvenzverwalter sind im Schlußtermin zu dem Antrag des Schuldners zu hören. [2]Das Insolvenzgericht entscheidet über den Antrag des Schuldners durch Beschluß.

(2) [1]Gegen den Beschluß steht dem Schuldner und jedem Insolvenzgläubiger, der im Schlußtermin die Versagung der Restschuldbefreiung

beantragt hat, die sofortige Beschwerde zu. [2]Das Insolvenzverfahren wird erst nach Rechtskraft des Beschlusses aufgehoben. [3]Der rechtskräftige Beschluß ist zusammen mit dem Beschluß über die Aufhebung des Insolvenzverfahrens öffentlich bekanntzumachen.

(3) [1]Im Falle der Einstellung des Insolvenzverfahrens kann Restschuldbefreiung nur erteilt werden, wenn nach Anzeige der Masseunzulänglichkeit die Insolvenzmasse nach § 209 verteilt worden ist und die Einstellung nach § 211 erfolgt. [2]Absatz 2 gilt mit der Maßgabe, daß an die Stelle der Aufhebung des Verfahrens die Einstellung tritt.

§ 290. Versagung der Restschuldbefreiung. (1) In dem Beschluß ist die Restschuldbefreiung zu versagen, wenn dies im Schlußtermin von einem Insolvenzgläubiger beantragt worden ist und wenn

1. der Schuldner wegen einer Straftat nach den §§ 283 bis 283c des Strafgesetzbuchs rechtskräftig verurteilt worden ist,
2. der Schuldner in den letzten drei Jahren vor dem Antrag auf Eröffnung des Insolvenzverfahrens oder nach diesem Antrag vorsätzlich oder grob fahrlässig schriftlich unrichtige oder unvollständige Angaben über seine wirtschaftlichen Verhältnisse gemacht hat, um einen Kredit zu erhalten, Leistungen aus öffentlichen Mitteln zu beziehen oder Leistungen an öffentliche Kassen zu vermeiden,
3. in den letzten zehn Jahren vor dem Antrag auf Eröffnung des Insolvenzverfahrens oder nach diesem Antrag dem Schuldner Restschuldbefreiung erteilt oder nach § 296 oder § 297 versagt worden ist,
4. der Schuldner im letzten Jahr vor dem Antrag auf Eröffnung des Insolvenzverfahrens oder nach diesem Antrag vorsätzlich oder grob fahrlässig die Befriedigung der Insolvenzgläubiger dadurch beeinträchtigt hat, daß er unangemessene Verbindlichkeiten begründet oder Vermögen verschwendet oder ohne Aussicht auf eine Besserung seiner wirtschaftlichen Lage die Eröffnung des Insolvenzverfahrens verzögert hat,
5. der Schuldner während des Insolvenzverfahrens Auskunfts- oder Mitwirkungspflichten nach diesem Gesetz vorsätzlich oder grob fahrlässig verletzt hat oder
6. der Schuldner in den nach § 305 Abs. 1 Nr. 3 vorzulegenden Verzeichnissen seines Vermögens und seines Einkommens, seiner Gläubiger und der gegen ihn gerichteten Forderungen vorsätzlich oder grob fahrlässig unrichtige oder unvollständige Angaben gemacht hat.

(2) Der Antrag des Gläubigers ist nur zulässig, wenn ein Versagungsgrund glaubhaft gemacht wird.

§ 291. Ankündigung der Restschuldbefreiung. (1) Sind die Voraussetzungen des § 290 nicht gegeben, so stellt das Gericht in dem Beschluß fest, daß der Schuldner Restschuldbefreiung erlangt, wenn er den Obliegenheiten nach § 295 nachkommt und die Voraussetzungen für eine Versagung nach § 297 oder § 298 nicht vorliegen.

(2) Im gleichen Beschluß bestimmt das Gericht den Treuhänder, auf den die pfändbaren Bezüge des Schuldners nach Maßgabe der Abtretungserklärung (§ 287 Abs. 2) übergehen.

§ 292. Rechtsstellung des Treuhänders. (1) [1]Der Treuhänder hat den zur Zahlung der Bezüge Verpflichteten über die Abtretung zu unterrichten. [2]Er hat die Beträge, die er durch die Abtretung erlangt, und sonstige Leistungen des Schuldners oder Dritter von seinem Vermögen getrennt zu halten und einmal jährlich auf Grund des Schlußverzeichnisses an die Insolvenzgläubiger zu verteilen. [3]Von den Beträgen, die er durch die Abtretung erlangt, und den sonstigen Leistungen hat er an den Schuldner nach Ablauf von vier Jahren seit der Aufhebung des Insolvenzverfahrens zehn vom Hundert, nach Ablauf von fünf Jahren seit der Aufhebung fünfzehn vom Hundert und nach Ablauf von sechs Jahren seit der Aufhebung zwanzig vom Hundert abzuführen.

(2) [1]Die Gläubigerversammlung kann dem Treuhänder zusätzlich die Aufgabe übertragen, die Erfüllung der Obliegenheiten des Schuldners zu überwachen. [2]In diesem Fall hat der Treuhänder die Gläubiger unverzüglich zu benachrichtigen, wenn er einen Verstoß gegen diese Obliegenheiten feststellt. [3]Der Treuhänder ist nur zur Überwachung verpflichtet, soweit die ihm dafür zustehende zusätzliche Vergütung gedeckt ist oder vorgeschossen wird.

(3) [1]Der Treuhänder hat bei der Beendigung seines Amtes dem Insolvenzgericht Rechnung zu legen. [2]Die §§ 58 und 59 gelten entsprechend, § 59 jedoch mit der Maßgabe, daß die Entlassung von jedem Insolvenzgläubiger beantragt werden kann und daß die sofortige Beschwerde jedem Insolvenzgläubiger zusteht.

§ 293. Vergütung des Treuhänders. (1) [1]Der Treuhänder hat Anspruch auf Vergütung für seine Tätigkeit und auf Erstattung angemessener Auslagen. [2]Dabei ist dem Zeitaufwand des Treuhänders und dem Umfang seiner Tätigkeit Rechnung zu tragen.

(2) Die §§ 64 und 65 gelten entsprechend.

§ 294. Gleichbehandlung der Gläubiger. (1) Zwangsvollstreckungen für einzelne Insolvenzgläubiger in das Vermögen des Schuldners sind während der Laufzeit der Abtretungserklärung nicht zulässig.

(2) Jedes Abkommen des Schuldners oder anderer Personen mit einzelnen Insolvenzgläubigern, durch das diesen ein Sondervorteil verschafft wird, ist nichtig.

(3) Gegen die Forderung auf die Bezüge, die von der Abtretungserklärung erfaßt werden, kann der Verpflichtete eine Forderung gegen den Schuldner nur aufrechnen, soweit er bei einer Fortdauer des Insolvenzverfahrens nach § 114 Abs. 2 zur Aufrechnung berechtigt wäre.

§ 295. Obliegenheiten des Schuldners. (1) Dem Schuldner obliegt es, während der Laufzeit der Abtretungserklärung

1. eine angemessene Erwerbstätigkeit auszuüben und, wenn er ohne Beschäftigung ist, sich um eine solche zu bemühen und keine zumutbare Tätigkeit abzulehnen;
2. Vermögen, das er von Todes wegen oder mit Rücksicht auf ein künftiges Erbrecht erwirbt, zur Hälfte des Wertes an den Treuhänder herauszugeben;
3. jeden Wechsel des Wohnsitzes oder der Beschäftigungsstelle unverzüglich dem Insolvenzgericht und dem Treuhänder anzuzeigen, keine von der Abtretungserklärung erfaßten Bezüge und kein von Nummer 2 erfaßtes Vermögen zu verheimlichen und dem Gericht und dem Treuhänder auf Verlangen Auskunft über seine Erwerbstätigkeit oder seine Bemühungen um eine solche sowie über seine Bezüge und sein Vermögen zu erteilen;
4. Zahlungen zur Befriedigung der Insolvenzgläubiger nur an den Treuhänder zu leisten und keinem Insolvenzgläubiger einen Sondervorteil zu verschaffen.

(2) Soweit der Schuldner eine selbständige Tätigkeit ausübt, obliegt es ihm, die Insolvenzgläubiger durch Zahlungen an den Treuhänder so zu stellen, wie wenn er ein angemessenes Dienstverhältnis eingegangen wäre.

§ 296. Verstoß gegen Obliegenheiten. (1) [1]Das Insolvenzgericht versagt die Restschuldbefreiung auf Antrag eines Insolvenzgläubigers, wenn der Schuldner während der Laufzeit der Abtretungserklärung eine seiner Obliegenheiten verletzt und dadurch die Befriedigung der Insolvenzgläubiger beeinträchtigt; dies gilt nicht, wenn den Schuldner kein Verschulden trifft. [2]Der Antrag kann nur binnen eines Jahres nach dem Zeitpunkt gestellt werden, in dem die Obliegenheitsverletzung dem Gläubiger bekanntgeworden ist. [3]Er ist nur zulässig, wenn die Voraussetzungen der Sätze 1 und 2 glaubhaft gemacht werden.

(2) [1]Vor der Entscheidung über den Antrag sind der Treuhänder, der Schuldner und die Insolvenzgläubiger zu hören. [2]Der Schuldner hat über die Erfüllung seiner Obliegenheiten Auskunft zu erteilen und, wenn es der Gläubiger beantragt, die Richtigkeit dieser Auskunft an Eides Statt zu versichern. [3]Gibt er die Auskunft oder die eidesstattliche Versicherung ohne hinreichende Entschuldigung nicht innerhalb der

ihm gesetzten Frist ab oder erscheint er trotz ordnungsgemäßer Ladung ohne hinreichende Entschuldigung nicht zu einem Termin, den das Gericht für die Erteilung der Auskunft oder die eidesstattliche Versicherung anberaumt hat, so ist die Restschuldbefreiung zu versagen.

(3) [1]Gegen die Entscheidung steht dem Antragsteller und dem Schuldner die sofortige Beschwerde zu. [2]Die Versagung der Restschuldbefreiung ist öffentlich bekanntzumachen.

§ 297. Insolvenzstraftaten. (1) Das Insolvenzgericht versagt die Restschuldbefreiung auf Antrag eines Insolvenzgläubigers, wenn der Schuldner in dem Zeitraum zwischen Schlußtermin und Aufhebung des Insolvenzverfahrens oder während der Laufzeit der Abtretungserklärung wegen einer Straftat nach den §§ 283 bis 283c des Strafgesetzbuchs rechtskräftig verurteilt wird.

(2) § 296 Abs. 1 Satz 2 und 3, Abs. 3 gilt entsprechend.

§ 298. Deckung der Mindestvergütung des Treuhänders. (1) Das Insolvenzgericht versagt die Restschuldbefreiung auf Antrag des Treuhänders, wenn die an diesen abgeführten Beträge für das vorangegangene Jahr seiner Tätigkeit die Mindestvergütung nicht decken und der Schuldner den fehlenden Betrag nicht einzahlt, obwohl ihn der Treuhänder schriftlich zur Zahlung binnen einer Frist von mindestens zwei Wochen aufgefordert und ihn dabei auf die Möglichkeit der Versagung der Restschuldbefreiung hingewiesen hat.

(2) [1]Vor der Entscheidung ist der Schuldner zu hören. [2]Die Versagung unterbleibt, wenn der Schuldner binnen zwei Wochen nach Aufforderung durch das Gericht den fehlenden Betrag einzahlt.

(3) § 296 Abs. 3 gilt entsprechend.

§ 299. Vorzeitige Beendigung. Wird die Restschuldbefreiung nach § 296, 297 oder 298 versagt, so enden die Laufzeit der Abtretungserklärung, das Amt des Treuhänders und die Beschränkung der Rechte der Gläubiger mit der Rechtskraft der Entscheidung.

§ 300. Entscheidung über die Restschuldbefreiung. (1) Ist die Laufzeit der Abtretungserklärung ohne eine vorzeitige Beendigung verstrichen, so entscheidet das Insolvenzgericht nach Anhörung der Insolvenzgläubiger, des Treuhänders und des Schuldners durch Beschluß über die Erteilung der Restschuldbefreiung.

(2) Das Insolvenzgericht versagt die Restschuldbefreiung auf Antrag eines Insolvenzgläubigers, wenn die Voraussetzungen des § 296 Abs. 1 oder 2 Satz 3 oder des § 297 vorliegen, oder auf Antrag des Treuhänders, wenn die Voraussetzungen des § 298 vorliegen.

(3) [1]Der Beschluß ist öffentlich bekanntzumachen. [2]Wird die Restschuldbefreiung erteilt, so ist die Bekanntmachung, unbeschadet des § 9, auszugsweise im Bundesanzeiger zu veröffentlichen. [3]Gegen den Beschluß steht dem Schuldner und jedem Insolvenzgläubiger, der bei der Anhörung nach Absatz 1 die Versagung der Restschuldbefreiung beantragt hat, die sofortige Beschwerde zu.

§ 301. Wirkung der Restschuldbefeiung. (1) [1]Wird die Restschuldbefreiung erteilt, so wirkt sie gegen alle Insolvenzgläubiger. [2]Dies gilt auch für Gläubiger, die ihre Forderungen nicht angemeldet haben.

(2) [1]Die Rechte der Insolvenzgläubiger gegen Mitschuldner und Bürgen des Schuldners sowie die Rechte dieser Gläubiger aus einer zu ihrer Sicherung eingetragenen Vormerkung oder aus einem Recht, das im Insolvenzverfahren zur abgesonderten Befriedigung berechtigt, werden durch die Restschuldbefreiung nicht berührt. [2]Der Schuldner wird jedoch gegenüber dem Mitschuldner, dem Bürgen oder anderen Rückgriffsberechtigten in gleicher Weise befreit wie gegenüber den Insolvenzgläubigern.

(3) Wird ein Gläubiger befriedigt, obwohl er auf Grund der Restschuldbefreiung keine Befriedigung zu beanspruchen hat, so begründet dies keine Pflicht zur Rückgewähr des Erlangten.

§ 302. Ausgenommene Forderungen. Von der Erteilung der Restschuldbefreiung werden nicht berührt:

1. Verbindlichkeiten des Schuldners aus einer vorsätzlich begangenen unerlaubten Handlung;
2. Geldstrafen und die diesen in § 39 Abs. 1 Nr. 3 gleichgestellten Verbindlichkeiten des Schuldners.

§ 303. Widerruf der Restschuldbefreiung. (1) Auf Antrag eines Insolvenzgläubigers widerruft das Insolvenzgericht die Erteilung der Restschuldbefreiung, wenn sich nachträglich herausstellt, daß der Schuldner eine seiner Obliegenheiten vorsätzlich verletzt und dadurch die Befriedigung der Insolvenzgläubiger erheblich beeinträchtigt hat.

(2) Der Antrag des Gläubigers ist nur zulässig, wenn er innerhalb eines Jahres nach der Rechtskraft der Entscheidung über die Restschuldbefreiung gestellt wird und wenn glaubhaft gemacht wird, daß die Voraussetzungen des Absatzes 1 vorliegen und daß der Gläubiger bis zur Rechtskraft der Entscheidung keine Kenntnis von ihnen hatte.

(3) [1]Vor der Entscheidung sind der Schuldner und der Treuhänder zu hören. [2]Gegen die Entscheidung steht dem Antragsteller und dem Schuldner die sofortige Beschwerde zu. [3]Die Entscheidung, durch welche die Restschuldbefreiung widerrufen wird, ist öffentlich bekanntzumachen.

Neunter Teil. Verbraucherinsolvenzverfahren und sonstige Kleinverfahren

Erster Abschnitt. Anwendungsbereich

§ 304. Grundsatz. (1) Ist der Schuldner eine natürliche Person, die keine oder nur eine geringfügige selbständige wirtschaftliche Tätigkeit ausübt, so gelten für das Verfahren die allgemeinen Vorschriften, soweit in diesem Teil nichts anderes bestimmt ist.

(2) Eine selbständige wirtschaftliche Tätigkeit ist insbesondere dann geringfügig im Sinne des Absatzes 1, wenn sie nach Art oder Umfang einen in kaufmännischer Weise eingerichteten Geschäftsbetrieb nicht erfordert.

Zweiter Abschnitt. Schuldenbereinigungsplan

§ 305. Eröffnungsantrag des Schuldners. (1) Mit dem Antrag auf Eröffnung des Insolvenzverfahrens (§ 311) oder unverzüglich nach diesem Antrag hat der Schuldner vorzulegen:

1. eine Bescheinigung, die von einer geeigneten Person oder Stelle ausgestellt ist und aus der sich ergibt, daß eine außergerichtliche Einigung mit den Gläubigern über die Schuldenbereinigung auf der Grundlage eines Plans innerhalb der letzten sechs Monate vor dem Eröffnungsantrag erfolglos versucht worden ist; die Länder können bestimmen, welche Personen oder Stellen als geeignet anzusehen sind;
2. den Antrag auf Erteilung von Restschuldbefreiung (§ 287) oder die Erklärung, daß Restschuldbefreiung nicht beantragt werden soll;
3. ein Verzeichnis des vorhandenen Vermögens und des Einkommens (Vermögensverzeichnis), ein Verzeichnis der Gläubiger und ein Verzeichnis der gegen ihn gerichteten Forderungen; den Verzeichnissen ist die Erklärung beizufügen, daß die in diesen enthaltenen Angaben richtig und vollständig sind;
4. einen Schuldenbereinigungsplan; dieser kann alle Regelungen enthalten, die unter Berücksichtigung der Gläubigerinteressen sowie der Vermögens-, Einkommens- und Familienverhältnisse des Schuldners geeignet sind, zu einer angemessenen Schuldenbereinigung zu führen; in den Plan ist aufzunehmen, ob und inwieweit Bürgschaften, Pfandrechte und andere Sicherheiten der Gläubiger vom Plan berührt werden sollen.

(2) [1]In dem Verzeichnis der Forderungen nach Absatz 1 Nr. 3 kann auch auf beigefügte Forderungsaufstellungen der Gläubiger Bezug ge-

nommen werden. [2]Auf Aufforderung des Schuldners sind die Gläubiger verpflichtet, auf ihre Kosten dem Schuldner zur Vorbereitung des Forderungsverzeichnisses eine schriftliche Aufstellung ihrer gegen diesen gerichteten Forderungen zu erteilen; insbesondere haben sie ihm die Höhe ihrer Forderungen und deren Aufgliederung in Hauptforderung, Zinsen und Kosten anzugeben. [3]Die Aufforderung des Schuldners muß einen Hinweis auf einen bereits bei Gericht eingereichten oder in naher Zukunft beabsichtigten Antrag auf Eröffnung eines Insolvenzverfahrens enthalten.

(3) [1]Hat der Schuldner die in Absatz 1 genannten Erklärungen und Unterlagen nicht vollständig abgegeben, so fordert ihn das Insolvenzgericht auf, das Fehlende unverzüglich zu ergänzen. [2]Kommt der Schuldner dieser Aufforderung nicht binnen eines Monats nach, so gilt sein Antrag auf Eröffnung des Insolvenzverfahrens als zurückgenommen.

§ 306. Ruhen des Verfahrens. (1) [1]Das Verfahren über den Antrag auf Eröffnung des Insolvenzverfahrens ruht bis zur Entscheidung über den Schuldenbereinigungsplan. [2]Dieser Zeitraum soll drei Monate nicht überschreiten.

(2) Absatz 1 steht der Anordnung von Sicherungsmaßnahmen nicht entgegen.

(3) [1]Beantragt ein Gläubiger die Eröffnung des Verfahrens, so hat das Insolvenzgericht vor der Entscheidung über die Eröffnung dem Schuldner Gelegenheit zu geben, ebenfalls einen Antrag zu stellen. [2]Stellt der Schuldner einen Antrag, so gilt Absatz 1 auch für den Antrag des Gläubigers.

§ 307. Zustellung an die Gläubiger. (1) [1]Das Insolvenzgericht stellt den vom Schuldner genannten Gläubigern das Vermögensverzeichnis, das Gläubigerverzeichnis, das Forderungsverzeichnis sowie den Schuldenbereinigungsplan zu und fordert die Gläubiger zugleich auf, binnen einer Notfrist von einem Monat zu den Verzeichnissen und zu dem Schuldenbereinigungsplan Stellung zu nehmen. [2]Zugleich ist jedem Gläubiger mit ausdrücklichem Hinweis auf die Rechtsfolgen des § 308 Abs. 3 Satz 2 Gelegenheit zu geben, binnen der Frist nach Satz 1 die Angaben über seine Forderungen in dem Forderungsverzeichnis zu überprüfen und erforderlichenfalls zu ergänzen. [3]Auf die Zustellung nach Satz 1 ist § 8 Abs. 1 Satz 2, 3, Abs. 2 und 3 nicht anzuwenden.

(2) [1]Geht binnen der Frist nach Absatz 1 Satz 1 bei Gericht die Stellungnahme eines Gläubigers nicht ein, so gilt dies als Einverständnis mit dem Schuldenbereinigungsplan. [2]Darauf ist in der Aufforderung hinzuweisen.

(3) [1]Nach Ablauf der Frist nach Absatz 1 Satz 1 ist dem Schuldner Gelegenheit zu geben, den Schuldenbereinigungsplan binnen einer vom Gericht zu bestimmenden Frist zu ändern oder zu ergänzen, wenn dies auf Grund der Stellungnahme eines Gläubigers erforderlich oder zur Förderung einer einverständlichen Schuldenbereinigung sinnvoll erscheint. [2]Die Änderungen oder Ergänzungen sind den Gläubigern zuzustellen, soweit dies erforderlich ist. [3]Absatz 1 Satz 1, 3 und Absatz 2 gelten entsprechend.

§ 308. Annahme des Schuldenbereinigungsplans. (1) [1]Hat kein Gläubiger Einwendungen gegen den Schuldenbereinigungsplan erhoben oder wird die Zustimmung nach § 309 ersetzt, so gilt der Schuldenbereinigungsplan als angenommen; das Insolvenzgericht stellt dies durch Beschluß fest. [2]Der Schuldenbereinigungsplan hat die Wirkung eines Vergleichs im Sinne des § 794 Abs. 1 Nr. 1 der Zivilprozeßordnung. [3]Den Gläubigern und dem Schuldner ist eine Ausfertigung des Schuldenbereinigungsplans und des Beschlusses nach Satz 1 zuzustellen.

(2) Die Anträge auf Eröffnung des Insolvenzverfahrens und auf Erteilung von Restschuldbefreiung gelten als zurückgenommen.

(3) [1]Soweit Forderungen in dem Verzeichnis des Schuldners nicht enthalten sind und auch nicht nachträglich bei dem Zustandekommen des Schuldenbereinigungsplans berücksichtigt worden sind, können die Gläubiger von dem Schuldner Erfüllung verlangen. [2]Dies gilt nicht, soweit ein Gläubiger die Angaben über seine Forderung in dem Forderungsverzeichnis, das ihm nach § 307 Abs. 1 vom Gericht übersandt worden ist, nicht innerhalb der gesetzten Frist ergänzt hat, obwohl die Forderung vor dem Ablauf der Frist entstanden war; insoweit erlischt die Forderung.

§ 309. Ersetzung der Zustimmung. (1) [1]Hat dem Schuldenbereinigungsplan mehr als die Hälfte der benannten Gläubiger zugestimmt und beträgt die Summe der Ansprüche der zustimmenden Gläubiger mehr als die Hälfte der Summe der Ansprüche der benannten Gläubiger, so ersetzt das Insolvenzgericht auf Antrag eines Gläubigers oder des Schuldners die Einwendungen eines Gläubigers gegen den Schuldenbereinigungsplan durch eine Zustimmung. [2]Dies gilt nicht, wenn

1. der Gläubiger, der Einwendungen erhoben hat, im Verhältnis zu den übrigen Gläubigern nicht angemessen beteiligt wird, oder
2. dieser Gläubiger durch den Schuldenbereinigungsplan wirtschaftlich schlechter gestellt wird, als er bei Durchführung des Verfahrens über die Anträge auf Eröffnung des Insolvenzverfahrens und Erteilung von Restschuldbefreiung stünde; hierbei ist im Zweifel zugrunde zu legen, daß die Einkommens-, Vermögens- und Familienverhältnis-

se des Schuldners zum Zeitpunkt des Antrags nach Satz 1 während der gesamten Dauer des Verfahrens maßgeblich bleiben.

(2) [1]Vor der Entscheidung ist der Gläubiger zu hören. [2]Die Gründe, die gemäß Absatz 1 Satz 2 einer Ersetzung seiner Einwendungen durch eine Zustimmung entgegenstehen, hat er glaubhaft zu machen. [3]Gegen den Beschluß steht dem Antragsteller und dem Gläubiger, dessen Zustimmung ersetzt wird, die sofortige Beschwerde zu.

(3) Macht ein Gläubiger Tatsachen glaubhaft, aus denen sich ernsthafte Zweifel ergeben, ob eine vom Schuldner angegebene Forderung besteht oder sich auf einen höheren oder niedrigeren Betrag richtet als angegeben, und hängt vom Ausgang des Streits ab, ob der Gläubiger im Verhältnis zu den übrigen Gläubigern angemessen beteiligt wird (Absatz 1 Satz 2 Nr. 1), so kann die Zustimmung dieses Gläubigers nicht ersetzt werden.

§ 310. Kosten. Die Gläubiger haben gegen den Schuldner keinen Anspruch auf Erstattung der Kosten, die ihnen im Zusammenhang mit dem Schuldenbereinigungsplan entstehen.

Dritter Abschnitt. Vereinfachtes Insolvenzverfahren

§ 311. Aufnahme des Verfahrens über den Eröffnungsantrag. Werden Einwendungen gegen den Schuldenbereinigungsplan erhoben, die nicht gemäß § 309 durch gerichtliche Zustimmung ersetzt werden, so wird das Verfahren über den Eröffnungsantrag von Amts wegen wieder aufgenommen.

§ 312. Allgemeine Verfahrensvereinfachungen. (1) Bei der Eröffnung des Insolvenzverfahrens wird abweichend von § 29 nur der Prüfungstermin bestimmt.

(2) [1]Sind die Vermögensverhältnisse des Schuldners überschaubar und die Zahl der Gläubiger oder die Höhe der Verbindlichkeiten gering, so kann das Insolvenzgericht anordnen, daß das Verfahren oder einzelne seiner Teile schriftlich durchgeführt werden. [2]Es kann diese Anordnung jederzeit aufheben oder abändern.

(3) Die Vorschriften über den Insolvenzplan (§§ 217 bis 269) und über die Eigenverwaltung (§§ 270 bis 285) sind nicht anzuwenden.

§ 313. Treuhänder. (1) [1]Die Aufgaben des Insolvenzverwalters werden von dem Treuhänder (§ 292) wahrgenommen. [2]Dieser wird abweichend von § 291 Abs. 2 bereits bei der Eröffnung des Insolvenzverfahrens bestimmt. [3]Die §§ 56 bis 66 gelten entsprechend.

(2) [1] Zur Anfechtung von Rechtshandlungen nach den §§ 129 bis 147 ist nicht der Treuhänder, sondern jeder Insolvenzgläubiger berechtigt. [2] Aus dem Erlangten sind dem Gläubiger die ihm entstandenen Kosten vorweg zu erstatten. [3] Hat die Gläubigerversammlung den Gläubiger mit der Anfechtung beauftragt, so sind diesem die entstandenen Kosten, soweit sie nicht aus dem Erlangten gedeckt werden können, aus der Insolvenzmasse zu erstatten.

(3) [1] Der Treuhänder ist nicht zur Verwertung von Gegenständen berechtigt, an denen Pfandrechte oder andere Absonderungsrechte bestehen. [2] Das Verwertungsrecht steht dem Gläubiger zu.

§ 314. Vereinfachte Verteilung. (1) [1] Auf Antrag des Treuhänders ordnet das Insolvenzgericht an, daß von einer Verwertung der Insolvenzmasse ganz oder teilweise abgesehen wird. [2] In diesem Fall hat es dem Schuldner zusätzlich aufzugeben, binnen einer vom Gericht festgesetzten Frist an den Treuhänder einen Betrag zu zahlen, der dem Wert der Masse entspricht, die an die Insolvenzgläubiger zu verteilen wäre. [3] Von der Anordnung soll abgesehen werden, wenn die Verwertung der Insolvenzmasse insbesondere im Interesse der Gläubiger geboten erscheint.

(2) Vor der Entscheidung sind die Insolvenzgläubiger zu hören.

(3) [1] Die Entscheidung über einen Antrag des Schuldners auf Erteilung von Restschuldbefreiung (§§ 289 bis 291) ist erst nach Ablauf der nach Absatz 1 Satz 2 festgesetzten Frist zu treffen. [2] Das Gericht versagt die Restschuldbefreiung auf Antrag eines Insolvenzgläubigers, wenn der nach Absatz 1 Satz 2 zu zahlende Betrag auch nach Ablauf einer weiteren Frist von zwei Wochen, die das Gericht unter Hinweis auf die Möglichkeit der Versagung der Restschuldbefreiung gesetzt hat, nicht gezahlt ist. [3] Vor der Entscheidung ist der Schuldner zu hören.

Sachverzeichnis

(Die Zahlen verweisen auf die Seiten)